本书为教育部人文社会科学研究项目"新零售模式下基于消费者行为
号：21YJC630054)和江苏省社会科学基金项目"考虑消费者行为的制业
渠道策略研究"(编号：22GLC006)研究成果

竞争视角下的产品组合决策研究

郎骁 著

南京大学出版社

图书在版编目(CIP)数据

竞争视角下的产品组合决策研究 / 郎骁著. -- 南京 ：
南京大学出版社，2024.6. -- ISBN 978-7-305-28190-7

Ⅰ. F273.2

中国国家版本馆 CIP 数据核字第 2024MC2844 号

出版发行 南京大学出版社
社　　址 南京市汉口路 22 号　　邮　　编 210093
书　　名 **竞争视角下的产品组合决策研究**
　　　　　JINGZHENG SHIJIAOXIA DE CHANPIN ZUHE JUECE YANJIU
著　　者 郎　骁
责任编辑 陈　嘉　　　　　编辑热线 025－83592315

照　　排 南京布克文化发展有限公司
印　　刷 苏州市古得堡数码印刷有限公司
开　　本 787 mm×1092 mm　1/16　印张 10　字数 219 千
版　　次 2024 年 6 月第 1 版　2024 年 6 月第 1 次印刷
ISBN 978-7-305-28190-7
定　　价 56.00 元

网　　址 http://www.njupco.com
官方微博 http://weibo.com/njupco
官方微信 njupress
销售咨询热线 025－83594756

前　言

　　产品组合决策是运营管理中经典而又前沿的研究问题。说它经典，是因为相关研究起码可以追溯到 20 世纪 80 年代。说它前沿，是因为随着零售业的发展，产生了越来越多新背景下的亟待解决的产品组合决策问题。时至今日，相关研究仍然常见于 Management Science、Operations Research、中国管理科学、管理工程学报等国内外顶级管理科学类期刊。

　　我于 2014 年 9 月进入上海交通大学安泰经济与管理学院攻读博士学位，师从邵晓峰教授。邵晓峰教授是产品组合决策研究领域的专家，具有丰富的理论与实践经验。在他的指导下，我开始阅读产品组合决策的相关文献，并将其作为博士期间的研究方向。读博期间，我发现考虑竞争因素的产品组合决策研究非常少；但从现实情况看，竞争因素又在零售行业普遍存在，确实有必要加以考虑。因此，我读博期间一直致力于将竞争因素和产品组合决策相结合并加以研究。然而，产品组合决策是复杂的运营决策问题，而竞争因素又加剧了产品组合决策问题的复杂度，在研究的过程中遇到了很多困难。最终，凭借自己的努力，并在导师邵晓峰教授的指导与帮助下，我克服了上述困难，完成了博士学位论文并通过答辩。2020 年 6 月博士毕业后，我进入江苏科技大学经济管理学院工作，继续从事产品组合决策的研究。基于博士与工作期间的研究，我申请并获批了两个科研项目，即教育部人文社会科学研究项目《新零售模式下基于消费者行为的产品组合决策研究》(21YJC630054)和江苏省社会科学基金项目《考虑消费者行为的制造商信息产品差异化和分销渠道策略研究》(22GLC006)。本书作为上述两个项目的研究成果，既包含我对博士期间工作的阐释，也包含我工作以来所做的一些新的研究及思考，更是我从事产品组合决策研究近十年的总结。

　　本书共分为六章。第一章是绪论，首先介绍了现实和理论两方面的研究背景。其中，现实背景来源于对企业运营现实情况与案例的搜集与思考，理论背景则来源于产品组合决策相关研究所涉及的建模与实证方法。然后，确定了本书的主体研究内容，明确了研究目标，提出了拟解决的关键问题和主要创新点。最后，构建了技术路线并细化了研究方案，在此基础上提出了主要创新点。

　　第二章是国内外研究现状，结合本书的具体研究内容，将国内外文献划分为产品组合决策、双渠道零售以及信息产品这三个研究领域，进行系统的研究综述，总结前人的研究，并撰写文献评述。

第三章是基于零售商竞争的横向差异化产品组合决策，将零售商竞争这一竞争因素引入产品组合决策研究，并结合了固定成本约束和空间约束这两种在产品组合决策的文献中所广泛考虑的约束条件。具体而言，在上述两个约束条件下，分别研究了两个零售商竞争情况下横向差异化产品组合决策问题的市场均衡解，并分析了零售商进入市场顺序和信息不对称对均衡结果的影响。在此基础上，还对比了上述两个约束条件对结果的影响。

第四章是基于渠道竞争的横向差异化产品组合决策，在结合电商全渠道运营的新零售背景的基础上，基于两类不同的消费者导向类型决定的两种不同的渠道竞争程度，分析了电商进入线下渠道的具体条件，并构建了电商联合决策各渠道的产品组合、价格和交付时间的基本方法。

第五章是基于渠道竞争的纵向差异化信息产品组合决策，考虑信息产品的特征，基于实体版和数字版信息产品存在纵向差异和不同的分销渠道，研究了厂商的信息产品组合决策问题。具体而言，从异质性消费者的选择行为出发，结合实体版和数字版的差异特征，进一步分析了实体渠道和数字渠道的差异，并考虑了实体渠道与数字渠道之间以及不同的实体渠道之间存在的渠道竞争的影响，最终得出了信息产品厂商的最优版本和渠道的联合决策。

第六章是总结与展望，总结了本书所得出的主要结论，并在此基础上分析了未来可以考虑的研究问题和研究内容。

本书可以为产品组合决策问题的研究提供一些新的视角，也可以为相关领域的研究人员提供一定的参考。最后，本书的出版，需要感谢我读博期间的导师邵晓峰教授对我的指导与培养，也需要感谢江苏科技大学经济管理学院为我从事相关研究工作所提供的软硬件支持，还需要感谢出版社和编辑同志给予的认可、帮助和支持。

著　者
2024 年 4 月

目　录

第一章

绪　论

1.1　研究背景

1.1.1　实践背景

（1）现代零售业的发展导致的新变化。

产品组合决策是零售商的重要运营决策，它会直接影响消费者的购买行为，进而影响零售商的需求和利润。如何选择提供给消费者的产品种类，做出最优的产品组合决策，是零售商在运营管理中所需解决的基础与核心问题。然而，随着现代零售业的发展，尤其是在消费观念改变和技术进步的双重作用下，零售业市场产生了一些新的变化；这对零售商的产品组合决策提出了更高要求。首先，社会经济的发展和居民消费能力的提高使得消费者的偏好更加多样化、购买行为更加复杂化。仅依靠提供几种标准化产品就能满足绝大多数消费者需求的传统商业模式已经无法适应现代零售市场。为了应对这一变化，零售商应当提供更加多样化的产品以满足不同偏好消费者的需求。其次，生产工艺的提升和制造商对消费者异质性偏好和需求的重视，也为产品多样化程度的提高提供了保障。例如，快速消费品制造商联合利华集团在全球拥有 400 多个品牌[1]，且每个品牌包含若干种产品，这意味着其生产的产品种类数量非常庞大。最后，信息技术和电子商务的发展为双渠道零售带来了契机，而双渠道零售能够更好地满足不同细分市场消费者的需求。近年来，渠道融合已经成为双渠道零售发展的新趋势，"新零售"的概念应运而生，并为部分企业所重视和深入实践。

分析上述现状可知，消费者偏好的多样化是零售商提供多样化程度较高的产品组合的内在驱动力，而制造商生产多样化的产品种类则为零售商提供多样化程度较高的产品组合创造了外部条件。提高产品多样化程度，有助于吸引更多的消费者购买，是零售商扩大需求和收益的重要手段。现实经验也表明，零售商一直致力于扩大产品组合的规模。例如,根据毕马威中国发布的《2023 年中国便利店发展报告》显示,较为成功的"金牌门店"平均经营面积为 128.4 平方米,单店 SKU(Stock Keeping Unit,即产品种类)为 2 754 个[2]。可见即使像便利店这样的小型零售商,其提供的产品种类数量也相当庞大。而大型线上零售商如京东商城,仅自营商品 SKU 就超过 1 000 万个[3]。尽管提高产品多样化程度有助于满足不同偏好消费者的需求,但也会导致库存、人力等运营成本的增加。这意味着零售商在决策产品组合时必须基于这两方面的效应进行权衡取舍。此外,双渠道零售虽然为零售商提供了更多的可供选择的分销渠道,有助于满足不同购买习惯和渠道偏好消费者的需求,从而增加收益,但也会产生运营成本增加和渠道竞争等负面作用。零售商同样需要基于这两方面的效应进行权衡取舍,在此基础上选择最优的渠道策略。

产品多样化程度的提高和双渠道零售也增加了零售商决策产品组合的难度。首先,产品多样化程度的提高不可避免会导致产品组合决策复杂程度的提高。其次,相对于零售商选择的产品组合,制造商提供的备选产品的种类其数目更加庞大。这同样增加了零售商产品组合决策的复杂程度。最后,同时运营双渠道的零售商必须考虑线上和线下渠道之间的相互作用和竞争对消费者购买行为以及需求和利润的影响;这意味着双渠道的产品组合不能分别独立决策,与单渠道零售相比其必然会导致产品组合决策复杂程度的提高。

因此,现代零售业的发展为零售商提供了新的机遇,零售商可以通过选择更加多样化的产品组合和不同的分销渠道来满足不同偏好消费者的需求。然而,这也会导致运营成本增加和产品组合决策复杂程度的提高。如何在尽可能满足消费者需求的基础上,尽量避免运营成本增加的负面影响,进而选择最大化利润的产品组合,是零售商运营管理中亟待解决的重要问题。

(2)零售业市场普遍存在竞争因素。

相对于其他技术密集型行业,零售业的进入门槛较低,因而出现单一零售商市场垄断的可能性较低。以便利店行业为例,根据中国连锁经营协会发布的数据,截至 2022 年末,中国大陆市场拥有超过 100 个品牌的连锁便利店企业,TOP100 便利店企业门店总数量超过 17 万家[4],若包括非连锁的便利店,其数量将更加庞大。电商平台因进入门槛相对较高导致行业内企业数量相对较少,但也存在较为激烈的市场竞争。根据星图数据发布的《2023 年电商发展报告》显示,截至 2022 年底,综合电商 GMV(商品交易总额)拥有大约 76% 的市场份额,直播电商 GMV 拥有 20% 的市场份额,即时零售和社区团购的占比分别为 3% 和 2%。在综合电商平台 GMV 中,天猫占 49% 的市场份额,京东占 26% 的市场份额,拼多多的市场份额则为 24%[5]。结合前些年的数据看,根据网经社电子商务研究中心发布的《2018 年度中国网络零售市场数据监测报告》显示,2018 年中国网络零售市场交易规模达 8.56 万亿元,其中天猫占 53.5%、京东占 27.8%、拼多多占 7.8%,分别位列前三[6]。尽管上述两个报告纳入统计的电商企业可能标准不统一,但可以看出,拼多多的市场规模在 2018 年仅为京东的 28.1％,但在 2022 年已达京东的 92.3％,可见电商平台确实存在激烈的市场竞争。此外,随着新零售的深入实践,新的商业模式不断涌现,直播电商的兴起一定程度上加剧了电商行业的市场竞争,传统电商也开始学习并吸收直播电商的优势,二者之间的界限也愈加模糊。

上述案例表明,同一市场的不同零售商之间普遍存在竞争,这是一种来源于其他市场主体的外部竞争因素,且会影响消费者的选择行为。例如,对于不同零售商提供的同种产品,消费者可能会有比价行为,选择在实际价格更低的零售商处购买。消费者也可能具有零售商品牌的依赖性,即习惯于从某一零售商处购买。更重要的是,同一市场中不同零售商产品组合的差异会影响消费者的购买行为。从零售商角度看,比竞争对手提供更加多样化的产品组合,有助于吸引更多的消费者,占据更高的市场份额。若零售商提供与竞争对手相似程度较高的产品组合,虽然可能吸引原本属于竞争对手的消费者群体购买,但也会导致较为激烈的市场竞争。反之,若零售商提供与竞争对手相似程度较低的产品组合,虽然可能无法吸引属于竞争对手的消费者群体购买,但有助于降低市场竞争的激烈程度,独自占有部分产品种类的需求。因此,零售商在决策产品组合时,竞争对手产品组合的影响不可忽略,必须加以考虑。

除了来源于其他市场主体的外部竞争因素,也存在来源于零售商自身的内部竞争因素。如前所述,随着电子商务和新型零售模式的发展,双渠道零售和渠道融合已经成为零售业发展的新趋势,越来越多的零售商开始同时运营线上和线下渠道,以满足不同偏好和选择行为消费者的需求。然而,双渠道之间必然存在相互作用和竞争,这意味着同一零售商不同渠道之间的竞争这一内部竞争因素在现实中也广泛存在。

双渠道零售和渠道融合之所以成为零售业发展的新趋势,原因在于线上和线下渠道均具有各自的优势。线上渠道不需要实体店面空间,产品通过网页进行陈列,因而相对于线下渠道,能够节约大量租金和人力成本,具有低运营成本的优势。此外,线上渠道也能起到方便消费者的作用,节约了消费者去实体店购买的麻烦成本(has-sle cost)。基于上述优势,线下零售商进入线上渠道在现实中普遍存在。值得注意的是,部分线上电商也开始或准备进入线下渠道。尽管线下渠道具有更高的运营成本,但也有其存在的价值。例如,通过线上渠道购买的消费者无法实际触摸、体验产品,从而无法准确获知产品对自己的实际效用,因信息不对称导致的退货率相对较高;通过线上渠道购买的消费者还需要支付运输费用并等待交付,这会影响耐心程度较低的消费者的购物体验。然而,若消费者在线下渠道购买,既能够准确获知产品的实际效用,避免因信息不对称导致的退货发生,也不需要支付运输成本或等待交付。此外,线下渠道还可向消费者提供产品推荐和产品使用教学等附加服务。这意味着线下渠道也有相应的优势。为了利用这些优势来满足不同细分市场消费者的需求,抢占线下资源从而提高需求和利润,越来越多的线上电商开始进入线下渠道。

例如,作为线上图书行业的领头羊,当当网占据国内一般图书零售 30％、线上图书零售 45％的市场份额,长期持有超过 200 万种自营纸质图书库存和超过 40 万种电子书。但在 2015 年底,当当宣布在未来 3～5 年内开设 1 000 家线下实体书店;且截至 2017 年上半年,已开业的书店共 145 家,为全国 1.3 亿名当当会员提供丰富的线下文化服务[7]。2017 年 4 月,占据网络零售市场份额超过四分之一的京东商城宣布,未来五年在全国开设 100 万家京东便利店,其中一半在农村,中国每个村都将覆盖[8]。截至 2017 年 8 月,京东已经在线下开设了 92 家实体店[9],并根据其不同的功能划分为京东便利店、京选空间、京东家电专卖店等多个不同品牌。

当当网和京东商城作为成功电商的代表,曾经都凭借线上渠道运营成本和产品组合规模的优势,极大冲击了各自所在市场线下渠道实体店的运营,改变了市场格局。在占据了较大的市场份额后,却开始进入曾经被认为不占优势的线下渠道,这表明随着消费者选择行为的变化和双渠道的融合,即使是成功的电商也需要重新评估线下渠道的价值。但是,现实情况表明,京东和当当在线下渠道开设的实体店数量远低于之前所计划的数量。根据公开数据,当当线下实体书店的最高峰数量为 180 家。但截至 2024 年初,当当实体书店公众号能够查询到尚在营业的线下实体书店仅有 8 家,尽管该公众号的数据可能统计不全面,但目前运营的当当实体书店数量距离 2015 年设定的"未来 3～5 年内开设 1 000 家线下实体书店"的目标差距较大。京东的情况也较为类似,京东通过"京东到家"等服务与线下实体便利店进行合作,为消费者提供"全品类小时达"的即时零售服务,但京东自营便利店的数量较少,没有上榜"2022 年中国便利店 TOP100",可见也没有完成 2017 年设定的"未来五年在全国开设 100 万家京东便利店"的目标。上述情况表明,京东和当当开拓线下渠道的决策尽管取得了一定的成效,吸引了部分线下渠道的消费者,有助于增加市场需求;但也存在一些波折,因此没有盲目扩大规模,可见电商对于进入线下渠道的运营决策是较为谨慎的。

更为重要的是,对于线上电商而言,开设线下实体店不一定会成功,一加手机就是典型的例子。在与 OPPO 融合后,作为 OPPO 独立品牌的一加,其发展势头强劲,市场占有率也不断提高。据《证券时报》报道,2023 年一加的销量是 2022 年的 285%,并在 2500 元以上安卓手机线上市场排名第二,在中国智能手机市场所占份额为 2%[10]。然而,前些年一加进入线下渠道的尝试却最终失败。据《北京商报》报道,2016 年 8 月,一加手机正式宣布关闭位于北京、上海两地的一加手机旗舰店,这也是 2015 年 11 月以来,一加手机陆续关闭全国 45 家线下体验店后进一步撤离线下。此次最后两家旗舰店的关闭,意味着一加手机在国内的线下自营渠道不复存在[11]。

对于线上电商而言,进入线下渠道会产生两方面的效应。一方面,双渠道零售能够满足不同细分市场消费者的偏好、购买习惯和需求,从而提高收益;另一方面,双渠道零售也会导致渠道竞争,且线下渠道具有高运营成本的劣势。此外,相对于仅运营单一渠道,双渠道零售模式下消费者的选择行为可能产生新的变化。消费者是否会进行渠道间的比价,以及是否具有渠道依赖性,不仅对零售商的双渠道产品组合和定价决策有至关重要的影响,还直接决定了渠道竞争的激烈程度。这表明,在双渠道零售售的背景下,即使只研究单个零售商的产品组合决策问题,也必须考虑渠道竞争这一内部竞争因素的影响。因此,一方面,线上电商要注重线下渠道的开拓,整合渠道资源,满足不同购买偏好消费者的需求,进而扩大总需求和利润空间,占据更大的市场份额;另一方面,线上电商必须全面评估双渠道零售模式下消费者购买行为的变化和渠道竞争的激烈程度,科学做出是否进入线下渠道的决策。

渠道竞争问题在信息产品市场同样存在,且更加复杂。信息产品(information goods)是指以传播信息为目的的产品,其价值主要为其内部包含的信息。信息产品具有如下特点:可重复消费,即信息产品的消费并不会对其中包含的信息内容造成损耗;且相对于研发等固定成本,其生产成本很低,甚至可能接近零。信息产品的传统存在形式是具有物理载体的实体版(physical version),如实体书、光盘等,而消费类电子产品和信息技术的迅速发展则允许信息产品以无形的数字版(digital version)形式存在。数字版的出现为消费者提供了很多便利,消费者可以很方便地使用手机、个人电脑、电子书阅读器等电子产品消费数字版信息产品;且相对于传统的实体版,数字版具有很多优势。从制造商和零售商角度看,相对于实体版,数字版的制造成本、运营成本和渠道分销成本可以忽略不计。从消费者角度看,相对于实体版,数字版可以在线购买、即时消费,等待成本可以忽略,也避免了去实体店购买的麻烦成本,并且不需要担心损坏或丢失[12]。因此,越来越多的制造商开始注重信息产品的数字化。但是,这并不意味着实体版没有存在的价值。消费者一般认为实体版的价值高于数字版,原因在于这两种版本所能给予消费者的心理拥有程度(psychological ownership)存在差异。此外,实体版还具有其他优势,如较高的收藏价值;对于部分类型的信息产品(如书籍)而言,实体版可以在消费后二次出售,从而具有二手价值。相反,数字版的收藏价值则远远低于实体版,且数字版一般和用户账号绑定,很难进行二次出售。

现实经验表明,不同类型的信息产品可能具有不同的优势版本。例如,数字版已成为美国音乐市场收益的主要来源,而实体版则只占市场总收益的12%[13]。与此相反,在美国图书市场,相对于数字版,实体版仍具有相当大的优势并且占据了绝对优势的市场份额[14]。这表明,实体版和数字版之间存在竞争,竞争的结果直接影响各版本的市场份额。因此,信息产品零售商需要基于版本竞争程度考虑应当在市场出售哪种(或哪些)版本并做出产品组合决策,即只提供实体版或只提供数字版,还是提供双版本。

但是,信息产品组合决策不仅需要考虑应当向市场提供哪些产品版本,还需要考虑每种版本的分销渠道。除了传统的线下渠道外,电子商务和信息技术的发展还使得线上渠道和数字渠道的存在成为可能,这为零售商提供了新的渠道选择。需要注意的是,尽管线上商店可以同时提供实体版和数字版,甚至二者可在同一网页内销售,但在本书中区分了它们的分销渠道,即线上商店提供的实体版和数字版分别只能通过线上渠道和数字渠道分销。原因在于,二者的渠道成本和交付过程存在差异。

线上商店提供的实体版具有物理载体且有形,需要通过物流运输企业提供的配送服务交付到消费者手中。在此期间,不仅会产生交付成本,因消费者等待交付需要时间还会导致效用损失。而数字版则是无形的,且通过光纤和互联网运输,交付成本和等待时间可以忽略。与此同时,双渠道零售和渠道融合同样影响着信息产品市场,亚马逊就是典型的例子。亚马逊已经拥有超过 20 年的线上图书销售历史,但却于 2015 年 11 月在西雅图开设了一家线下实体书店[15]。此外,亚马逊还通过 Kindle 商店出售电子书。因此,消费者可以从亚马逊网站(线上渠道)或实体书店(线下渠道)购买实体书,也可以通过 Kindle 商店(数字渠道)购买电子书(数字版)。这表明,信息产品零售商在产品组合决策的过程中,不仅需要考虑提供哪些产品版本,若计划提供实体版还需要决策实体版的分销渠道(即只在线上渠道提供或只在线下渠道提供,还是双渠道均提供实体版)。

上述例子表明,信息产品不仅存在不同渠道的不同产品之间的渠道竞争,即数字渠道的数字版和两个实体渠道的实体版之间的竞争;也存在不同渠道的同种产品之间的竞争,即线上和线下渠道实体版之间的竞争。而零售商的产品组合决策必须同时考虑这两类渠道竞争的影响。

综上所述,零售企业在实践中不应当孤立做出产品组合决策,必须考虑竞争因素的影响。基于外部和内部竞争因素,上文中给出了两种重要的竞争模式,即零售商竞争和渠道竞争。因此,零售商在产品组合决策的过程中应当考虑这些竞争模式,尽量避免不合理产品组合导致的损失,尽可能避免竞争所导致的负面影响,从而有效提升零售商产品组合决策的科学与精准程度,更好地满足消费者的需求,提高收益和利润。

需要注意的是,本书提及的零售商竞争是一种外部竞争因素,具体指同一市场中不同零售商之间的竞争,且笔者在第三章研究零售商竞争情况下产品组合决策问题的建模过程中做出了零售商同质的假设,也就意味着此时不存在渠道竞争;原因在于不同渠道的成本结构不同,因而零售商不可能同质。类似地,本书中提到的渠道竞争,是一种内部竞争因素,具体指同一零售商不同分销渠道之间的竞争。然而,也可能存在不同零售商之间的渠道竞争,即作为一种外部竞争因素的渠道竞争,且此时渠道竞争和零售商竞争并存。一个典型的例子是线上渠道零售商和线下渠道零售商之间的竞争。但本书没有考虑对这种情况加以研究。原因在于,本书考虑的两类竞争模式分别对应着外部和内部竞争因素,具有一定的代表性,但渠道竞争和零售商竞争并存的情况同样是一种外部竞争因素,与本书所考虑的零售商竞争并无本质差异,其研究结论很可能只是零售商竞争情况下得出的结论的简单推广,不具有代表性,限于篇幅没有加以探讨。

1.1.2 理论背景

从理论角度出发,产品组合的定义是指某个零售商在任何一个时间点所能提供的产品集合。而产品组合决策(或产品组合规划)的目标是基于各种约束条件求解能够最优化销售量、收益或利润的产品组合,这些约束条件包括有限的资金投入、有限的货架空间(shelf space)等[16]。相关研究一般首先基于消费者选择模型刻画需求,再通过求解有约束情况下零售商的收益或利润最大化问题,从而得出最优产品组合。上述研究框架一般不考虑竞争因素的影响,Kök 等[16]指出,现有的产品组合规划文献大多仅关注单个零售商的产品组合决策问题,并试图适用于所有类似的情况。他们还指出,产品组合决策领域并没有产生被学术界认可的主流结论,这意味着该领域有很多问题尚待进一步探讨。而竞争视角下的产品组合决策研究是该领域的重要研究问题,具有一定的理论价值。但相关文献较为缺乏,部分重要的理论问题存在研究空白有待补充,也没有形成完整的研究体系,在文献综述中将具体加以探讨。

产品组合的本质是零售商提供的一系列可供消费者选择的存在差异化的产品。但消费者基于不同差异化类型的产品,其选择行为也有所不同,因此在本书中必须考虑不同产品差异化类型的影响。Shao(2015)[17]指出,可根据差异的不同特征将产品差异化分为两类:横向差异化和纵向差异化。横向差异化是指那些不能被排序的产品差异特征,如颜色、款式和口味。典型的例子是不同颜色的雨伞,因为不同的消费者所偏好的雨伞颜色存在差异。相反,纵向差异化可以根据消费者的感知差异进行排序,如产品质量等差异特征。典型的例子是不同容量的移动硬盘,因为对于同一品牌的移动硬盘,所有消费者均认为容量越大越好。两种差异化类型的另一个区别是,横向差异化产品一般具有相同的生产成本,而纵向差异化产品因存在质量差异会导致生产成本不同。此外,若产品同时存在上述两种差异化特征,则称之为二维差异化。基于现有的产品组合决策文献,大多数研究探讨了横向差异化产品组合决策问题,也有少部分研究考虑了纵向差异化或二维差异化产品的情况。但无论基于何种产品差异化类型,将竞争因素纳入其中的研究并不多。

本书的另一个重要理论基础来源于运营管理中有关竞争问题的研究。零售商竞争是运营管理中的经典话题,在运营管理中应用极广泛的产量竞争模型——古诺模型产生于 1838 年。一个多世纪以来,学者们进行了广泛深入的研究,产生了大量的经典理论和模型,如斯塔克尔伯格博弈模型、伯川德价格竞争模型等。在此基础上,博弈论应运而生,并成为求解零售商竞争问题的重要工具。而随着双渠道零售的出现,渠道竞争也为学术界所重视,并成为近年来的热点研究话题。相关研究包含定价、供应链协调、库存和能力共享策略、服务等诸多方面。尽管运营管理中竞争问题的研究较为丰富和成熟,其理论模型和工具也为本书提供了重要的参考价值和启发,但与产品组合决策相结合的研究则较为缺乏,有待进一步补充完善。

此外,一些具体情境下产品组合决策的理论研究已明显落后于企业实践。例如,基于零售商从单渠道零售转变为双渠道零售的角度,多数研究探讨的是线下零售商进入线上渠道的经典话题,且未与产品组合决策相结合。但随着新零售模式的发展和渠道融合程度的提高,越来越多的电商注意到线下渠道的重要性并开始抢占线下资源。对线上电商进入线下渠道这一现状加以研究,不仅与现实情景紧密贴合,还涉及双渠道产品组合和定价的联合决策,具有重要的理论研究价值。信息产品领域的研究也存在类似情况,版本策略或产品组合相关的研究要么没有考虑实体版和数字版并存的情况,要么没有考虑实体版多渠道销售的可能性。而事实上,实体版和数字版并存以及实体版通过线上和线下渠道销售是信息产品市场存在的普遍现状,在研究中必须加以考虑。

基于上述分析可以看出,考虑竞争因素的产品组合决策研究具有重要理论价值,但相关研究较少,存在广阔的研究空间有待探索,部分重要的理论问题存在研究空白有待补充。因为该研究问题涉及范围较大、研究内容较多,本书只考虑如下几个亟待梳理的重要问题:

首先,基于外部竞争因素,即同一市场的不同零售商之间存在竞争时,各零售商应当如何做出横向差异化产品组合决策。若多个零售商处于同一市场,消费者一般基于所有零售商的产品组合,即整个市场提供的产品来做出购买决策。此时,因存在零售商之间的博弈,以及进入市场顺序和信息不对称等诸多因素的影响,零售商的产品组合决策必然和传统上只考虑单个零售商的研究结果有所差异。但究竟有何差异,还需深入探讨。

其次,基于内部竞争因素,即同一零售商运营的不同渠道存在竞争时,零售商做出横向差异化产品组合决策时应当遵循何种具体规则。该问题可以与线上电商进入线下渠道的现实背景相结合。若线上电商选择不进入线下渠道,则只需决策单渠道产品组合,与不考虑竞争因素的传统研究相似。但若线上电商进入线下渠道,则必须基于双渠道的相互作用和竞争做出双渠道产品组合和价格的联合决策。线上电商进入线下渠道的具体条件是什么,双渠道的最优产品组合和价格的具体特征如何,与单渠道零售的情形有何异同,均值得进一步研究。

最后,基于内部竞争因素,即同一零售商运营的不同渠道存在竞争时,零售商应当如何做出纵向差异化信息产品组合决策。该问题可与信息产品的版本和渠道联合决策这一具体背景结合。实体版和数字版存在纵向差异,信息产品零售商既需要决策提供的版本,在提供实体版的前提下又需要决策实体版的分销渠道。在多种渠道竞争的作用下,零售商应当如何决策最优产品版本和渠道,影响决策的因素有哪些,值得具体探讨。

综上所述,在理论层面,竞争视角下的产品组合决策值得深入研究。上文提出的三个研究问题,涵盖了外部和内部竞争因素情况下的不同的竞争模式,也涵盖了不同的产品差异化类型。此外,基于渠道竞争的产品组合决策研究还考虑了具体的背景,相当程度上丰富了全渠道零售和信息产品领域的研究。这些研究有助于丰富和完善相关领域的研究文献,具有一定的理论价值。

1.2 研究目标、研究内容及拟解决的关键问题

1.2.1 研究目标

研究零售商基于外部和内部竞争因素,即零售商竞争和渠道竞争情况下应当如何决策产品组合;并考虑两种不同的产品差异化类型,即横向差异化和纵向差异化。在零售商竞争(外部竞争因素)情况下,研究横向差异化产品组合决策。基于数学建模方法刻画消费者选择行为,得出零售商的利润函数并构建决策模型,再利用博弈论工具加以分析,考虑零售商进入市场顺序和信息不对称的影响,进而得出市场均衡及其性质。在渠道竞争(内部竞争因素)情况下,基于电商全渠道决策和信息产品的特性这两个角度分别探讨零售商基于横向差异化和纵向差异化产品应当如何做出渠道和产品组合的联合决策。同样先基于数学建模方法刻画消费者选择行为并得出零售商的利润函数,构建决策模型再采用最优化方法加以求解。在此基础上,分析线上电商进入线下渠道的条件和影响因素,以及信息产品版本和渠道策略的影响因素。上述研究试图为现实中零售商的产品组合决策提供一些依据和参考。

1.2.2 研究内容

本书探讨竞争情况下零售商的产品组合决策问题,基于外部和内部竞争因素考虑了零售商竞争和渠道竞争这两类不同的竞争模式,也考虑了横向差异化和纵向差异化这两类不同的产品差异化类型。具体研究内容如下:

(1) 基于零售商竞争的横向差异化产品组合决策。

研究同一市场中两个零售商竞争情况下的横向差异化产品组合决策问题。零售商之间的竞争不可避免会影响各自的产品组合决策,零售商进入市场顺序和信息不对称也可能对市场均衡结果产生影响,这些问题将在本书中加以探讨。此外,产品组合决策的核心问题是在约束条件下求解零售商收益或利润最大化的产品组合。因此,本书还探讨了固定成本约束(fixed cost constraint)和空间约束(shelf space constraint)对结论的不同影响,这两类约束条件在前人文献中广泛存在,本书第三章将详细介绍这两类约束条件。

(2) 基于渠道竞争的横向差异化产品组合决策。

在双渠道零售和渠道融合背景下,探讨电商进入线下渠道的条件,以及各渠道产品组合、价格和线上渠道交付时间的联合决策问题。本书与现实贴合紧密,不仅能够深入分析同时运营双渠道的零售商决策各渠道产品组合的依据,也探讨了电商是否应当进入线下渠道、双渠道竞争程度的影响因素以及双渠道价格歧视存在的条件。本书考虑了两类不同的消费者导向类型,即产品导向型消费者和渠道导向型消费者,基于二者的选择行为差异,分别对应着不同的渠道竞争程度。这两类消费者在现实

中均存在,且在电商仅运营线上单渠道时,其选择行为一致。但若电商进入了线下渠道,则二者的选择行为会有所差异。这两类消费者导向类型(渠道竞争程度)如何影响电商的分销渠道、产品组合和定价决策,值得深入探讨。

(3)基于渠道竞争的纵向差异化信息产品组合决策。

在考虑信息产品的特性和分销渠道的基础上,探讨渠道竞争情况下厂商应当如何做出纵向差异化信息产品组合决策。具体而言,考虑厂商可制造实体版和数字版的信息产品,其中实体版可通过线上和线下渠道分销,但数字版仅能通过数字渠道分销,在此基础上探讨信息产品厂商的最优版本和渠道的联合决策。本书考虑了双版本不同的生产成本,以及线上渠道、线下渠道和数字渠道不同的成本结构;还基于线下渠道麻烦成本和产品价值评估考虑了消费者的二维差异化。基于不同渠道提供产品版本的差异,本书考虑了两类渠道竞争,即实体渠道(线上和线下渠道)和数字渠道之间的竞争以及不同实体渠道之间的竞争,在此基础上深入探讨渠道竞争对厂商产品组合决策的影响。本部分研究结合了双渠道零售、信息产品和产品组合决策三个领域,既有助于丰富相关文献,同时也贴合现实中信息产品厂商的相关运营决策。

1.2.3 拟解决的关键问题

本书试图从总体上刻画竞争情况下零售商产品组合决策的性质、依据和影响因素,在此基础上为现实中零售企业的产品组合决策提供一些参考。具体拟解决如下关键问题:

建立零售商竞争情况下的横向差异化产品组合决策模型,并考虑两类不同的约束条件:固定成本约束和空间约束。在此基础上探讨如下问题:零售商之间的竞争,是否会导致市场上产品多样化程度的提高?作为零售商,与竞争对手同时进入或比竞争对手晚进入市场时,分别应当如何做出产品组合决策?若零售商进入市场存在先后顺序,信息不对称是否会导致新进入市场零售商的产品组合决策偏离最优?产品的具体特征是否会对均衡结果产生影响?上述结论基于两类不同的约束条件是否有所区别?上述问题考虑了竞争对消费者福利水平的影响,以及在不同进入市场顺序情况下零售商产品组合决策所遵循的规则,并考虑了不同约束条件和信息不对称的影响,对零售商科学做出相关运营决策具有重要意义。

基于产品导向型和渠道导向型消费者(分别代表不同的渠道竞争程度),综合考虑电商进入线下渠道的条件以及双渠道之间诸如运营成本、交付成本等差异,建立渠道竞争情况下的横向差异化产品组合决策模型,探讨如下问题:电商进入线下渠道是否总能增加利润,若不是,其进入线下渠道的条件如何?若电商进入线下渠道,双渠道的产品组合应当如何决策,双渠道是否存在重复产品?若电商进入线下渠道,双渠道的价格应当如何决策,是否存在渠道间的价格歧视?上述结论基于两类不同消费者导向类型是否有所不同?渠道竞争的激烈程度如何影响电商的决策?上述问题从现实出发,分析了电商是否应当进入线下渠道以及各渠道的产品组合和定价决策,并考虑了不同消费者类型的影响,具有重要的理论和现实研究价值。

基于消费者存在产品价值评估和麻烦成本的二维差异化,综合考虑实体版和数字版信息产品的制造成本和分销渠道的差异、各分销渠道成本结构差异以及消费者在各渠道购买所需付出的额外成本等因素,建立渠道竞争情况下的纵向差异化信息产品组合决策模型,研究如下问题:信息产品的最优版本策略如何,厂商是否应当总是既提供实体版也提供数字版?数字版的引入是否会影响厂商提供实体版的意愿?若厂商决定提供实体版,实体版的最优渠道策略是什么?分别在什么情况下,厂商应当只在线上渠道、只在线下渠道以及同时在线上和线下渠道提供实体版?对上述问题加以研究,不仅能够为现实中信息产品厂商的版本和渠道决策提供一些参考,还能够更深入认识信息产品这类特殊产品的组合决策问题。

1.3　技术路线及研究方案

1.3.1　技术路线图

本书的技术路线如图 1.1 所示。

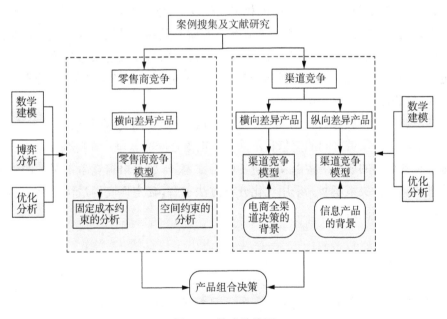

图 1.1　技术路线图

需要说明的是,本书只探讨纵向差异化信息产品组合决策问题,其原因在于,信息产品一般是纵向差异的。例如,软件的免费版、普通版和专业版,同一本书的实体版和数字版均存在纵向差异。一般不存在横向差异的信息产品,原因在于信息产品的价值主要取决于其内部包含的信息,消费者一般也更看重这一点,所以在绝大多数情况下没有必要制造横向差异化的信息产品。

1.3.2　研究方案

根据技术路线图,将研究方案分为如下几个步骤。

步骤1:案例搜集及阅读文献。

搜集相关案例,深入了解现实中零售商进行产品组合决策所面临的背景,并基于外部和内部竞争因素,将案例细分为零售商竞争和渠道竞争这两种不同的类型。分别就这两类竞争案例,深入、全面地思考零售商产品组合决策的可能影响因素。在此基础上进行文献的搜集,并将相关文献分类。在上述工作的基础上,撰写引言和文献综述。

步骤2:研究基于零售商竞争的产品组合决策问题。

结合案例和阅读学习文献,建立两个零售商竞争情况下的横向差异化产品组合决策模型,并考虑固定成本约束和空间约束这两类约束条件。分别就这两类约束条件,采用博弈分析和优化分析方法确定市场均衡情况下零售商产品组合的形式、性质和影响因素。

步骤3:研究基于渠道竞争的产品组合决策问题。

首先,结合电商进入线下渠道的相关案例,深入思考线上和线下渠道竞争程度的影响因素,在此基础上建立渠道竞争情况下的横向差异产品组合决策模型。采用优化分析的方法求解,得出线上电商进入线下渠道的条件以及各渠道的最优产品组合和定价,以及线上渠道的最优交付时间,并考虑渠道竞争程度(不同的消费者导向类型)对结果的影响。

其次,结合信息产品的相关案例,提炼出信息产品可能存在的两类渠道竞争,即实体渠道和数字渠道之间的竞争和不同实体渠道之间的竞争。在此基础上综合考虑双版本和各渠道的成本结构以及消费者的特征差异,建立渠道竞争情况下的纵向差异信息产品组合决策模型。采用优化分析方法求解,确定厂商的最优产品版本和渠道决策及其影响因素。

1.4　主要创新点

本书在产品组合决策问题中引入竞争因素,既拓展了产品组合决策问题的研究范围,也更加符合零售行业的现实情况。与现有文献相比,本书具有如下创新点:

第一,总体而言,基于外部和内部竞争因素,探讨了两类不同竞争模式下零售商的产品组合决策问题。随着零售业的发展,市场竞争愈加激烈,零售商之间的竞争这一外部竞争因素必然会影响零售商的产品组合决策。而随着电子商务和信息技术的发展,同时运营线上和线下渠道的零售商越来越多,因此在做出产品组合决策时必须考虑渠道竞争这一内部竞争因素的影响。这意味着传统的不考虑竞争因素的产品组合决策模型的适用范围越来越小。而本书结合现实案例,在产品组合决策问题中引入竞争因素,并考虑了基于外部和内部竞争因素的不同竞争模式。一方面,对现有不考虑竞争因素的产品组合模型起到了改进、补充和完善的作用,丰富了相关文献。另一方面,对现实中零售商的产品组合决策也有一定的参考价值。

第二,将产品组合决策和零售商竞争相结合,建立了零售商竞争情况下的横向差异化产品组合决策模型。基于产品组合决策角度,与不考虑竞争因素的传统文献不同,本书考虑了存在零售商竞争这一外部竞争因素情况下的产品组合决策问题。此外,现有产品组合决策的研究一般只基于某一种约束条件进行求解,缺乏不同约束条件下所得结果的比较。而本书构建的模型中考虑了固定成本约束和空间约束这两类不同的约束条件,并对比了不同约束条件下市场均衡的相同点和不同点。基于零售商竞争角度,现有文献中的零售商竞争模型无论考虑产量、价格还是其他因素的竞争,模型中的零售商一般仅提供一种或有限种产品。而本书建立的模型不限定每个零售商销售的产品种类,并将产品组合作为零售商竞争的重要决策变量,一定程度上拓展了零售商竞争模型的研究范围。

第三,将产品组合决策和双渠道零售相结合,建立了渠道竞争情况下的横向差异化产品组合决策模型,并探讨了电商进入线下渠道的条件。从产品组合决策角度看,与传统文献仅研究零售商单渠道的产品组合决策不同,本书考虑了渠道竞争这一内部竞争因素,在此基础上探讨了零售商的双渠道横向差异化产品组合决策问题,并考虑了渠道竞争程度的影响。从双渠道零售角度看,研究零售商从单渠道运营向双渠道运营转变的文献多数基于线下零售商进入线上渠道的背景,而针对渠道融合背景下线上电商进入线下渠道这一现状的研究相对缺乏。本书则基于两类不同的消费者导向类型探讨了电商进入线下渠道的条件。此外,现有的渠道选择或渠道竞争文献大多只考虑零售商销售一种产品或有限种产品的情况,但这与零售商拥有规模庞大的产品组合的现实情况不符。因此,在将渠道决策与产品组合决策相结合的基础上,本书还将渠道决策问题推广到多产品情形。

第四,将产品组合决策、双渠道零售和信息产品的特性结合,建立了渠道竞争情况下的纵向差异化信息产品组合决策模型,探讨了信息产品的版本和渠道联合决策问题。信息产品的一个显著特性是能以实体版和数字版这两种不同载体形式存在。现有研究信息产品组合决策的文献大多只关注数字版产品的纵向差异和版本控制(versioning),而忽略了对实体版的研究,因此也忽略了信息产品的渠道选择问题。少量文献虽然考虑到实体版和数字版之间的相互作用,但却忽略了实体版的渠道选择问题。而现实中,实体版可以通过线上或线下渠道分销。双渠道零售的相关研究虽然考虑了实体版产品的渠道选择问题,但忽略了数字版产品的存在对实体版产品渠道策略的影响。因此,上述研究均不全面。本书将信息产品的版本和渠道决策相结合,并考虑了渠道竞争这一内部竞争因素的影响,不仅丰富了产品组合决策的文献,也完善了信息产品和双渠道零售领域的相关研究。

此外，基于上述创新点，本书所得的具体结论与现有文献相比有何异同，将在第三、四、五章的本章小结中详细加以说明。

1.5 本书的结构与主要内容

基于本书结构的完整性和逻辑性，结合技术路线图，首先将介绍研究背景。然后基于本书涉及的相关领域研究进行系统的文献综述。在此基础上，基于外部和内部竞争因素总结出零售商竞争和渠道竞争这两类不同的竞争模式，并结合横向差异化和纵向差异化这两类不同的产品差异化模式进行具体研究。本书的主体部分包括基于零售商竞争的横向差异化产品组合决策、基于渠道竞争的横向差异化产品组合决策和基于渠道竞争的纵向差异化信息产品组合决策三部分内容。本书的结构如图1.2所示。

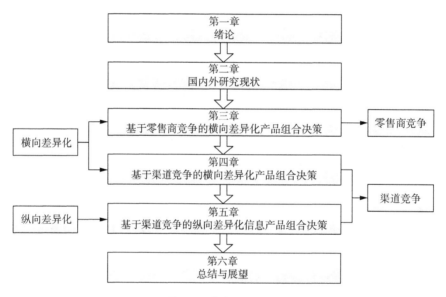

图1.2　本书写作结构

本书共分为六章，具体如下：

第一章是绪论，首先介绍了现实和理论两方面的背景。相关现实案例为本书提供了现实出发点，而现有理论研究所涉及的模型、工具和方法为本书提供了坚实的理论基础。在此基础上确定了研究内容、研究目标、研究方案，并给出了研究的主要创新点。

第二章是国内外研究现状，基于本书所涉及的产品组合决策、双渠道零售以及信息产品这三方面的研究进行系统的文献综述，总结前人研究并加以归类和评述。

第三章是基于零售商竞争的横向差异化产品组合决策，分别在固定成本约束和空间约束的情况下分析了两个零售商竞争情况下横向差异化产品组合决策问题的市场均衡解,并考虑了零售商进入市场顺序和信息不对称的影响。

第四章是基于渠道竞争的横向差异化产品组合决策,基于两类不同的消费者导向类型决定的两种不同的渠道竞争程度,综合探讨了电商进入线下渠道的条件,以及各渠道的产品组合、价格和交付时间的联合决策问题。

第五章是基于渠道竞争的纵向差异化信息产品组合决策,基于信息产品的特性研究了信息产品组合决策问题。考虑了实体渠道和数字渠道以及不同的实体渠道之间存在的渠道竞争的影响,并在考虑消费者异质性的基础上得出了信息产品厂商的最优版本和渠道的联合决策。

第六章是总结与展望,总结了本书所得出的主要结论,并在此基础上展望了未来可能进行的研究方向。

第二章

国内外研究现状

本章将对本书所涉及的相关领域的文献进行系统回顾。基于第一章所给出的研究内容和研究问题,本书主要涉及如下几方面的文献。其一是产品组合决策的相关研究。产品组合决策是本书所需要解决的核心问题,也是运营管理领域的重要研究问题。这一领域的研究较为丰富,为本书的构思、建模和写作提供了重要的理论参考。其二是双渠道零售的相关研究,与渠道竞争情况下的产品组合决策密切相关。双渠道零售是信息技术和互联网电子商务兴起后的产物,它极大改变了零售业的市场格局,从而对零售商的运营管理乃至产品组合决策产生了重要的影响。而新零售背景下的渠道融合,又丰富和扩展了双渠道零售的研究范围。其三是信息产品的相关研究。信息产品一般具有多版本的特征,是纵向差异化产品的典型,在产品组合决策的研究中具有代表性,并且相关研究的结果对企业的运营具有较强的实践可操作性。

2.1 产品组合决策的相关研究

产品组合决策是运营管理领域重要且历史悠久的研究问题,相关文献大致可分为两类,一类是不考虑竞争且仅关注单个零售商单一渠道产品组合决策的传统文献,这类文献一般基于消费者选择模型刻画需求,在某些约束的情况下,通过求解收益或利润最大化问题,得出零售商的最优产品组合。另一类是近年出现的考虑竞争因素的文献,这里的竞争因素包括零售商之间的竞争、渠道之间的竞争以及供应链之间的竞争等多种不同竞争形式。

2.1.1 不考虑竞争的传统产品组合决策文献

传统文献主要关注产品横向或纵向差异化情况下零售商的最优产品组合决策。这两类差异化的定义在第一章中已经给出。近年来,也有少量文献探讨了横向差异化和纵向差异化同时存在的情况,即二维差异化情况下的产品组合决策。

MNL(Multinomial Logit)模型是横向差异化产品组合决策研究中最基础且最重要的模型,该模型是一种概率选择模型,在消费者选择和市场营销领域也被广泛使用;该模型能够较好地刻画消费者面对横向差异化产品的选择行为,因此在产品组合决策文献中也较为常见。MNL模型考虑了消费者不购买产品的情形,因此消费者的购买决策包括购买市场上提供的任何一种产品或不购买产品。在此基础上,消费者的效用可分为两个部分:固定部分和随机部分。固定部分对每个消费者都相同,随机部分服从Gumbel分布,刻画了消费者的异质性。根据各种产品效用的固定部分的不同,就可得出购买每种产品的消费者的比例和不购买任何产品的消费者的比例。在第三章的研究中将用到该模型,届时会详细加以介绍。

Ryzin和Mahajan(1999)[18]较早地基于MNL模型框架探讨了横向差异化产品的多样化收益和库存成本的关联,并指出最优产品组合必然是偏好集(popular set)。在MNL模型研究框架的基础上,学者们从不同角度广泛深入探讨了横向差异化产品组合决策问题。例如,Cachon等(2005)[19]研究了存在消费者搜寻行为情况下的产品组合决策问题;Akçay等(2010)[20]则探讨了易逝品的动态定价问题;Wang(2012)[21]则基于空间约束探讨了产品组合和价格的最优化问题,并构造了求解该问题的有效算法。Wagner和Martínez-de-Albéniz(2020)[22]在考虑产品交换的基础上研究了零售商的定价和产品组合决策问题,他们发现,当价格不是决策变量时,产品组合决策问题的结构很复杂,但可通过近似算法求解;当考虑定价和产品组合的联合优化时,退货成本越高则产品多样化程度越高。Çömez-Dolgan等(2022)[23]和Çömez-Dolgan等(2023)[24]均研究了运营多个工厂情况下制造企业的产品组合决策问题,并考虑了转运和产品替代的影响。前者的研究证明了该问题是NP完全的,且所有工厂的产品组合构成了一个汇总的产品组合,该产品组合必然是偏好集,但每个工厂的产品组合不一定是偏好集。后者的研究则发现,最优产品组合是嵌套的,即市场份额较小的工厂的最优产品组合是市场份额较大的工厂的最优产品组合的子集。随着零售业的发展,企业在运营实践中面临的产品组合决策问题的规模越来越庞大。为了解决上述问题,Tulabandhula等(2022)[25]基于二进制搜索构建了一系列快速灵活的算法以求解(近似)最优产品组合,且这些算法尤其适用于基数约束的情况。

也有学者开始考虑产品组合决策问题中的多目标决策。Sumida等(2021)[26]研究了零售商的核心目标预期收益最大化和消费者的核心目标预期效用最大化之间的权衡取舍,并基于参数线性规划构造有效算法求解了使得预期收益和预期效用的线性组合最大化的产品组合。Tan和Guo(2023)[27]则指出,现有的产品组合决策模型仅关注收益最大化而忽略了收益和市场份额之间的权衡取舍;考虑到上述现状,他们基于MNL模型探究了双目标产品组合决策问题,并设计了由几何算法和斐波那契搜索组成的两阶段方法来获得最优解。

Ross和Seshadri(2021)[28]在产品组合决策问题的研究中引入了时间要素,他们研究了在产品组合决策模型中如何最大限度地减少销售所有产品的预期时间,并提出了渐进最优策略。Ferreira 和 Goh(2021)[29]则考虑了零售商在不同销售季节向消费者提供不同产品组合的轮换策略,他们指出,该策略等价于零售商向消费者隐藏了其完整产品组合的一部分,为消费者的产品估值带来了不确定性,并且有利于提高需求。通过考虑零售商可在不同阶段提供不同的产品组合,以达到产品按顺序推出的目的,Liu 等(2020)[30]将产品组合决策的研究推广到动态情形,他们发现,每个阶段最优产品组合的并集是收益嵌套的,因为这个并集必然包含确定数量的收益最高的若干种产品,但很难确定应当在某个具体阶段提供哪些产品。Feldman 和 Jiang(2023)[31]基于类似的框架同样探究了动态产品组合决策问题,并采用动态规划方法和有效算法加以求解,且上述方法所求得的动态产品组合和最优产品组合的利润差异平均小于 2%。Xu 和 Wang(2023)[32]考虑了零售商序贯做出产品组合决策且消费者序贯做出购买决策情况下的多阶段产品组合决策问题,并指出当消费者完全短视或完全前瞻时,该问题是多项式时间可解的。章潇月和代文强(2023)[33]则基于消费者类型未来到达序列未知的情况,构建了同时考虑库存约束、品类优化和位置效应的占线决策模型,并给出了应当向消费者展示的最优产品组合。

随着研究的不断深入,部分学者发现 MNL 模型也存在缺陷。例如,市场上的产品可能会基于一些分类规则(如不同品牌)被消费者划分为若干子集,因此消费者的选择行为可能是序贯的,即先选择产品子集,再在该产品子集所提供的产品中选择购买。为了刻画上述选择行为,学者们对 MNL 模型加以修改,产生了 NMNL(Nested Multinomial Logit)模型。本书的第四章同样采用了这一模型框架,届时将详细加以介绍。

Kök 和 Xu(2011)[34]基于 NMNL 模型探讨了两个不同品牌的产品组合决策问题,他们考虑了两种不同的情形:消费者先选择品牌再选择产品类型的情形,以及消费者先选择产品类型再选择品牌的情形;并指出这两种情形下最优的产品组合存在很大差异。基于 NMNL 模型框架建立的产品组合决策模型求解的复杂程度一般很高,因此有效算法的构造至关重要,如 Gallego 和 Topaloglu(2014)[35],Feldman 和 Topaloglu(2015)[36]以及 Li 等(2015)[37]基于空间约束和成本约束等不同约束条件探讨了 NMNL 模型下求解最优产品组合的有效算法。其中,Li 等(2015)[37]还将 NMNL 模型的选择层级从两层扩展到任意层。此外,Gallego 和 Wang(2014)[38]还探讨了 NMNL 模型中的产品价格敏感程度不同所导致的影响。

MNL 模型的另一个缺陷是没有考虑到可能存在不同的细分市场,在不同的细分市场,消费者特征存在差异,因此同种产品的偏好程度也可能存在差异,这就产生了 MNL 模型另一个改进形式——MMNL(Mixed Multinomial Logit)模型。Aksoy-Pierson 等(2013)[39]基于 MMNL 模型建立了存在不同细分市场情况下多个零售商的价格竞争模型,并给出了纯策略纳什均衡存在的条件。Li 等(2019)[40]基于 MMNL 模型探讨了有限个细分市场情况下的产品线最优定价问题,他们指出,最优定价需要将销量和利润在不同的细分市场之间进行再分配。Housni 和 Topaloglu (2023)[41] 在 MMNL 模型框架下研究了产品组合和个性化定制的联合决策问题,他们发现,个性化定制能够有效提升零售商收益,并设计了增强贪婪算法以求解近似最优定制产品组合。

绝大多数产品组合决策的相关研究只考虑消费者购买单一产品的情况,但在现实商业活动中,很多时候消费者会选择购买多种产品。作为 MNL 模型的一种较新的改进形式,MVMNL(Multivariate Multinomial Logit)模型适用于该场景下的研究。Jasin 等(2024)[42] 即基于 MVMNL 模型探究了上述问题,他们发现,在允许消费者购买多种产品的情况下,传统的按收益排序的产品组合可能并非最优,他们还设计了有效算法来求解最优产品组合。此外,PCL(Paired Combinatorial Logit)模型是 MNL 模型更加宽松的形式,也有学者基于该模型框架研究产品组合决策问题。例如,Zhang 等(2020)[43] 基于是否存在能力约束的不同情况探究了零售商的产品组合决策问题,并指出求解上述问题等价于寻找函数不动点。

MNL 模型及其改进形式并非横向差异化产品组合决策的唯一研究框架,外生选择(Exogenous Demand)模型也被学者所采用。基于该模型框架,消费者在所有产品中选择偏好程度最高的一种(允许消费者偏好不购买产品)。若该产品因为某些原因无法获得(如缺货、产品组合中不提供等),则消费者会以某个概率购买第二偏好的产品。Smith 和 Agrawal(2000)[44] 基于该模型框架探讨了资源约束条件下多产品库存管理问题。Shao(2020)[45] 同样基于该模型框架探讨了标准化生产和大规模定制这两种情况下最优价格和产品组合的决策,并给出了制造商的最优策略。

此外,选址(Location Choice)模型也被应用于横向差异化产品组合决策的研究。该模型将产品看作一组特征的集合,且每种产品均能表示为特征空间的向量;在此基础上,用两种产品的距离表示消费者实际购买的产品相对于其最偏好产品的效用降低幅度。Gaur 和 Honhon(2006)[46] 基于该模型框架探讨了产品组合和库存的联合决策问题,并指出可能零售商不会提供最受欢迎的产品。Honhon 等(2012)[47] 探讨了基于排序的选择(Ranking-based Choice)模型情况下的产品组合决策,并指出最短路径算法是求解选址模型下最优产品组合的有效方法。

纵向差异化产品组合决策一般基于质量选择(Quality Choice)模型的框架进行研究。该模型认为纵向差异化产品具有不同的质量,消费者具有不同的类型(即对产品具有不同的主观价值衡量),效用函数的形式是消费者的类型乘以购买产品的质量再减去实际价格。这表明,不同类型的消费者一般偏好不同质量的产品,从而形成一系列细分市场。本书的第五章同样采用了这一研究框架,届时将加以详细介绍。

Pan 和 Honhon(2012)[48] 基于质量选择模型研究了纵向差异化产品组合问题,并考虑了价格外生和内生的不同情况,他们把决策问题转化为最短路径问题并构造了求解最优产品组合和定价的有效算法。类似地,Chen 和 Yang(2019)[49] 基于消费者先考虑再选择的行为探讨了纵向差异化产品组合决策问题,他们同样指出最短路径算法是求解该问题的有效方法,并分析了最优产品组合的性质。Honhon 和 Pan (2017)[50]研究了捆绑销售情况下的纵向差异化产品组合决策问题,他们指出,当消费者能够从消费捆绑产品中获益,则最优产品组合来源于嵌套集合;当消费者无法从消费捆绑产品中获益,则捆绑产品应当提供折扣。基于固定费用和空间约束这两类不同的约束条件,Feldman 和 Paul(2019)[51]研究了纵向差异化产品组合决策,并构造了近似算法加以求解。Zheng 等(2019)[52]和 Chen 等(2017)[53]则分别从概率销售和生产调度角度探讨了纵向差异化产品组合决策。Transchel 等(2022)[54]基于消费者驱动的替代行为探究了纵向差异化产品组合和库存的联合决策问题,并指出最优产品组合仅包含那些临界比随着产品质量的提高而下降的产品,且需求不确定性程度的提高会导致产品多样化程度的提高。在考虑前置仓容量的前提下,蒙铭友等(2024)[55]研究了零售商的纵向差异化产品组合和库存的联合决策问题,并指出配送模式差异会影响零售商的产品组合决策。

若横向差异化和纵向差异化并存,则产品存在二维差异化,此时的产品组合决策的复杂程度较高,相关研究较少。Lacourbe 等(2009)[56]研究了垄断厂商二维差异化产品设计问题,他们在模型中量化了横向差异,并指出纵向差异的根源是可变成本,横向差异是主要的利润来源。Shao(2015)[17]结合 MNL 模型和质量选择模型研究了消费者有序选择下的二维差异化产品组合问题,他考虑了两种不同的选择顺序,并指出若消费者先选择产品种类后选择质量,则横向差异化策略优于二维差异化策略;反之则纵向差异化策略优于二维差异化策略。Mayorga 等(2013)[57]基于选址模型探讨了二维差异化产品组合和库存的联合决策问题,他们考虑了面向库存生产和面向订单生产两种情形,并给出了最优产品组合中只存在单一质量产品的条件。

产品组合还存在深度和宽度的概念,所谓深度,指在某个产品类别下提供的产品种类数;宽度则指独特的产品类别的数量。Gopalakrishnan 等(2023)[58]实证研究了产品组合深度和宽度对线上零售商订单交付及时性的影响,结果表明,与产品组合深度相比,产品组合宽度对订单交付及时性具有更大的负面影响。Wang 等(2023)[59]也发现,产品组合规模过大会导致负面影响,他们基于大型点对点送餐平台数据的实证研究表明,高达 18% 的消费者经历了选择过载。

基于上述文献可以发现,产品组合决策问题不存在一般性的研究框架。因此,部分学者致力于探究产品组合决策研究中通用的理论模型。例如,Désir 等(2020)[60]基于马尔可夫链选择模型研究了空间约束情况下的产品组合决策问题,并构造了近似算法。在此基础上,Désir 等(2023)[61]在马尔可夫链选择模型的框架下,通过设计有效的迭代算法求解了鲁棒产品组合优化问题,并考虑了选择模型参数不确定性的影响。Chung 等(2019)[62]探讨了随机效用选择模型的多次尝试近似法,结果表明该方法能够用于 MNL 模型的近似,对于非 MNL 模型也能够做到接近马尔可夫链近似法的效果。此外,Chen 等(2023)[63]基于机器学习方法探究了数据驱动的需求预测和产品组合决策问题,并考虑了交叉销售和产品替代的影响,为求解该问题所设计的启发式算法在真实世界数据库和半合成数据库上均具有较好的效果。

2.1.2　考虑竞争因素的产品组合决策文献

在传统文献的基础上,近年来产品组合决策的研究范围有所拓展,越来越多的文献开始考虑竞争因素对产品组合决策的影响,根据竞争模式的不同可细分为三类。

第一类竞争模式是供应链竞争,即不同供应链主体之间的竞争。有学者基于供应链中的制造商和零售商竞争导致的利润损失出发,在产品组合决策的背景下探讨供应链协调和帕累托改进问题。例如,Aydin 和 Hausman(2009)[64]基于 MNL 模型研究了横向差异化产品在单个生产商和单个零售商组成的供应链下的产品组合决策协调问题,并指出进场费能够使得供应链主体达到帕累托改进。İnkaya 等(2018)[65]则在探讨两层级供应链中纵向差异化产品组合决策问题的基础上,给出了能够实现供应链协调的几种情形。Aydin 和 Heese(2015)[66]考虑了多个制造商和单个零售商的讨价还价问题,并指出制造商选择与合适的竞争对手合作能够增加利润。相反,Kurtuluş 等(2014)[67]则研究了多个生产商和单个零售商情况下生产商的代表管理产品组合的问题,并指出该模式对所有的生产商和零售商均有益。此外,基于产品再制造角度,Mutha 等(2019)[68]研究了供应商如何将不同质量的旧产品出售给第三方再制造企业的产品组合决策问题,并指出最优产品组合中的产品质量越高,则再制造企业购买该产品所能得到的利润也越高。

第二类竞争模式是零售商竞争,即同一市场中的不同零售商之间的竞争。Hopp 和 Xu(2008)[69]基于流动网络模型研究了价格、服务及产品组合的竞争,研究了垄断和寡头两种情况的均衡结果,并指出寡头情况下每个零售商的价格和产品多样化程度均较低,但是提供的产品种类总数和库存总量却高于垄断情形。Dukes 等(2009)[70]则探讨了当市场中存在主导零售商时的产品组合决策问题,并指出由于主导零售商倾向于保留较少的产品种类,导致市场上的产品种类变少,从而降低了消费者的福利水平。Besbes 和 Sauré(2016)[71]基于 MNL 模型研究了横向差异化产品组合和价格竞争问题,他们首先研究了价格固定情况下两个零售商的产品组合竞争,并得出均衡存在的条件和均衡的形式;接着研究了同时进行产品组合和价格决策情况下的竞争问题,并证明了必然存在纯策略纳什均衡。从实证角度,Ren 等(2011)[72]采用 Best Buy 和 Circuit City 的数据对竞争性市场的产品多样化进行了研究,并指出对某个商店而言,距离竞争对手较近会导致产品多样化程度的提高,而距离竞争对手较远则会导致产品多样化程度的降低。Alibeiki 等(2022)[73]基于市场上存在优势零售商和劣势零售商的情况,研究了零售市场势力对产品组合决策的影响,他们发现,定价主导权和产品成本优势共同决定了零售商的最优产品组合,且定价主导权越大,则优势零售商越有动力减少其所提供的产品多样化程度。

最后一种竞争模式是渠道竞争,即不同零售渠道之间的竞争,文献主要集中研究线上和线下渠道之间的竞争。在研究渠道竞争问题之前,部分学者实证研究了线上和线下渠道产品组合的差异。例如,Danaher 等(2003)[74]基于 19 个产品目录下的超过 100 种品牌研究了线上和线下环境下消费者的品牌忠诚度问题,结果表明,高市场占有率、高知名度的品牌具有更高的品牌忠诚度,且线上环境的消费者具有更高的品牌忠诚度。Kwon 和 Lennon(2009)[75]实证研究了多渠道零售商的线上和线下品牌形象的互惠效应,指出消费者的品牌信念不仅取决于各自所属渠道,还会受到另一渠道的影响。根据线上渠道产品组合决策的特点,Kahn(2017)[76]从视觉设计改进消费者感知的角度研究了线上产品组合问题,他们认为明智的零售商应策略性使用产品组合设计元素,注重用户的第一印象并简化购买流程。Saberi 等(2017)[77]指出,线上电商能够获取大量的内部和外部数据,可以帮助处理需求和供给的不确定性,并为产品组合决策做出支撑。有少量文献基于理论模型角度探讨线上渠道的产品组合决策。例如,Li 等(2015)[78]与 Cheung 和 Simchi-Levi(2017)[79],前者在考虑消费者耐心程度和运输费用的基础上给出了线上渠道的最优产品组合,并与考虑库存成本的线下渠道产品组合进行了对比;后者在 MNL 模型框架下研究了线上产品组合优化问题,并给出了零售商的近似最优策略。

通过上述研究,学者们对线上和线下渠道的特征和差异有了更深入的认识,为渠道竞争背景下产品组合决策问题的研究奠定了基础。例如,Rodríguez 和 Aydin(2015)[80]基于 NMNL 模型研究了制造商既通过零售商渠道也通过直销渠道销售产品情况下的产品组合和价格联合决策问题,此时既存在渠道竞争也存在供应链竞争。结果表明,零售商渠道的产品组合是直销渠道的产品组合的子集,且制造商和零售商偏好的产品组合并不一致。

基于线下零售商进入线上渠道这一现实背景,有学者探讨了该运营决策对最优产品组合的影响。例如,Bernstein 等(2008)[81]以及 Luo 和 Sun(2016)[82],前者基于 MNL 模型研究了寡头垄断情况线下零售商进入线上渠道的影响,并指出全渠道决策是该市场结构下的必然均衡结果,但并不一定会提高利润,而可能仅仅是竞争策略需要,但能够提高消费者的福利水平。后者研究了线下零售商进入线上渠道情况下制造商的最优产品设计问题,并指出诱导零售商在双渠道同时出售产品并不总是有利于制造商提高产品质量;对零售商而言,双渠道零售可能会影响制造商的最优产品设计并提高自身利润。

也有部分研究关注双渠道产品组合之间的相互作用及其决策问题。Bhatnagar 和 Syam(2014)[83]认为,零售商同时在线上和线下渠道出售储囤成本较低的产品,仅在线上渠道出售储囤成本较高的产品时,线上渠道对线下渠道的作用更多是补充性的而非竞争性的。Ma(2016)[84]指出,在线上渠道提供更多样化的产品组合能够给零售商带来显著利益,小众产品可以成为零售商收益的重要来源;消费者在线上渠道消费的增加源自该渠道更低的搜寻成本。Shao(2020)[85]研究了纵向差异化产品的双渠道产品组合决策问题,他指出双渠道销售对零售商更有利,但在线上和线下渠道分别提供低质量和高质量产品并非零售商的最优策略。此外,Emrich 等(2015)[86]与 Bertrandie 和 Zielke(2017)[87]研究了多渠道零售商最优产品组合的一体化策略。

有学者注意到,全渠道零售情况下的产品组合决策具有新的特征。Harsha 等(2019)[88]在 MNL 模型框架下研究了全渠道环境下基于跨渠道消费者的收益管理问题,并给出了便于求解的最优化模型。实验结果表明,与零售商的真实销售数据相比,全渠道零售能够增加 7% 的销售量、6%～12% 的收益,以及获得更快的配送速度。同样基于全渠道零售,Blom 等(2017)[89]研究了促销对购买行为和品牌形象的影响,实验结果表明,该促销方式使得零售商的销量提高且品牌形象得以提升,但会受到产品目录和购买方式的影响。在全渠道零售模式下,Dzyabura 和 Jagabathula(2018)[90]更关注零售商的线下渠道能够帮助消费者体验产品特性这一优势,并指出线下渠道的产品组合会影响线上渠道的需求,进而给出了线下渠道产品组合的近似最优解。Lo 和 Topaloglu(2022)[91]同样指出线下渠道的产品组合会影响线上渠道的产品偏好,他们考虑了线下渠道仅作为展厅和存在需求的不同情况下的线下渠道产品组合优化问题,并指出对于前者可以求解出最优产品组合,但对于后者则只能提供近似最优解。在考虑渠道内和渠道间均存在产品替代的情况下,Hense 和 Hübner(2022)[92]构建了全渠道零售商的产品组合、空间和库存的联合决策模型,并基于二元问题的迭代求解方法和需求更新构造了有效的启发式算法加以求解。Schäfer 等(2023)[93]则基于二元整数规划模型分析了全渠道零售产品组合决策背景下的需求效应,他们发现,渠道内的需求效应要高于跨渠道需求效应,且该效应一般取决于需求率和渠道规模大小等渠道相关特征。

表 2.1 列举了一些代表性的产品组合决策文献。产品组合决策作为零售商运营管理中的重要决策问题,已经得到相当程度的重视,产生了大量的研究成果,且相关的研究已经形成一定的体系,但仍然不够深入和具体,并且存在部分研究空白,具体有如下几点:

第一,现有的产品组合决策文献大多没有考虑竞争因素的影响,与现实情况存在差异;且这些文献所提出的决策方法和优化算法可能无法直接应用于考虑竞争因素的产品组合决策模型。随着电子商务的发展、双渠道零售以及渠道融合的产生,零售商的产品组合决策产生了一些重要的新变化。针对这些新变化,相关研究较少且没有形成体系。

第二,从现有考虑竞争的产品组合决策文献看,探讨零售商竞争情况下的产品组合决策的文献较为缺乏,而探讨渠道竞争情况下产品组合决策的文献则大多集中于实证研究,缺乏基于理论模型角度的探讨。且现有研究一般考虑的是双渠道特征或产品组合决策的对比,而对于零售商渠道和产品组合的联合决策问题关注较少。

表 2.1　产品组合决策文献汇总

研究文献	产品差异	模型	竞争类型
Ryzin 和 Mahajan(1999)[18]	横向差异	MNL	未考虑竞争
Kök 和 Xu(2011)[34]	横向差异	NMNL	未考虑竞争
Aksoy-Pierson 等(2013)[39]	横向差异	MMNL	零售商竞争
Shao(2020)[45]	横向差异	外生选择	未考虑竞争
Gaur 和 Honhon(2006)[46]	横向差异	选址	未考虑竞争
Pan 和 Honhon(2012)[48]	纵向差异	质量选择	未考虑竞争
Shao(2015)[17]	二维差异	MNL/质量选择	未考虑竞争
Mayorga 等(2013)[57]	二维差异	选址	未考虑竞争
Aydin 和 Hausman(2009)[64]	横向差异	MNL	供应链竞争
Besbes 和 Sauré(2016)[71]	横向差异	MNL	零售商竞争
Rodríguez 和 Aydin(2015)[80]	横向差异	NMNL	供应链/渠道竞争
Dzyabura 和 Jagabathula(2018)[90]	未注明	多特征效用	渠道竞争
Lo 和 Topaloglu(2022)[91]	横向差异	MNL	渠道竞争
Schäfer 等(2023)[93]	横向差异	二元整数规划	渠道竞争

2.2　双渠道零售的相关研究

电子商务和信息技术的发展,为双渠道零售提供了便利条件,在零售行业,线上和线下渠道并存已经成为普遍现象,尽管双渠道零售能够更好地满足不同细分市场消费者的需求,但也会导致渠道竞争和产品组合决策复杂程度的提高。本部分主要梳理双渠道零售的相关文献,从双渠道运营决策、渠道选择、渠道竞争与协调以及渠道融合四个方面展开。

2.2.1　双渠道运营决策的相关文献

典型的双渠道运营模式是制造商通过直销渠道(线上渠道)和零售渠道销售产品。Chiang 等(2003)[94]指出,直销渠道的开设能够提高供应链的总体利润,原因在于它能够降低双重边际效应导致的低效率价格。在此基础上,Chen 等(2012)[95]发现,直销渠道的开设对制造商和零售商均有利。但也有学者持相反的看法,例如,Ding 等(2016)[96]考虑了双渠道背景下制造商不同的定价策略,并给出了每种策略的最优定价,结果表明制造商的双渠道策略并不总是最优的。在考虑不同消费者群体的基础上,Hsiao 和 Chen(2014)[97]也指出制造商可能会放弃直销渠道以达到利用零售商竞争的效果。尽管学术界对双渠道零售是否对制造商和零售商有利存在分歧,但双渠道零售在现实中广泛存在,因此学者们针对双渠道供应链中的各类运营决策进行了全面而细致的研究。

双渠道零售中最重要的决策问题是价格决策,相关文献非常丰富,也与本书所研究的内容关联最为紧密。典型的双渠道零售模式下制造商和零售商的价格博弈为学术界关注,在此基础上衍生了一系列研究视角。例如,Chen 等(2013)[98]基于零售商额外出售来自另一个制造商的互补产品的情况研究了双渠道定价问题,结果表明提高品牌忠诚度对制造商和零售商均有利。Li 等(2014)[99]基于制造商风险中性和零售商风险厌恶研究了双渠道供应链的易腐品定价问题,并指出当需求不确定性服从均匀分布时,则存在纳什讨价还价解,且零售价格随着零售商风险厌恶程度的提高而降低,但风险厌恶程度对制造商直销渠道的利润影响不确定。李莉等(2016)[100]研究了处于非主导地位的中小制造企业在双渠道零售时存在的价格冲突问题,并指出处于非主导地位的中小制造企业应采用依从强势零售商的定价策略。李建斌等(2016)[101]基于由制造商、网络零售商和实体零售商构成的双渠道供应链和零售商之间存在价格竞争和双向搭便车的情形,研究了集成和分散两种情形下的最优定价和努力水平。林庆和何勇(2017)[102]则考虑了由一个制造商和两个不同类型的零售商构成的双渠道供应链的定价问题,并对比了相同批发价和差异化定价两种均衡结果。

制造商通过直销渠道和零售商渠道销售产品并非双渠道零售的唯一模式,零售商也可能同时运营线上和线下渠道。此时,零售商应当如何决策双渠道价格也为学术界所关注。Kireyev 等(2017)[103]考虑了多渠道零售商是否应该采取"自匹配策略",该策略允许零售商向消费者提供线下和线上渠道的最低价格,结果表明,"自匹配策略"能够抑制线上渠道的竞争,并能保证在线下商店实行价格歧视,且即使消费者在线下商店进行线上比价,该策略仍然有利可图。Kuruzovich 和 Etzion (2017)[104]研究了零售商既在线上拍卖也在线下以固定价格出售产品的策略,得出了拍卖渠道的最优保留价格、成功率和销售价格,并通过实证研究验证。基于公平偏好,牛志勇等(2017)[105]研究了多渠道零售商是否应当选择线上线下同价策略,结果表明,公平偏好是线上线下同价策略的驱动机制之一,且零售商有动机采取同价策略。有学者注意到,可能存在制造商运营线上渠道以及零售商同时运营线上和线下渠道的复杂情形。基于该情形,赵连霞(2015)[106]对混合定价问题加以探讨;但斌等(2016)[107]则研究了供应链中的定价和均衡问题,并分析了影响均衡的因素。

Granados 等(2012)[108]的实证研究表明,不同渠道的消费者可能存在不同的特征,他们比较了航空企业线上和线下渠道的需求价格弹性,结果表明线上渠道的需求价格弹性高于线下渠道和 OTA 渠道。因此,定价决策必须考虑消费者特征的影响。田林和徐以汛(2015)[109]基于顾客行为动态研究了企业渠道选择与定价问题,并指出对制造商而言,引入零售渠道优于不引入。范小军和刘虎沉(2015)[110]基于消费者的在线渠道接受度差异研究了双渠道定价问题,他们认为,只要线上渠道接受程度较高,则线上渠道的引入对制造商和零售商均有利,反之则只对制造商有利而会减少零售商的利润。戚守峰等(2017)[111]考虑了品牌偏好型与实体忠诚型两类消费者偏好和零售商内部、混合、外部三种融资模式,在此基础上研究了双渠道供应链订货与定价策略。基于消费者满意,黄宗盛等(2016)[112]探讨了双渠道零售商的退款保证策略选择问题,并指出退款保证策略选择与渠道间的成本差异有关。

此外,双渠道的服务水平决策也与本书所研究的内容密切相关。Chen 等(2008)[113]探讨了双渠道中的服务竞争问题,并指出最优的双渠道策略取决于诸如直接渠道的成本和消费者特征等影响因素。Dan 等(2012)[114]研究了集中和分散式供应链情况下双渠道价格和零售服务水平的最优策略,并指出零售服务水平对制造商和零售商的价格和利润有着重要影响。Chiang 和 Monahan(2005)[115]则探讨了双渠道零售的库存管理问题,并指出双渠道策略优于单渠道策略。

2.2.2 渠道选择的相关文献

学者们主要关注单渠道零售商是否应当进入其他渠道,而又以线下渠道零售商是否应当进入线上渠道的研究最多。Chen 和 Chen(2017)等[116]探讨了线下零售商进入线上渠道的时机和条件,并指出零售商的渠道选择取决于渠道间相对效率的高低。相对于线下渠道,尽管线上渠道存在低运营成本的优势,但进入线上渠道并非一定对零售商有利。例如,Yoo 和 Lee(2011)[117]指出零售商是否应当进入线上渠道受渠道结构和市场环境的影响,且线上渠道并不总意味着更低的零售价格和更高的消费者福利,零售商进入线上渠道也可能会导致利润降低。在此基础上,有学者探讨了进入线上渠道的影响因素。基于消费者退货角度,Ofek 等(2011)[118]指出,当进入线上渠道的决策内生,则会产生仅有一个零售商经营线上渠道,并获取比其他零售商更低利润的均衡结果。Shao(2017)[119]则研究了不同运费策略对线下零售商进入线上渠道的影响,并考虑了免运费和按路程计费两种情形。若仅存在单个零售商,按区域定价的结果和运费策略无关;若统一定价,处于区域运费低于平均运费区域的消费者偏好按区域计算运费的策略,反之则偏好免运费策略。Arya 和 Mittendorf(2018)[120]基于消费税研究了线上零售商进入线下渠道的影响,结果表明,消费税不仅降低了消费者的购买意愿,同时也抑制了零售商在批发市场进货的意愿。也存在少量研究探讨了线上零售商是否应当进入线下渠道的问题。Fornari 等(2016)[121]实证研究了电商是否应当开设实体店,并指出短期内开设实体店会导致消费者选择线上渠道的概率降低,但在长期会升高;且线上和线下渠道的长期协同效应主要来源是实体店的品牌效应而并非购物体验。

零售商如何做出渠道选择,即零售商是应当选择线上渠道、线下渠道还是双渠道销售产品,也为学术界所关注。Wang 等(2016)[122]基于线性需求函数研究了供应链中占主导地位的零售商的渠道选择和价格决策问题,结果表明,线上和线下渠道的运营成本差异是影响零售商渠道选择的重要因素;只有当渠道间运营成本差异较小时,双渠道策略才有利可图,反之则零售商会选择运营成本较低的渠道。与上述观点不同,李佩等(2018)[123]研究了同时拥有线上和线下双渠道并销售两种替代产品的零售商的最优渠道策略,并指出双渠道策略总是优于单渠道策略。

此外,制造商的最优渠道选择也值得研究。Hsiao和Chen(2014)[97]基于消费者的渠道偏好研究了制造商和零售商是否应当引入线上渠道,并指出若偏好线上购买的消费者更有利可图或相对不重要,则制造商偏好线上渠道销售产品,且当制造商引入线上渠道时,偏好线上购买的消费者可能会被吸引到线下渠道。Letizia等(2018)[124]从退货角度探讨了制造商的多渠道销售策略,他们指出,线上渠道减轻了价格的双重边际效应,线下渠道减少了退货数量。Shen等(2019)[125]研究了制造商在平台零售商和传统分销商中应当如何做出渠道选择,结果表明,对平台零售商而言,同时决策进场费和收益分享比例始终最优,且进场费并不总是对平台零售商有利或对制造商不利,具体取决于双渠道的需求替代效应。石平等(2015)[126]分析了运营成本的不确定性对线上渠道开通时机的影响,结果表明,双渠道运营下各渠道的定价策略与仅运营单渠道时该渠道的定价策略相同。范小军和刘艳(2016)[127]基于零售商价格领导权结构研究了制造商引入在线渠道的双渠道定价问题,并考虑了服务的价值,结果表明,仅当产品在线适合度足够高时,制造商引入线上渠道才有利可图。通过比较双渠道模式与店中店模式,郭金森等(2018)[128]指出,制造商的服务水平会影响最终的渠道决策。

2.2.3 渠道竞争与协调的相关文献

Tsay和Agrawal(2004)[129]较早提出了电子商务时代渠道间的冲突和协调问题。在此基础上,学者们通过设计契约来改善供应链绩效,提高供应链主体的利润。

价格折扣契约在渠道协调中起着重要作用。Cai等(2009)[130]认为,双渠道供应链中的价格折扣契约要优于无契约的情形,且便于实际操作。稳定的定价方案能够给零售商带来更多利润,进而降低渠道冲突。David和Adida(2015)[131]研究了制造商既通过直销渠道又通过多个零售商的零售渠道销售产品的供应链协调问题,他们指出,制造商偏好更多的零售商存在,且线性数量折扣契约能够保证制造商和零售商达到协调。

收益分享契约也是渠道协调的重要机制。Yan等(2010)[132]在渠道集成背景下研究了收益分享对多渠道企业的影响,他们指出,渠道集成和收益分享契约能够有效减轻渠道冲突,且双渠道均能从中获益。Cai等(2012)[133]研究了独占渠道策略和收益分享契约对制造商和零售商的影响,并指出当没有收益分享契约时,制造商不愿给予零售商独占渠道的待遇,但收益分享契约能够做到这一点,且收益分享比例由讨价还价解决定。Xie等(2017)[134]在双渠道背景下研究了闭环供应链的协调问题,他们考虑了分散决策和集中决策两种情形,并基于回收率和回收收益分享比例之间的关系建立了收益分享机制,研究了收益分享比例变化对线上/线下价格和批发价格的影响。基于网络比价行为,申成然等(2014)[135]研究了双渠道供应链的定价决策及协调策略问题,并基于特许经营和收益分享设计了机制使得供应链达到协调。王先甲等(2017)[136]探讨了生产商具有生产规模不经济特性情况下的双渠道供应链协调策略,并提出了带固定补偿的收益分享契约的设计方法和用纳什讨价还价协商模型确定固定补偿的方法以达到渠道协调。

在实践中,可能需要将不同的契约机制加以结合,以达到最优效果。张雨濛和王震(2015)[137]研究了制造商、分销商和零售商的三级供应链的协调问题,并指出将数量弹性契约与收益分享契约进行结合的联合契约能够同时增加三个供应链中主体的利润,并使得供应链整体利润最优。郭金森等(2017)[138]在需求不确定和零售商存在资金约束情况下探讨了双渠道制造商采用三种不同契约策略对供应链各主体的影响。唐润和彭洋洋(2017)[139]基于时间和温度因素研究了生鲜食品的双渠道供应链协调问题,并通过联合应用收益分享契约、成本共担契约和批发价格折扣契约的协调机制达到了双渠道的协调。

此外,基于线上渠道的便利性和信息的易获取性,线上渠道为线下渠道做广告可能是减少渠道竞争不利影响的有效方法。Zhang(2009)[140]在此基础上研究了零售商采取双渠道策略的条件,以及双渠道零售商是否应当在线上渠道为线下渠道做广告,结果表明,这取决于产品特性、成本和竞争对手的策略,且线上渠道为线下渠道做广告并不总是最优。Zantedeschi 等(2017)[141]基于实验研究了多渠道情形下消费者对广告的反响问题。Wu 等(2015)[142]则研究了互联网环境下制造商建议消费者访问零售商网页的最优策略问题,结果表明,当市场规模较大时,非排他性的建议是制造商的最优策略,反之则排他性的建议是零售商的最优策略。

2.2.4 渠道融合的相关文献

Herhausen 等(2015)[143]的研究表明,线上和线下渠道的集成的结果是竞争优势和渠道协同效应大于渠道竞争效应。因此,全渠道零售,即线上和线下渠道进行整合从而达到双渠道融合,不仅能更好满足不同细分市场消费者的需求,也可以减少渠道竞争的不利影响。基于上述现状,零售商也开始注重消费者的体验。陈列间能够有效提高消费者的购物体验,Gao 和 Su(2017)[144]及 Bell 等(2018)[145]对展厅的作用加以研究。前者考虑了全渠道销售的三种信息机制:实物展厅、虚拟展厅和实时库存信息,并指出实物陈列间能够促进零售商降低库存,但会增加缺货风险和降低实体店销量;虚拟陈列间可能会增加线上退货率并降低利润;当缺货风险较低时,实时库存信息可能是多余的。且消费者同质时上述机制不存在互补性。后者研究了全渠道零售背景下线下陈列间的影响,结果表明陈列间增加了两个渠道的需求,提高了运营效率,且这些好处主要来源于重度偏好客户。Park 等(2021)[146]则分析了线下展厅应当如何选择向消费者展示的产品以最大限度提升消费者参观展厅的体验,他们将该问题刻画为一个混合整数优化问题并加以求解,并通过案例分析验证了求解方法的有效性。高莹等(2023)[147]指出,参考质量效应是影响体验类产品定价策略的重要因素,当参考质量效应较小时,则线下体验店应当只具备展厅功能,反之则应当同时具备展厅和销售功能。

科技进步使得消费者可通过线上或线下渠道在不与店员接触的前提下自助下单,Gao 和 Su(2018)[148]研究了这一自助预订技术对饭店全渠道服务运营的影响,结果表明,自助预订技术能够降低等待时间并提高需求,甚至对不使用自助预订的消费者也有利;且自助预订技术的使用不仅不会导致店员失业,反而可能会导致雇佣劳动力的增加。此外,当消费者耐心程度较低时,饭店应当完善线上自助预订体验,反之则完善线下自助预订体验。詹文韬等(2023)[149]则分析了全渠道餐饮企业最优产能决策,并指出社会互动效应能够提高消费者需求和促进产能增长,进而有效提升利润。

也有学者着重从消费者角度分析全渠道运营决策问题。Du 等(2019)[150]基于消费者失望厌恶研究了全渠道管理问题,并考虑了库存约束的影响。他们指出,线上渠道的失望厌恶来源于价值不确定性,线下渠道的失望厌恶来源于库存不确定性。Shao(2021)[151]则从消费者选择行为出发,基于由制造商、线上和线下零售商构成的供应链探讨了零售商的全渠道运营策略,他指出,选择全渠道策略对线下零售商是有利的,但对线上零售商可能并非最优;且全渠道策略可能并不总是对消费者和制造商有利。Xu 和 Jackson(2019)[152]实证研究了全渠道零售背景下的消费者渠道选择问题,并指出渠道透明度、渠道方便程度和渠道一致性对消费者感知行为控制具有积极作用。Omar 等(2023)[153]则基于消费者的购物篮数据,在确定给定产品属性的基础上,提出了全渠道零售模式下的需求预测方法。

BOPS 模式,即线上购买、线下取货,是渠道融合的典型应用。Gallino 和 Moreno(2014)[154]研究了 BOPS 模式的影响,并指出存在交叉销售效应和渠道转换效应,前者来自采用 BOPS 模式的消费者在商店的额外购买,后者指线上顾客和原本非顾客的消费者进入线下商店。Cao 等(2016)[155]分析了线上零售商引入 BOPS 渠道对需求分配、定价和利润的影响,结果表明,该渠道有助于吸引新的客户群体和增加需求,但也会导致渠道竞争及运营成本增加。Gao 和 Su(2017)[156]基于 BOPS 模式和消费者策略性选择渠道的情况探讨了双渠道零售商的运营,他们指出,BOPS 模式能够提供实时的库存信息并减少购物的麻烦成本,但并非所有产品都适合 BOPS 模式;尽管 BOPS 模式能够吸引新的消费者,但对现有消费者而言,因存在线上满足需求到线下满足需求的转换,可能会导致边际利润降低;对线上和线下各自经营的分散式供应链,BOPS 收益分享能够有效减少渠道冲突。范辰等(2018)[157]在 BOPS 模式下研究了供应链主体的定价与服务合作决策,并指出零售商主导的结构下单位补偿契约可以实现合理的利润分配;制造商主导的结构下批发价格契约可以有效实现服务合作,且供应链效率更高。Yang 等(2022)[158]则分析了 BOPS 模式、

"线上购买、实体店发货"的 BOSS 模式和"线上购买、配送到实体店"的 STS 模式的混合使用策略,他们指出,混合策略能否提升零售商的利润取决于市场扩大程度和成本结构。葛晨晨和朱建军(2023)[159]则在对 BOPS 模式的研究中引入了竞争因素,并给出了两个零售商均采用 BOPS 模式且实现双赢的条件。此外,马守宇等(2023)[160]及林志炳和吴清(2024)[161]分别从供应链协调和绿色供应链角度对 BOPS 模式加以研究。

库存策略同样是全渠道零售研究中的热点话题。Govindarajan 等(2021)[162]研究了全渠道零售模式下季节性产品的库存和履约的联合决策问题,并构造了有效的启发式算法。Gabor 等(2022)[163]分析了全渠道零售商的库存管理问题,在他们构建的模型中,零售商拥有一个仓库用来满足线上渠道需求,并为线下渠道补充库存。结果表明,当线下渠道的库存较低时,在线上渠道提供购买折扣能够有效避免销售损失并提升利润。Jiu(2022)[164]则研究了 STS 模式下全渠道零售商的库存补货策略,他构建了多周期随机优化模型,并采用稳健两阶段方法(RTA)加以求解。谢瑞真和张尧(2023)[165]则基于报童模型分析了全渠道零售下考虑退货的库存决策。

学术界也注意到全渠道零售模式下的退货方式产生了新变化。Nageswaran 等(2020)[166]研究了全渠道零售商的定价和退货策略,并指出能够更好利用退回产品残值和拥有更多线下实体店的零售商应当选择全额退款策略,反之则应当对线上退货收费以诱导这些消费者回归线下实体店。Jin 等(2020)[167]在两寡头垄断环境下分析了全渠道零售商是否应当选择"线上购买、线下退货"(BORS)策略,他们指出,当两个零售商的异质性足够大且线下退货的产品残值高于线上退货的情况时,则市场均衡下必然有至少一个零售商选择 BORS 策略,反之则两个零售商均不会选择BORS 策略;且 BORS 策略并不能保证零售商获取比竞争对手更高的利润。Mandal等(2021)[168]分析了零售商仅在线上渠道销售产品、在线上渠道销售产品并设立展厅和在线上及线下渠道销售产品并采用 BORS 策略这三种不同模式的优劣,并指出最优策略取决于产品具体特征。Yang 和 Ji(2022)[169]分析了交叉销售对全渠道零售商管理消费者退货的影响,并指出在提供 BORS 模式时,交叉销售有利于提升利润;但在提供线上虚拟试用服务模式时,交叉销售反而会导致利润下降。Qiu 等(2023)[170]则基于全渠道零售商通过线上渠道和位于不同区域的线下实体店向消费者销售产品的背景,分析了允许退货和不允许退货情形下零售商的最优订货和定价策略,并基于案例数据加以实证分析。

部分学者基于全渠道零售模式研究了优惠券促销策略。Li 等(2023)[171]探究了全渠道零售下优惠券促销策略对消费者渠道转移的影响,并指出零售商是否有动机提供优惠券取决于产品价格。林强等(2022)[172]分析了 BOPS 模式下电商平台的优惠券促销策略,他们发现,仅当消费者对 BOPS 和线上渠道偏好程度较小且搜索成本适中时,平台、零售商和消费者才均能从优惠券投放中获益。司银元等(2023)[173]则基于消费者渠道偏好研究了 BOPS 模式下的优惠券投放策略。

表 2.2 双渠道零售文献汇总

研究主题	研究内容	研究文献
双渠道运营决策	制造商直销和零售渠道的定价	Chiang 等(2003)[94] Chen 等(2013)[98]
	零售商双渠道定价	Kireyev 等(2017)[103] Kuruzovich 和 Etzion(2017)[104]
	基于消费者特征的定价	Granados 等(2012)[108] 戢守峰等(2017)[111]
	服务水平决策	Chen 等(2008)[113] Dan 等(2012)[114]
渠道选择	零售商渠道选择	Yoo 和 Lee(2011)[117] Shao(2017)[119]
	制造商渠道选择	Hsiao 和 Chen(2014)[97] Letizia 等(2018)[124]
渠道竞争与协调	价格折扣契约	Cai 等(2009)[130] David 和 Adida(2015)[131]
	收益分享契约	Yan 等(2010)[132] Cai 等(2012)[133]
渠道融合	全渠道零售	Gao 和 Su(2017)[144] Xu 和 Jackson(2019)[152]
	BOPS 模式	Gallino 和 Moreno(2014)[154] Cao 等(2016)[155]
	库存与退货策略	Govindarajan 等(2021)[162] Nageswaran 等(2020)[166]
	优惠券促销策略	Li 等(2023)[171] 林强等(2022)[172]

表 2.2 列举了双渠道零售领域的代表性文献。双渠道零售是运营管理中的重要研究领域,渠道决策也是供应链主体在生产经营活动中的基础性决策问题。电子商务的发展为制造商和零售商提供了新的渠道选择,很大程度上改变了零售市场的现状和消费者的选择行为。双渠道零售的相关研究具有一定基础,已经形成了较为完整的研究体系,但也存在一些不足,具体而言有以下两个方面:

第一,现有文献一般基于制造商开设直销渠道并且通过零售商向消费者出售产品的双渠道供应链模式,或制造商通过线上和线下零售商向消费者出售产品的供应链模式建立模型;在此基础上研究定价等决策、渠道进入和供应链协调等问题。但随着渠道融合和新零售的产生,越来越多的零售商开始同时运营线上和线下渠道。近年来,渠道融合背景下的相关研究虽然越来越丰富,但涉及零售商渠道选择策略的研究仍然较为缺乏。

第二,缺乏将双渠道零售和产品组合决策结合的研究。双渠道零售文献一般只考虑制造商或零售商出售一种或有限种产品,而忽略了供应链主体的产品组合决策。然而,双渠道零售和渠道融合会导致渠道竞争,这将增加产品组合决策的复杂程度,传统产品组合决策的模型和工具方法很难适用。因此,必须基于双渠道零售的特征对产品组合决策重新加以研究。

2.3 信息产品的相关研究

信息产品是一类特殊的产品,其价值来源于它所包含的信息。近年来,信息技术和电子商务的发展极大改变了信息产品的载体形式和分销渠道。一方面,产生了不存在物理载体的数字版产品,但该版本仅能通过数字渠道(互联网和光纤)进行分销。另一方面,双渠道零售的出现意味着厂商在分销传统实体版产品时面临渠道选择问题。上述变化表明,信息产品领域产生了一些新的亟待解决的研究问题。本小节主要梳理信息产品相关文献,从数字版产品的相关文献和信息产品版本与渠道策略的相关文献两个方面展开。

2.3.1 数字版产品的相关文献

基于数字版产品的特性,生产商能够以极低的成本提供不同功能和质量的纵向差异化产品。在此基础上,学术界开始关注版本控制(versioning)的影响,即研究提供多个版本的数字版信息产品并将消费者划分为不同的群体是否能够增加利润。Bhargava 和 Choudhary(2001)[174]探讨了信息产品的纵向差异化策略并给出了采取版本控制策略的条件,但他们也指出很多种类的信息产品并不符合这些条件。在此基础上,Bhargava 和 Choudhary(2008)[175]发现,仅当只提供低质量版本时的最优市场份额高于只提供高质量版本时的最优市场份额时,版本控制策略才有利可图。但也有研究认为,版本控制策略能够有效提高厂商的利润。基于数字版产品容易出现盗版这一现状,Chellappa 等(2005)[176]指出提供试用版能够有效减缓盗版带来的不利影响。Wu 和 Chen(2008)[177]得出了类似的结论,他们指出盗版的存在会诱导厂商提供多个版本,且版本控制策略在某些条件下能够有效抵御盗版导致的负面影响。Chen 和 Seshadri(2007)[178]也支持了该结论,他们指出当消费者有多种外部选择(multiple outside options)时版本控制是最优的。郭强等(2020a)[179]探究了存在盗版情况下信息产品的销售策略,并考虑了免费版存在的影响,他们指出,最优销售策略取决于正版产品的培育率、免费版本价值折扣系数以及该类信息产品的网络外部性的大小。郭强等(2020b)[180]还基于存在盗版情况下探讨了信息产品更新换代策略,并指出若盗版厂商不具备新产品复制能力,则正版厂商应选择单品换代策略,即旧版本产品退出市场;若盗版厂商能够复制新产品,则绝大多数情况下应采取共生换代策略,即同时提供新旧两个版本的产品。朱宾欣等(2021)[181]探究了存在盗版情况下制造商推出免费版对正版信息产品定价及质量决策的影响,并指出当不存在盗版时,仅当网络外部性较大时制造商才会提供免费版,但若存在盗版,则提供免费版必然能够增加利润。杨双等(2022)[182]也得出了类似的结论,他们还分析了盗版产品负效用程度对正版产品定价策略的影响。

但是,也有学者认为盗版的存在具有一定的好处。Lahiri 和 Dey(2013)[183] 发现,在某些情况下较低程度的盗版侵蚀能够诱导厂商提高产品质量。Nie 等(2022)[184] 和 Peng 等(2023)[185] 也得出了类似的结论。前者的研究认为,盗版可以一定程度上阻止潜在竞争对手进入市场,因此遏制盗版对厂商而言可能不是最优策略;后者的研究则发现,转售契约的部分情形下,盗版的存在反而会提升供应链成员的利润。

Chellappa 和 Mehra (2018)[186] 从成本角度给出了制造商选择版本控制策略的原因,并指出在消费者具有使用成本(usage cost)时,制造商的边际成本和消费者的使用成本对版本控制策略具有相同的影响。Wei 和 Nault(2014)[187] 基于消费者特征探讨了版本控制策略的适用范围,他们指出,仅当消费者群体具有互斥的特征时版本控制才是最优的。刘志勇等(2015)[188] 基于网络外部性探讨了信息产品的版本策略,并指出网络外部性的存在会使得该策略的优势更明显。潘见独等(2020)[189] 探究了双边信息产品平台的版本划分策略,并指出当该平台垄断情况下,提供单一质量的信息产品利润要低于采取版本控制策略的情况,且不应当免费提供低质量产品。与上述研究相反,也有研究认为版本控制策略并非厂商的最优策略。Jones 和 Mendelson (2011)[190] 对比了信息产品和工业产品(industrial goods)的区别,并指出在垄断情况下信息产品厂商应当仅提供单一版本。

此外,版本控制策略可能对不同种类的信息产品的影响有所差异,因此部分研究关注某一类具体的信息产品。例如,Wei 和 Nault(2013)[191] 探讨了体验类信息产品的版本升级策略,他们指出该策略的效果取决于消费者的特征,悲观消费者相对乐观消费者更愿意进行版本升级。Calzada 和 Valletti(2012)[192] 基于消费者可能同时消费双版本研究了能够同时提供戏剧版本和电影版本的厂商的版本和推出顺序策略,他们认为,当双版本替代程度不高时提供双版本总是最优的。Zhang 等(2020)[193] 和 Zhang 等(2022)[194] 还在考虑两个厂商竞争的基础上,将信息产品版本控制策略的研究扩展到了竞争环境。Li 等(2023)[195] 在考虑信息产品版本控制策略的基础上,将基于行为的定价(BBP)策略的研究扩展到多产品情形,并指出是否应当采用该策略,以及应当为哪种产品版本采用该策略取决于消费者和厂商对未来收益的重视程度差异。

数字版产品很适合捆绑(bundling)销售,因而捆绑策略也是学术界的热点研究问题。Bakos 和 Brynjolfsson(1999)[196] 探讨了捆绑销售情况下的信息产品最优定价问题,并指出相对于单独销售的情况,捆绑销售意味着更高的需求、经济效率和单位利润。Geng 等(2005)[197] 同样认为捆绑策略能够增加利润,他们指出,当消费者的效用降低速度相对不那么快时,捆绑策略是近似最优的。也有学者持相反观点,认为捆绑策略并不能带来利润的提高。例如,Adomavicius 等(2015)[198] 基于消费者求变(variety-seeking)行为研究了捆绑策略的影响,指出至少对体验类信息产品而言,基于消费者驱动的捆绑集在影响消费者求变行为方面并没有优势。在此基础上,有研究关注捆绑策略的具体实施细节。例如,通过比较不同类型捆绑策略的实际效果,Chuang 和 Sirbu(1999)[199]指出,混合捆绑(mixed bundling)策略优于完全捆绑策略和完全不捆绑策略。Goh 和 Bockstedt(2013)[200]则实证研究了个性化捆绑销售对大部分定价方案的影响。Banciu 等(2022)[201]探究了任意多种信息产品的捆绑策略收益函数,并给出了收益函数的上下界,在此基础上能推导出最优纯捆绑策略的定价。Cao 等(2022)[202]研究了由制造商和零售商组成的供应链情况下的信息产品捆绑策略,并指出分散式供应链的情况下制造商更有意愿采取捆绑策略。原因在于,该策略能够有效缓解双重边际效应的危害,且信息产品诸如成本等因素的不对称性会激励制造商采取捆绑策略。

Varian(2000)[203]指出,信息产品可以被买断、租赁和分享,其定价机制和策略相对于其他产品也更加多样化。因此,定价策略也是信息产品领域的重要研究问题,学者们考虑了多样化的定价方案及其影响因素。例如,Sundararajan(2004)[204]在不完全信息情况下研究了信息产品的最优定价,他们指出,存在交易成本时,在使用收费方案的基础上增加固定收费方案能够增加利润。Khouja 和 Smith(2007)[205]考虑了盗版和饱和效应的影响,并指出这两种效应很强的情况下,撇脂定价策略(skimming strategy)是次最优的(suboptimal)。Balasubramanian 等(2015)[206]研究了信息产品的买断和按使用计费(pay-per-use)机制,并指出后者会导致消费者产生心理成本(psychological cost)。Choudhary(2010)[207]同样研究了不同的定价机制,但他考虑的是信息产品横向差异化的情况。Dou 等(2017)[208]基于不同的折旧模式探讨了信息产品的不同的定价模式,他们指出,年限折旧(vintage depreciation)情况下租赁模式总是优于买断模式,而个体折旧(individual depreciation)情况下仅当满足部分条件时买断模式才优于租赁模式。基于策略性消费者,Yu 等(2016)[209]探讨了从消费者处收集的质量信息对企业动态定价的影响,他们发现,搜集该信息可能会导致厂商利润降低。王春苹等(2016)[210]研究了异质消费者和双寡头垄断市场情况下信息产品和服务的最优定价策略,并考虑了差异化网络外部性强度。周木生和张玉林(2014)[211]则在考虑非线性支付意愿的基础上探讨了信息产品的定价策略,并指出厂商对于高端和低端顾客的定价策略不同。

同样有学者关注某类具体信息产品的定价策略。例如,Li 等(2020)[212]建立了数字版音乐产品的定价模型,考虑了订阅、买断和混合三种定价模式,结果表明,广告收益率和消费者对音乐服务的保留效用对最优定价模式有至关重要的影响。贾坤潞等(2019)[213]则探讨了 SaaS 服务提供商的定价策略,结果表明,若 SaaS 软件可定制性较低或用户交易成本较低,则厂商更愿意选择按使用付费,反之则厂商更愿意选择固定价格。Jalili 和 Pangburn(2020)[214]发现,对于体验类信息产品消费者还可能先租赁然后再买断,因此,当消费者具有较高概率喜爱某产品时,且在租赁后再购买该产品仅能得到较低剩余效用时,则允许使用部分租金抵扣未来购买价格是最优的。

Alaei 等(2023)[215]则考虑了媒体服务提供商的数字产品最优订阅计划设计问题,并指出租金的外生与否是最优策略的直接决定因素。此外,信息产品定价研究中被考虑的因素还包括社交分享(Galbreth 等,2012[216])、版权执行(Chen 和 Png,2003[217])和易逝性(Sun,2023[218])等。

在上述研究的基础上,有少量文献考虑了数字产品的渠道策略。例如,Liu 等(2015)[219]指出,高质量版本应当通过直接渠道分销,而低质量的版本应当通过零售商渠道分销。Li 等(2018)[220]探讨了企业软件的分销策略,并指出最优渠道策略取决于不舒适成本(unfit cost)和个性化成本(customization cost)。此外,于艳娜和滕春贤(2017)等[221]研究了单个生产商和单个零售商构成的双渠道信息产品供应链的需求扰动问题,但没有考虑分销渠道的选择。

2.3.2　信息产品版本和渠道策略的相关文献

首先需要区分版本(version)和版本控制(versioning)的概念。本书中所提到的版本,一般指信息产品的不同载体形式,如实体版、数字版等;而版本控制则是指提供纵向差异化的数字版产品。

版本选择问题的研究一般考虑实体版和数字版的相互作用对厂商利润的影响,在此基础上探讨厂商的最优版本策略。Li 等(2015)[222]研究了在实体书存在情况下电子书的不同推出时间策略和版权分享机制的影响,但他们没有考虑版本或渠道选择问题。Khouja 和 Wang(2010)[223]考虑了一个能够提供实体版和数字版信息产品厂商的策略选择,其中实体版和数字版通过不同的渠道销售,他们指出双渠道销售是最优的。基于相同的双渠道供应链结构,Chai 等(2022)[224]指出,双渠道策略可以作为传统版权保护投资的补充或替代,且能通过增加同等规模的销量从而降低盗版率;但在存在盗版的市场,双渠道策略会加重双重边际效应。Taleizadeh 等(2022)[225]在考虑盗版影响的情况下,研究了由制造商和两个零售商组成的双渠道供应链情况下数字版信息产品的最优定价和订货策略,并进行了契约机制设计以使得供应链协调。Hua 等(2011)[226]基于实体书和电子书的研究表明,在绝大多数情况下厂商都应当提供电子书,这意味着双版本策略可能不是最优。Tan 和 Carrillo(2017)[227]得出了类似结论,他们基于纵向差异化产品探讨了代理销售模式和批发模式的优劣,指出双渠道策略不一定最优,但他们认为厂商总是应当提供数字版。马敬佩等(2020)[228]在考虑线上渠道数字版信息产品对传统渠道实体版信息产品的需求溢出效应的基础上,探讨了数字版信息产品批发模式和代理模式的差异,他们指出,考虑溢出效应时线上渠道参与者在两种模式下均能达到帕累托最优。在上述研究的基础上,马敬佩和李文立(2022)[229]分析了盗版威胁下的信息产品版本策略,并指出单一实体版策略是应对盗版威胁的有效手段,但盗版威胁较小时,同时提供实体版和数字版的双版本策略最优。

表 2.3 列举了信息产品领域中的一些代表性文献。随着信息技术的发展,信息

产品的存在形式和分销渠道的新变化得到了学术界的广泛关注和研究。相关研究已经初步形成了体系，但仍然存在一些研究空白，具体体现在如下两点：

第一，信息产品的相关研究绝大多数仅考虑数字版产品，包含数字产品的版本控制、捆绑策略、价格机制和盗版的影响等主题，而忽略了对实体版信息产品的研究。

第二，虽然有少量文献考虑了实体版和数字版的信息产品同时存在及其相互作用，但没有形成完整的研究体系。相关研究大多基于某类信息产品加以研究，如实体书和电子书等，而没有针对双版本信息产品做一般性研究。此外，现有研究也没有考虑实体版信息产品的渠道选择问题，而事实上，实体版可以通过线上和线下渠道销售，渠道选择是信息产品零售商的重要决策问题，具有理论和实践研究价值。

表 2.3　信息产品文献汇总

研究主题	研究内容	研究文献
数字产品	版本控制策略	Bhargava 和 Choudhary(2001)[174] Lahiri 和 Dey(2013)[183]
	捆绑策略	Bakos 和 Brynjolfsson(1999)[196] Banciu 等(2022)[201]
	定价策略	Sundararajan(2004)[204] Alaei 等(2023)[215]
版本和渠道选择	双版本策略	Hua 等(2011)[226] Tan 和 Carrillo(2017)[227]

第三章

基于零售商竞争的横向差异化产品组合决策

本章探讨零售商竞争情况下的横向差异化产品组合决策问题。如前所述,本书所提及的零售商竞争是一种外部竞争因素,且只包括同一市场中不同零售商之间的竞争,而不包含不同渠道的不同零售商之间的竞争。

产品组合决策问题的一般研究框架为:先基于消费者选择模型刻画零售商的需求和利润函数,再通过求解某些约束条件下的利润最大化问题得出最优产品组合。本章同样基于该框架进行研究,但考虑到零售市场普遍存在竞争这一现实情景,将分析零售商相互竞争的影响。这意味着零售商在做出产品组合决策时,不仅要考虑成本、空间约束等内部因素,也需要考虑进入市场顺序、竞争对手的产品组合等外部因素。有鉴于此,本章建立了两个零售商的横向差异化产品组合竞争模型,通过对模型的分析求解,具体研究影响零售商产品组合决策的重要因素。首先,对比了竞争和垄断市场的产品多样化程度差异;然后,在此基础上探讨了竞争情况下市场均衡的形式和性质;还进一步考虑了零售商进入市场顺序的影响。

此外,本章探讨了两类不同约束条件的影响。其一是固定成本约束,即零售商每增加一种产品出售,需要支付一定的固定成本。这一成本包含除批发价格外零售商为了提供该种产品所需付出的所有成本,如库存成本、广告成本、因管理复杂程度提高导致的成本等。此时零售商可自由决策提供的产品种类数,产品组合的规模更加灵活。其二是空间约束,即零售商的货架空间有限,因而所能提供的产品种类数存在上限。这两类约束条件在产品组合决策文献中广泛涉及(如 Gallego 和 Topaloglu,2014[35];Aydin 和 Hausman,2009[64];Besbes 和 Sauré,2016[71]),具有一定的代表性和研究价值,还可加以对比分析。

3.1　问题描述与基本假设

假设上游供应商提供 m 种横向差异的产品,即产品组合备选集 $T = \{1, \cdots, m\}$,

且 m 的值足够大,这确保了零售商具有充分大的产品组合决策空间。市场上存在两个风险中性的零售商 $R1$ 和 $R2$,它们的产品组合分别为 S_1 和 S_2, $S_i \subset T$, $i=1,2$。因产品均为横向差异,假设所有产品的零售价格均相等且为 p,批发价格均为 c,产品的单位利润为 $r=p-c$。

令 $S=S_1 \bigcup S_2$ 为市场上提供的产品组合集,从消费者出发,显然消费者基于 S 做出购买决策。基于 MNL 模型刻画消费者需求,允许消费者不购买任何产品,用虚拟产品 0 表示,此时消费者的效用为 β_0。任意消费者 b 购买某种产品 j 的效用为 $U_{jb} = u_j - p + \varepsilon_{jb}$,其中 $\beta_j = u_j - p$ 为效用的固定部分,对每个消费者均相同; ε_{jb} 为效用的随机部分,取决于消费者自身特性,刻画了消费者的异质性,服从 Gumbel 分布;不失一般性,设 $\beta_1 > \beta_2 > \cdots > \beta_m$。令 $v_i = e^{\beta_i}$ 为产品 i 的偏好程度,则消费者购买某种产品 i 的概率为

$$\alpha_i = \frac{v_i}{v_0 + \sum_{j \in S} v_j}, \quad i \in S \tag{3.1}$$

显然产品的偏好程度越高,则购买该产品的消费者比例越大。因零售商同质,消费者不存在偏好的零售商,假设 $R1$ 和 $R2$ 均提供的某种产品其需求为二者平分;将消费者数量标准化为 1,每种产品的选择概率即为该产品的需求。

需要说明的是,并非市场上所有类型的产品均满足 m 的值足够大这一条件。原因在于,零售商所能够选择的产品来源于制造商的生产,制造商提高产品多样化程度需要进行生产线的转换,也会导致管理复杂程度的提高,这不可避免导致成本的增加。因此,只有当产品多样化的收益高于其成本时,制造商才有意愿生产更加多样化的产品(Shao,2020[45])。对于一些工业生产所需的机械,产品的横向差异化(如不同颜色)对消费者而言无关紧要,制造商也没有动力去生产横向差异化的产品。相反,对于一些消费类产品,例如服装,产品的横向差异化(如不同颜色、款式)直接影响消费者的偏好和需求,因而制造商更加有意愿去提高产品的多样化程度,从而零售商也具有充分大的产品组合决策空间。因此,本章所建立的模型,更加符合消费类产品的情况。

在产品组合决策问题的研究中,横向差异产品的生产成本(批发价格)及零售价格相同的假设普遍存在,如 Ryzin 和 Mahajan(1999)[18] 以及 Li 等(2015)[78]。原因在于,横向差异产品仅存在颜色、样式等区别,不存在质量差异,具有相同的生产成本(批发价格),从而一般零售价格也相同。此外,MNL 模型广泛应用于横向差异产品组合决策的相关研究中,本章的研究同样基于该模型的框架进行。零售商同质的假设则在零售商竞争问题中广泛采用,该假设既可以简化模型,同时也有助于得出一系列有效结论。

本章还假设零售价格外生,原因在于两寡头垄断情况下价格竞争的结果是零售价格等于边际成本(批发价格),这对两个零售商均不利,因此零售商更倾向避免价格

竞争,接受一个公平的市场价格,如供应商的指导零售价格。Pan 和 Honhon (2012)[48]研究了零售价格外生的情形。但是,本书的第四章和第五章分别研究了渠道竞争情况下横向和纵向差异化产品组合决策问题,并考虑了零售商的定价问题。原因在于,这两章研究的是单个零售商的双渠道产品组合决策问题,尽管同样存在竞争,但同一零售商不同渠道的竞争是一种内部竞争因素,其激烈程度显然低于同一市场中不同零售商的竞争这一外部竞争因素。在这种情况下,零售商是作为定价的决策者而非价格接受者出现,因此必须研究最优定价问题。

3.2　固定成本约束情况

在本节中,将分析固定成本约束情况下竞争性市场的零售商应当如何做出产品组合决策,并将结果与单一零售商市场垄断的情况进行对比。在此基础上,进一步探讨了零售商进入市场的先后顺序对结果的影响,并分析影响先动优势大小的主要因素。

3.2.1　模型构建

固定成本约束情况下,零售商 $R1$ 和 $R2$ 可以任意选择出售的产品种类数,但在产品组合中每增加一种产品需要支付固定成本 f。这一固定成本包含除批发价格外零售商为了提供该种产品所需支付的所有成本。基于上述建模过程,本节采用的主要符号如表 3.1 所示。

表 3.1　固定成本约束模型中的符号

符　号	含　义
T	产品组合备选集
S_1, S_2	分别为零售商 $R1$ 和 $R2$ 的产品组合,决策变量
r	产品的单位利润
f	每增加一种产品所需的固定成本

基于上述建模过程,可得出零售商 $R1$ 和 $R2$ 的利润函数分别为:

$$\Pi_{R1} = \frac{\sum_{j \in s_1} v_j - 0.5 \sum_{j \in s_1 \cap s_2} v_j}{v_0 + \sum_{j \in s_1 \cap s_2} v_j} r - f |S_1| \qquad (3.2)$$

$$\Pi_{R2} = \frac{\sum_{j \in s_2} v_j - 0.5 \sum_{j \in s_1 \cap s_2} v_j}{v_0 + \sum_{j \in s_1 \cap s_2} v_j} r - f |S_2| \qquad (3.3)$$

3.2.2　垄断与竞争情况的对比

为分析零售商竞争对产品多样化程度的影响,首先考虑市场上只存在单一零售商 R 的情形。此时 R 的利润函数为:

$$\Pi_R = \frac{\sum_{j \in S} v_j}{v_0 + \sum_{j \in S} v_j} r - f |S| \tag{3.4}$$

对式(3.4)加以分析发现,随着产品种类数的增加,显然零售商 R 的收益递减,但每增加一种产品所需的成本是固定的,这表明产品种类数不可能无限制增加,存在最优产品组合 $S^* = \{1, 2, \cdots, n^*\}$,即此时 R 选择了偏好程度最高的 n^* 种产品。

显然市场竞争情况下 $R1$ 和 $R2$ 的总利润不大于市场垄断情况下的 R 的利润。因为若将 $R1$ 和 $R2$ 看作整体做出产品组合决策,最优产品组合 $S^*_{1\&2} = \{1, 2, \cdots, n^*\}$ 和市场垄断情况下的最优产品组合相同。但市场竞争意味着市场均衡解并不一定满足 $S^*_1 \bigcup S^*_2 = S^*$;且即使市场均衡解满足 $S^*_1 \bigcup S^*_2 = S^*$,若 $R1$ 和 $R2$ 选择了重复产品也将导致零售商总利润小于市场垄断的情况。

尽管市场竞争将导致零售商总利润的降低,但可能会提高市场上的产品多样化程度,如下命题总结了该结论。

命题 3.1　两个零售商竞争情况下市场均衡提供的产品种类数不小于市场垄断的情况,即 $|S^*_1 \bigcup S^*_2| \geqslant |S^*|$。

证明: 反证法。假设零售商竞争情况下市场均衡提供的产品种类数为 d,且满足 $|S^*_1 \bigcup S^*_2| = d < |S^*| = n^*$。因为 $d + 1 \leqslant n^*$,这表明在市场垄断情况下在产品组合 $S^*_1 \bigcup S^*_2$ 中添加产品 $d+1$ 有利可图,即满足:

$$\Pi_R(S^*_1 \bigcup S^*_2 \bigcup \{d+1\}) > \Pi_R(S^*_1 \bigcup S^*_2) \tag{3.5}$$

将式(3.5)化简可得:

$$f - \frac{v_0 v_{d+1}}{(v_0 + \sum_{j \in S^*_1 \cup S^*_2} v_j)(v_0 + \sum_{j \in S^*_1 \cup S^*_2} v_j + v_{d+1})} r < 0 \tag{3.6}$$

令市场竞争时 $R1$ 和 $R2$ 的需求份额分别为 a 和 $1-a$,满足 $0 \leqslant a \leqslant 1$。此时 $R1$ 的利润为:

$$\Pi_{R1}(S^*_1) = \frac{a \sum_{j \in S^*_1 \cup S^*_2} v_j}{v_0 + \sum_{j \in S^*_1 \cup S^*_2} v_j} r - f |S^*_1| \tag{3.7}$$

由式(3.7)的利润函数,在 S^*_1 中添加产品 $d+1$ 并对利润作差,并结合式(3.6)可得:

$$\Pi_{R1}(S_1^*) - \Pi_{R1}(S_1^* \bigcup \{d+1\}) = \frac{-v_0 v_{d+1} - (1-a) v_{d+1} \sum_{j \in S_1^* \cup S_2^*} v_j}{\left(v_0 + \sum_{j \in S_1^* \cup S_2^*} v_j\right) \left(v_0 + \sum_{j \in S_1^* \cup S_2^*} v_j + v_{d+1}\right)} r$$

$$+ f < 0 \tag{3.8}$$

式(3.8)表明 $R1$ 在 S_1^* 中添加产品 $d+1$ 会增加利润,即此时的 (S_1^*, S_2^*) 不是市场均衡,得出矛盾。因此,$|S_1^* \bigcup S_2^*| \geqslant |S^*|$ 必然成立。

上述命题表明,市场竞争导致零售商更加注重挖掘产品需求,更有意愿提供那些市场垄断情况下不会提供的需求较低的产品。因此相对市场垄断的情况,市场竞争情况下的产品多样化程度很有可能增加。尽管产品多样化程度的增加会导致零售商总利润的降低,但也能够扩大消费者的选择范围,增加消费者的福利。

3.2.3　各情形的区分标准

市场竞争情况下,$R1$ 和 $R2$ 的产品组合决策会影响各自的需求和利润,且可能存在多重均衡。为了便于均衡求解,通过下文给出的条件将研究问题细分为四种情形。在此基础上,具体讨论各情形下市场均衡的性质与零售商进入市场顺序对均衡解的影响。

为区分各情形,先假定 $R1$ 选择了产品组合 S^*,在此基础上考虑 $R2$ 的产品组合决策。若 $\dfrac{0.5 v_1}{v_0 + \sum_{j=1}^{n^*} v_j} r - f > 0$,则 $R2$ 选择产品组合 $\{1\}$ 有利可图;若

$\dfrac{v_{n^*+1}}{v_0 + \sum_{j=1}^{n^*+1} v_j} r - f > 0$,则 $R2$ 选择产品组合 $\{n^*+1\}$ 有利可图。进一步分析可

得如下命题的结论。

命题 3.2　*两个零售商竞争情况下,*

① *若* $\dfrac{0.5 v_1}{v_0 + \sum_{j=1}^{n^*} v_j} r - f < 0$,*市场均衡* (S_1^*, S_2^*) *满足* $S_1^* \bigcap S_2^* = \varnothing$;

② *若* $\dfrac{v_{n^*+1}}{v_0 + \sum_{j=1}^{n^*+1} v_j} r - f < 0$,*市场均衡* (S_1^*, S_2^*) *满足* $S_1^* \bigcup S_2^* = S^*$。

证明:① 由命题 3.1,市场均衡时,$|S_1^* \bigcup S_2^*| \geqslant |S^*| = n^*$。$\dfrac{0.5 v_1}{v_0 + \sum_{j=1}^{n^*} v_j} r -$

$f < 0$ 表明任何可能的市场均衡中,$R1$ 和 $R2$ 都不可能同时选择产品 1,因为这将导致利润降低。而其他产品的偏好程度 $v_j < v_1$,更不可能存在两个零售商的利润空间;因此市场均衡 (S_1^*, S_2^*) 必然满足 $S_1^* \bigcap S_2^* = \varnothing$。

② 反证法。假设某市场均衡 (S_1^*, S_2^*) 不满足 $S_1^* \bigcup S_2^* = S^*$,结合命题 3.1,这表明市场均衡时有零售商选择了 S^* 外的产品。可设 $|S_1^* \bigcup S_2^*| = n^* + d_1 > n^*$,

即 $R1$ 和 $R2$ 一共选择了 d_1 种 S^* 外的产品。令 $R1$ 在 S^* 中的产品的需求份额为 a_1，在 S^* 外的产品的需求份额为 a_2，$0 \leqslant a_1, a_2 \leqslant 1$。且 $R1$ 选择了 d_2 种 S^* 外的产品，$d_2 \leqslant d_1$，则 $R1$ 的利润为 $\Pi_{R1} = \dfrac{a_1 \sum_{j=1}^{n^*} v_j + a_2 \sum_{j=n^*+1}^{n^*+d_1} v_j}{v_0 + \sum_{j=1}^{n^*+d_1} v_j} r - f |S_1^*|$，因

$\dfrac{v_{n^*+1}}{v_0 + \sum_{j=1}^{n^*+1} v_j} < \dfrac{f}{r}$，则

$$\frac{\sum_{j=n^*+1}^{n^*+d_2} v_j}{v_0 + \sum_{j=1}^{n^*+d_2} v_j} r - d_2 f < 0 \tag{3.9}$$

去掉 S_1^* 中那些不在 S^* 中的产品，并对利润作差，得：

$$\Pi_{R1}(S_1^*) - \Pi_{R1}(S_1^* \bigcap S^*) = \frac{(a_2 - a_1)\left(\sum_{j=1}^{n^*} v_j\right)\left(\sum_{j=n^*+1}^{n^*+d_1} v_j\right) + a_2 v_0 \sum_{j=n^*+1}^{n^*+d_1} v_j}{\left(v_0 + \sum_{j=1}^{n^*} v_j\right)\left(v_0 + \sum_{j=1}^{n^*+d_1} v_j\right)} r - d_2 f$$

$$\leqslant \frac{a_2 \sum_{j=n^*+1}^{n^*+d_1} v_j}{v_0 + \sum_{j=1}^{n^*+d_1} v_j} r - d_2 f$$

$$\leqslant \frac{\sum_{j=n^*+1}^{n^*+d_2} v_j}{v_0 + \sum_{j=1}^{n^*+d_2} v_j} r - d_2 f < 0 \tag{3.10}$$

令 $a_1 = 0$ 得到第一个不等式；再由 $d_2 \leqslant d_1$ 得到第二个不等式。

上述结果表明，$R1$ 选择任何序号大于 n^* 的产品均会导致利润降低，对 $R2$ 也同理，此时的 (S_1^*, S_2^*) 不是市场均衡，得出矛盾。因此，市场均衡必然满足 $S_1^* \bigcup S_2^* = S^*$。

命题 3.2 表明，若需求最高（同时偏好程度也最高）的产品 1 都不存在两个零售商的利润空间，则市场均衡时 $R1$ 和 $R2$ 不会选择重复产品。此时固定成本相对较高，选择重复产品会导致利润降低，因此零售商倾向避免竞争，各自独占部分种类产品的需求。若在某零售商选择 S^* 的基础上另一零售商选择 $\{n^* + 1\}$ 无利可图，则市场均衡时任何不在 S^* 中的产品因需求太低而不会被任何零售商选择。此时的 S_1^* 和 S_2^* 必然是 S^* 的子集，产品多样化程度和市场垄断时相同。

可见市场均衡结果与 $R1$ 和 $R2$ 选择重复产品是否有利可图，及不在 S^* 中的产品是否有利可图这两个条件密切相关。这给出了区分不同情形的基本依据。方便起见，定义 $A = \dfrac{0.5 v_1}{v_0 + \sum_{j=1}^{n^*} v_j}$，$B = \dfrac{v_{n^*+1}}{v_0 + \sum_{j=1}^{n^*+1} v_j}$。在下文中，根据 $A < f/r$ 和 $B < f/r$ 的成立与否，分为四种情形具体讨论市场均衡的形式，并考虑零售商进入市场顺序的影响。其中，A 的含义为市场上只提供前 n^* 种产品时，需求最高的产品（产品

1)的需求的一半；A 越大，则两个零售商选择重复产品的可能性越大。B 则意味着市场上提供前 $n^* + 1$ 种产品时，产品 $n^* + 1$ 的需求；B 越大，则市场竞争情况下的产品多样化程度高于市场垄断情况的可能性越大。f/r 则是固定成本与单位利润的比值，该比值越小，则零售商越有意愿扩大产品组合的规模。

3.2.4　情形 1：选择重复产品和 S^* 外的产品均无利可图

情形 1 意味着 $R1$ 和 $R2$ 选择任何重复产品和序号大于 n^* 的产品均会导致利润下降，即使偏好程度最高且需求最高的产品也不存在两个零售商的利润空间。这表明每种产品的需求均不高，因此市场的总需求一般也较低。具体而言，固定成本 f 相对较高而潜在总收益 r 相对较低且产品的偏好程度 v_j 普遍较低时，更容易出现这种情形。结合零售商进入市场的顺序进行分析，可得如下命题的结论。

命题 3.3　两个零售商竞争情况下，当 $A < f/r$ 且 $B < f/r$ 时，

① 若零售商同时进入市场，市场均衡 (S_1^*, S_2^*) 的充要条件为 $S_1^* \bigcap S_2^* = \varnothing$ 且 $S_1^* \bigcup S_2^* = S^*$；

② 若零售商进入市场存在先后顺序，$(S^*, \varnothing)$ 为唯一的市场均衡。

证明：① 充分性：由命题 3.2 直接得市场均衡必然满足条件 $S_1^* \bigcap S_2^* = \varnothing$ 且 $S_1^* \bigcup S_2^* = S^*$。

必要性：反证法。假设满足 $S_1 \bigcap S_2 = \varnothing$ 且 $S_1 \bigcup S_2 = S^*$ 条件的某 (S_1, S_2) 不是市场均衡，则 (S_1, S_2) 不互为最优反应。可设 S_1 不是关于 S_2 的最优反应，且 S_1' 是关于 S_2 的最优反应。下文分步骤证明 $S_1' = S_1$。

a. $R1$ 的最优反应不可能选择 S^* 外的产品，即 $S_1' \subset S^*$。

假设 S_1' 中包含了 h 种不在 S^* 中的产品，$R1$ 在 S^* 中的产品的需求份额为 a_1，$0 \leqslant a_1 \leqslant 1$。$R1$ 选择 S_1' 的利润为：

$$\Pi_{R1}(S_1') = \frac{a_1 \sum_{j=1}^{n^*} v_j + \sum_{j=n^*+1}^{n^*+h} v_j}{v_0 + \sum_{j=1}^{n^*+h} v_j} r - f \mid S_1' \mid \tag{3.11}$$

去掉 S_1' 中那些不在 S^* 中的产品，并对利润作差，得：

$$\Pi_{R1}(S_1') - \Pi_{R1}(S_1' \bigcap S^*) = \frac{(1 - a_1)\left(\sum_{j=1}^{n^*} v_j\right)\left(\sum_{j=n^*+1}^{n^*+h} v_j\right) + v_0 \sum_{j=n^*+1}^{n^*+h} v_j}{\left(v_0 + \sum_{j=1}^{n^*} v_j\right)\left(v_0 + \sum_{j=1}^{n^*+h} v_j\right)} r - hf$$

$$\leqslant \frac{\sum_{j=n^*+1}^{n^*+h} v_j}{v_0 + \sum_{j=1}^{n^*+h} v_j} r - hf < 0 \tag{3.12}$$

令 $a_1 = 0$ 得到第一个不等式，第二个不等式来源于 $B < f/r$。得到矛盾，因此 $R1$ 的最优反应满足 $S_1' \subset S^*$。

b. $R1$ 的最优反应 $S'_1 = S_1$。

假设 $S'_1 \neq S_1$，那么 $S'_1 \bigcap S_2 \neq \varnothing$ 和 $S'_1 \bigcup S_2 \neq S^*$ 至少有一个成立。a 部分已证明 $S'_1 \subset S^*$，且 $S_2 \subset S^*$；若 $S'_1 \bigcup S_2 \neq S^*$，则 $|S'_1 \bigcup S_2| < |S^*|$，显然不可能成立，因为 S^* 中每种产品均有利可图，必然会被零售商选择。因此 $S'_1 \bigcup S_2 = S^*$ 成立。若 $S'_1 \bigcap S_2 \neq \varnothing$，由 $A < f/r$，任何产品均不具有两个零售商的利润空间，显然 $R1$ 的最优反应不会选择和 $R2$ 重复的产品，即有 $S'_1 \bigcap S_2 = \varnothing$ 成立。这表明，$R1$ 的最优反应 $S'_1 = S_1$。

上文证明了满足 $S_1 \bigcap S_2 = \varnothing$ 且 $S_1 \bigcup S_2 = S^*$ 时，S_1 是关于 S_2 的最优反应，同理可证 S_2 是关于 S_1 的最优反应，即 (S_1, S_2) 是市场均衡。

② 零售商进入市场存在先后顺序时为斯塔克伯格博弈，$R1$ 在同时进入市场的所有均衡解中选择利润最大的一种，显然均衡 $(S^*, \varnothing)$ 情况下 $R1$ 获得最大利润，即为零售商进入市场存在先后顺序的均衡解。

情形 1 中，若零售商同时进入市场，$R1$ 和 $R2$ 会对 S^* 中的所有产品进行分割，各自独占一部分产品的需求且不会选择重复产品。若零售商进入市场存在先后顺序，潜在进入者 $R2$ 选择任何产品组合均无法获取利润，因此 $R2$ 不会进入市场，市场被在位零售商 $R1$ 垄断。原因在于此时市场总需求较低，有利可图的产品种类也较少，在位零售商的先动优势很大并选择了所有有利可图的产品，没有潜在进入者的利润空间。

情形 1 中可以求得所有市场均衡，零售商的总利润及产品多样化程度也和市场垄断的情况相同。原因在于 $R1$ 和 $R2$ 只会选择 S^* 中的产品且不会选择重复产品，只涉及零售商总利润和前 n^* 种产品在 $R1$ 和 $R2$ 之间的分配。

3.2.5 情形 2：选择重复产品无利可图但 S^* 外的产品有利可图

情形 2 的含义是，虽然任何产品均不存在两个零售商的利润空间，但可能有零售商会选择序号大于 n^* 的产品。因此，该情形下产品的偏好程度 v_j 普遍较低且产品 n^* 和序号大于 n^* 的部分产品偏好程度 v_j 相差不大。

考虑零售商同时进入市场的情况，因 $R1$ 和 $R2$ 可能会选择序号大于 n^* 的产品，市场均衡时提供的产品种类数不确定，和参数取值密切相关。下面的命题给出了判断是否存在 $S_1^* \bigcup S_2^* = S^*$ 形式均衡的条件。

命题 3.4 两个零售商竞争情况下，当 $A < f/r$ 且 $B > f/r$，且零售商同时进入市场，若 $S_1 \bigcup S_2 = S^*$，$S_1 \bigcap S_2 = \varnothing$，令 $a, 1-a$ 分别为 $R1$ 和 $R2$ 的需求份额，$0 \leqslant a \leqslant 1$，且 a 满足不等式：

$$1 - \frac{\dfrac{f\left(v_0 + \sum_{j=1}^{n^*} v_j\right)\left(v_0 + \sum_{j=1}^{n^*+1} v_j\right)}{r v_{n^*+1}} - v_0}{\sum_{j=1}^{n^*} v_j} < a < \frac{\dfrac{f\left(v_0 + \sum_{j=1}^{n^*} v_j\right)\left(v_0 + \sum_{j=1}^{n^*+1} v_j\right)}{r v_{n^*+1}} - v_0}{\sum_{j=1}^{n^*} v_j}$$

$$\tag{3.13}$$

则该 (S_1, S_2) 为市场均衡。

证明：因为 $S_1 \bigcup S_2 = S^*$，$S_1 \bigcap S_2 = \varnothing$，显然可得 $\sum_{j \in S_1} v_j = a \sum_{j=1}^{n^*} v_j$，$\sum_{j \in S_2} v_j = (1-a) \sum_{j=1}^{n^*} v_j$；要证明该 (S_1, S_2) 为市场均衡，需证明 S_1 和 S_2 互为最优反应，即 $R1$ 和 $R2$ 无论如何改变自身产品组合均会导致利润下降。由命题 3.2，市场均衡满足 $S_1^* \bigcap S_2^* = \varnothing$，$R1$ 和 $R2$ 选择任何重复产品均无利可图；由命题 3.1，市场均衡满足 $|S_1^* \bigcup S_2^*| \geqslant |S^*|$。因此，$R1$ 和 $R2$ 只可能通过添加不在 S^* 中的产品来增加利润。若产品 $n^* + 1$ 无利可图，则任何序号大于 $n^* + 1$ 的产品也无利可图。因此若不等式组

$$\begin{cases} \Pi_{R1}(S_1 \bigcup \{n^* + 1\}) - \Pi_{R1}(S_1) < 0 \\ \Pi_{R2}(S_2 \bigcup \{n^* + 1\}) - \Pi_{R2}(S_2) < 0 \end{cases} \tag{3.14}$$

成立，则 $R1$ 和 $R2$ 无法通过改变自身产品组合来增加利润。化简，得：

$$\begin{cases} \dfrac{(v_0 + (1-a) \sum_{j=1}^{n^*} v_j) v_{n^*+1}}{(v_0 + \sum_{j=1}^{n^*} v_j)(v_0 + \sum_{j=1}^{n^*+1} v_j)} < \dfrac{f}{r} \\[4mm] \dfrac{(v_0 + a \sum_{j=1}^{n^*} v_j) v_{n^*+1}}{(v_0 + \sum_{j=1}^{n^*} v_j)(v_0 + \sum_{j=1}^{n^*+1} v_j)} < \dfrac{f}{r} \end{cases} \tag{3.15}$$

解上述不等式组得式(3.13)的结果。即 a 取值满足式(3.13)时，S_1 和 S_2 互为最优反应，此时 (S_1, S_2) 为市场均衡。

命题 3.4 的含义是，$R1$ 和 $R2$ 对 S^* 中的产品进行分割且不选择重复产品，若存在某些分割使 $R1$ 和 $R2$ 均不愿意偏离这一分割，那么该分割就是市场均衡。因此，即使序号大于 n^* 的部分产品有利可图，市场均衡仍然可能只提供 n^* 种产品。这表明，序号大于 n^* 的部分产品有利可图只是 $|S_1^* \bigcup S_2^*| > |S^*|$ 的必要非充分条件。原因在于，$R1$ 和 $R2$ 各自独占部分 S^* 中的产品，任何一个零售商在产品组合集中增加序号大于 n^* 的产品会降低其他产品的需求，从而可能导致利润降低。

需要注意的是，并不一定必然存在满足 $S_1^* \bigcup S_2^* = S^*$ 的均衡。因 a 越接近 0.5 不等式组(3.15)越容易成立，假设 $a = 0.5$，若此时有：

$$\dfrac{(v_0 + 0.5 \sum_{j=1}^{n^*} v_j) v_{n^*+1}}{(v_0 + \sum_{j=1}^{n^*} v_j)(v_0 + \sum_{j=1}^{n^*+1} v_j)} > \dfrac{f}{r} \tag{3.16}$$

则任何 a 均无法保证不等式组(3.15)成立，即不等式(3.16)成立意味着任何市场均衡满足 $|S_1^* \bigcup S_2^*| > |S^*|$。由于 a 的取值是离散的，只要最接近 0.5 的 a 无法满足不等式组(3.13)，则所有市场均衡都满足 $|S_1^* \bigcup S_2^*| > |S^*|$。此外，某些参数条件下

所有市场均衡都满足 $|S_1^* \bigcup S_2^*| = |S^*|$，在下文数值分析中将具体阐述。

若零售商进入市场存在先后顺序，$R1$ 有先动优势，市场均衡结果唯一。$R1$ 可以根据如下的步骤决策最优产品组合：首先，确定市场均衡时所有可能存在的产品种类数。其次，对每个可能存在的产品种类数求解对自身利润最大化的一种市场均衡。最后，比较这些均衡的利润得到最优解。

分析表明，情形 2 中若零售商进入市场存在先后顺序，市场均衡的可能存在形式较为复杂。某些参数取值下，所有的市场均衡都满足 $|S_1^* \bigcup S_2^*| > |S^*|$；另一些参数取值下，所有的市场均衡都满足 $|S_1^* \bigcup S_2^*| = |S^*|$；更多时候两种形式的市场均衡并存。与市场垄断的情况相比，虽然产品多样化程度可能提高，但这将伴随着零售商总利润的降低。

3.2.6 情形 3：选择重复产品有利可图但 S^* 外的产品无利可图

情形 3 意味着需求较高的产品存在两个零售商的利润空间，但没有零售商选择序号大于 n^* 的产品。这说明序号较小的部分产品需求较高，且这些产品与序号大于 n^* 的产品需求差距较大，市场需求和利润来源大多集中在序号较小的产品。因此，有利可图的产品被限定在 S^* 中，市场上最终提供的产品种类数也是确定的 n^* 种，命题 3.5 给出了具体的市场均衡结果。

命题 3.5 两个零售商竞争情况下，当 $A > f/r$ 且 $B < f/r$，

① 若零售商同时进入市场，市场均衡 (S_1^*, S_2^*) 的充要条件为 $S_1^* \bigcap S_2^* = \left\{ i \left| \dfrac{0.5v_i}{v_0 + \sum_{j=1}^{n^*} v_j} > \dfrac{f}{r} \right. \right\}$ 且 $S_1^* \bigcup S_2^* = S^*$；

② 若零售商进入市场存在先后顺序，存在唯一市场均衡 $S_1^* = S^*$，$S_2^* = \left\{ i \left| \dfrac{0.5v_i}{v_0 + \sum_{j=1}^{n^*} v_j} > \dfrac{f}{r} \right. \right\}$。

证明：① 充分性：根据命题 3.2 可得市场均衡必然满足 $S_1^* \bigcup S_2^* = S^*$，采用反证法证明 $S_1^* \bigcap S_2^* = \left\{ i \left| \dfrac{0.5v_i}{v_0 + \sum_{j=1}^{n^*} v_j} > \dfrac{f}{r} \right. \right\}$。假设 $S_1^* \bigcap S_2^* \neq \left\{ i \left| \dfrac{0.5v_i}{v_0 + \sum_{j=1}^{n^*} v_j} > \dfrac{f}{r} \right. \right\}$，下面两种情况至少成立其一：

a. $\left\{ i \left| \dfrac{0.5v_i}{v_0 + \sum_{j=1}^{n^*} v_j} > \dfrac{f}{r} \right. \right\} \backslash (S_1^* \bigcap S_2^*) \neq \varnothing$

这表明 $\left\{ i \left| \dfrac{0.5v_i}{v_0 + \sum_{j=1}^{n^*} v_j} > \dfrac{f}{r} \right. \right\}$ 中部分产品未被 $R1$ 和 $R2$ 共同选择，可设 $R1$

未选择 $\left\{ i \;\middle|\; \dfrac{0.5v_i}{v_0 + \sum_{j=1}^{n^*} v_j} > \dfrac{f}{r} \right\}$ 中的某种产品 i，因 $\dfrac{0.5v_i}{v_0 + \sum_{j=1}^{n^*} v_j} > \dfrac{f}{r}$，$R1$ 在 S_1^*

中添加产品 i 会增加利润，得出矛盾，该结果不可能是市场均衡。

b. $(S_1^* \cap S_2^*) \backslash \left\{ i \;\middle|\; \dfrac{0.5v_i}{v_0 + \sum_{j=1}^{n^*} v_j} > \dfrac{f}{r} \right\} \neq \varnothing$

这表明 $R1$ 和 $R2$ 共同选择了部分不在 $\left\{ i \;\middle|\; \dfrac{0.5v_i}{v_0 + \sum_{j=1}^{n^*} v_j} > \dfrac{f}{r} \right\}$ 中的产品，可

设某种满足这一条件的产品为 x，显然 $\dfrac{0.5v_x}{v_0 + \sum_{j=1}^{n^*} v_j} < \dfrac{f}{r}$，无论 $R1$ 和 $R2$，从自身

的产品组合集中删去 x 均可以增加利润，得出矛盾，该结果不是市场均衡。

因此上述两种情况均不成立，市场均衡必然满足条件 $S_1^* \cap S_2^* = \left\{ i \;\middle|\; \dfrac{0.5v_i}{v_0 + \sum_{j=1}^{n^*} v_j} > \dfrac{f}{r} \right\}$ 且 $S_1^* \cup S_2^* = S^*$。

必要性：反证法。假设满足 $S_1^* \cap S_2^* = \left\{ i \;\middle|\; \dfrac{0.5v_i}{v_0 + \sum_{j=1}^{n^*} v_j} > \dfrac{f}{r} \right\}$ 且 $S_1 \cup S_2 = S^*$ 条件的某 (S_1, S_2) 不是市场均衡，则 (S_1, S_2) 不互为最优反应，可设 S_1 不是关于 S_2 的最优反应，且 S_1' 是关于 S_2 的最优反应。下文分步骤证明 $S_1' = S_1$。

a. $R1$ 的最优反应不可能选择 S^* 外的产品，即 $S_1' \subset S^*$。

这一部分与命题 3.3 的①中关于 $S_1' \subset S^*$ 的证明完全相同，故省略。

b. $R1$ 的最优反应 $S_1' = S_1$。

假设 $S_1' \neq S_1$，那么 $S_1' \cap S_2 \neq \left\{ i \;\middle|\; \dfrac{0.5v_i}{v_0 + \sum_{j=1}^{n^*} v_j} > \dfrac{f}{r} \right\}$ 和 $S_1' \cup S_2 \neq S^*$ 至

少有一个成立。a 中已证明 $S_1' \subset S^*$，且 $S_2 \subset S^*$；若 $S_1' \cup S_2 \neq S^*$，则 $|S_1' \cup S_2| < |S^*|$，显然不可能成立，因 S^* 中每种产品均有利可图，必然会被零售商选择。因此，有 $S_1' \cup S_2 = S^*$ 成立。若 $S_1' \cap S_2 \neq \left\{ i \;\middle|\; \dfrac{0.5v_i}{v_0 + \sum_{j=1}^{n^*} v_j} > \dfrac{f}{r} \right\}$，类似上

文中充分性的证明，$\left\{ i \;\middle|\; \dfrac{0.5v_i}{v_0 + \sum_{j=1}^{n^*} v_j} > \dfrac{f}{r} \right\} \backslash (S_1' \cap S_2) \neq \varnothing$ 和 $(S_1' \cap$

$S_2) \backslash \left\{ i \;\middle|\; \dfrac{0.5v_i}{v_0 + \sum_{j=1}^{n^*} v_j} > \dfrac{f}{r} \right\} \neq \varnothing$ 至少有一种情况成立。若

$\left\{ i \;\middle|\; \dfrac{0.5v_i}{v_0 + \sum_{j=1}^{n^*} v_j} > \dfrac{f}{r} \right\} \backslash (S_1' \cap S_2) \neq \varnothing$ 成立，部分存在两个零售商利润空间的产品

没有被 $R1$ 选择,此时 $R1$ 在 S'_1 中添加这些产品能够增加利润,与 S'_1 是关于 S_2 的最优反应矛盾;若 $(S'_1 \bigcap S_2) \backslash \left\{ i \left| \dfrac{0.5v_i}{v_0 + \sum_{j=1}^{n^*} v_j} > \dfrac{f}{r} \right. \right\} \neq \varnothing$ 成立,$R1$ 和 $R2$ 共同选择了部分不存在两个零售商利润空间的产品,若 $R1$ 在 S'_1 中删去这些产品能够增加利润,与 S'_1 是关于 S_2 的最优反应矛盾。因此,上述两种情况均不可能成立。$R1$ 关于 S_2 的最优反应满足 $S'_1 \bigcap S_2 = \left\{ i \left| \dfrac{0.5v_i}{v_0 + \sum_{j=1}^{n^*} v_j} > \dfrac{f}{r} \right. \right\}$ 和 $S'_1 \bigcup S_2 = S^*$,即 $S'_1 = S_1$。

上文证明了满足 $S_1^* \bigcap S_2^* = \left\{ i \left| \dfrac{0.5v_i}{v_0 + \sum_{j=1}^{n^*} v_j} > \dfrac{f}{r} \right. \right\}$ 且 $S_1^* \bigcup S_2^* = S^*$ 时,S_1 是关于 S_2 的最优反应,同理可证 S_2 是关于 S_1 的最优反应,即 (S_1, S_2) 是市场均衡。

② 零售商进入市场存在先后顺序时为斯塔克伯格博弈,$R1$ 在同时进入市场的所有均衡解中选择利润最大的一种,因均衡 $S_1^* = S^*$,$S_2^* = \left\{ i \left| \dfrac{0.5v_i}{v_0 + \sum_{j=1}^{n^*} v_j} > \dfrac{f}{r} \right. \right\}$ 情况下 $R1$ 获得最大利润,为零售商进入市场存在先后顺序的均衡解。

类似情形 1,情形 3 中的市场均衡解必然为 S^* 的子集,因此可求得所有的市场均衡结果,且市场均衡情况下的产品多样化程度和市场垄断的情况相同。不同之处在于,情形 3 中零售商会选择重复产品,因此零售商的总利润小于市场垄断的情况。与市场垄断的情况相比,$R1$ 和 $R2$ 的竞争导致了利润的损失;因序号较小的产品需求较高,存在潜在进入者 $R2$ 的利润空间,在位者 $R1$ 无法阻止潜在进入者 $R2$ 进入市场。无论零售商进入市场是否存在先后顺序,$R1$ 和 $R2$ 的重复产品均为那些存在两个零售商的利润空间的需求较高的产品。

3.2.7 情形 4:选择重复产品和 S^* 外的产品均有利可图

情形 4 是最复杂的一种情形,部分需求较高的产品存在两个零售商的利润空间,序号大于 n^* 的产品也有利可图。该情形成立的条件较宽松,可能排序靠前的产品偏好程度 v_j 较高且产品 n^* 和序号大于 n^* 的部分产品偏好程度 v_j 较接近;也可能固定成本 f 较低而潜在总收益 r 较高。

考虑零售商同时进入市场的情况,因 $R1$ 和 $R2$ 既可能选择重复产品也可能选择不在 S^* 中的产品,市场均衡结果较复杂,下列命题给出了一些特殊均衡成立的条件。

命题 3.6 两个零售商竞争情况下,当 $A > f/r$ 且 $B > f/r$,且零售商同时进入市场,

① 若不等式

$$\frac{\left(v_0 + 0.5 \sum_{j=1}^{n^*} v_j \right) v_{n^*+1}}{\left(v_0 + \sum_{j=1}^{n^*} v_j \right) \left(v_0 + \sum_{j=1}^{n^*+1} v_j \right)} > \frac{f}{r}$$

成立,任何市场均衡 (S_1^*, S_2^*) 均满足 $|S_1^* \bigcup S_2^*| > |S^*|$;

② 若 $R1$ 的产品组合为 $S_1 = S^*$,且 $R2$ 关于 $R1$ 策略的最优反应是 $S_2 \subset S^*$,则该结果为市场均衡。

证明:① 反证法。若存在满足 $|S_1 \bigcup S_2| = |S^*|$ 的市场均衡,令 $R1$ 和 $R2$ 的需求份额分别为 a 和 $1-a$,$0 \leqslant a \leqslant 1$,即 $\sum_{j \in S_1} v_j - 0.5 \sum_{j \in S_1 \cap S_2} v_j = a \sum_{j=1}^{n^*} v_j$,则 $\sum_{j \in S_2} v_j - 0.5 \sum_{j \in S_1 \cap S_2} v_j = (1-a) \sum_{j=1}^{n^*} v_j$。因 S_1 和 S_2 互为最优反应,显然无论是 $R1$ 还是 $R2$ 在产品组合集中添加产品 $n^* + 1$ 会导致利润下降。类似命题 3.4 的证明,这要求

$$\begin{cases} \Pi_{R1}(S_1 \bigcup \{n^* + 1\}) - \Pi_{R1}(S_1) < 0 \\ \Pi_{R2}(S_2 \bigcup \{n^* + 1\}) - \Pi_{R2}(S_2) < 0 \end{cases}$$

成立,化简,得:

$$\begin{cases} \dfrac{(v_0 + (1-a) \sum_{j=1}^{n^*} v_j) v_{n^* + 1}}{(v_0 + \sum_{j=1}^{n^*} v_j)(v_0 + \sum_{j=1}^{n^* + 1} v_j)} < \dfrac{f}{r} \\ \dfrac{(v_0 + a \sum_{j=1}^{n^*} v_j) v_{n^* + 1}}{(v_0 + \sum_{j=1}^{n^*} v_j)(v_0 + \sum_{j=1}^{n^* + 1} v_j)} < \dfrac{f}{r} \end{cases}$$

若不等式(3.16)成立,显然不等式组(3.15)无解,得到矛盾,从而任何市场均衡均满足 $|S_1^* \bigcup S_2^*| > |S^*|$。

② 因 S_2 是关于 S_1 的最优反应,只需证明 S_1 也是关于 S_2 的最优反应。可设 $S_2 = \{1, \cdots, x^*\}$,$x^* \leqslant n^*$,即前 x^* 种产品能够使得两个零售商均获得利润。因此,$R1$ 不可能放弃选择 S_2 中的产品;$R1$ 同样不会放弃选择 $S^* \backslash S_2$ 中的产品,因 $(S^* \backslash S_2) \subset S^*$。但因 $B > f/r$,需考虑 $R1$ 在 S_1 中添加 S^* 外的产品是否能增加利润。令此时 $R1$ 和 $R2$ 的需求份额分别为 a 和 $1-a$,因 $S_2 \subset S^* = S_1$,$0.5 \leqslant a \leqslant 1$,$\sum_{j \in S_1} v_j - 0.5 \sum_{j \in S_1 \cap S_2} v_j = a \sum_{j=1}^{n^*} v_j$,则 $\sum_{j \in S_2} v_j - 0.5 \sum_{j \in S_1 \cap S_2} v_j = (1-a) \sum_{j=1}^{n^*} v_j$。因 S_2 是关于 S_1 的最优反应,在 S_2 中添加产品 $n^* + 1$ 会导致 $R2$ 利润下降,即

$$\Pi_{R2}(S_2 \bigcup \{n^* + 1\}) - \Pi_{R2}(S_2) = \frac{v_{n^* + 1}(v_0 + a \sum_{j=1}^{n^*} v_j)}{(v_0 + \sum_{j=1}^{n^*} v_j)(v_0 + \sum_{j=1}^{n^* + 1} v_j)} r - f < 0 \tag{3.17}$$

成立。在 S_1 中添加产品 $n^* + 1$ 并对利润作差,因 $0.5 \leqslant a \leqslant 1$,可得:

$$\Pi_{R1}(S_1 \bigcup \{n^*+1\}) - \Pi_{R1}(S_1) = \frac{v_{n^*+1}\left(v_0 + (1-a)\sum_{j=1}^{n^*} v_j\right)}{\left(v_0 + \sum_{j=1}^{n^*} v_j\right)\left(v_0 + \sum_{j=1}^{n^*+1} v_j\right)} r - f < 0$$

$$(3.18)$$

成立。这表明在 S_1 中添加 S^* 外的产品会导致利润下降,因此 $S_1 = S^*$ 是关于 S_2 的最优反应。

命题 3.6 的前半部分给出了市场均衡提供的产品种类数大于 n^* 的充分条件,若 R1 和 R2 的任何对 S^* 中产品的分割都不是市场均衡,则均衡时市场上提供的产品种类数必然大于 n^*。命题 3.6 的后半部分给出了其中一个零售商的产品组合为 S^*,另一个零售商的产品组合为 S^* 子集的结果是否是市场均衡的判断方法。这意味着即使在情形 4 中也有可能出现 $|S_1^* \bigcup S_2^*| = |S^*|$ 的市场均衡。类似情形 2,与市场垄断的情况相比,产品多样化程度可能会提高,但会导致零售商总利润的降低。若零售商进入市场存在先后顺序,R1 同样可以通过比较所有同时进入市场时均衡解的利润并选择最有利的一种来达到利润最大化。与情形 2 相比,因零售商可能选择重复产品,情形 4 可能的均衡结果更复杂。

综上所述,市场竞争情况下只要 $B < f/r$ 就可以求得所有均衡解,且此时产品多样化程度和市场垄断的情况相同;当 $B > f/r$,均衡的形式较为复杂,且与市场垄断的情况相比,可能出现产品多样化程度的增加,本节给出了一些特殊均衡存在的条件和性质。此外,A 的取值仅影响 R1 和 R2 是否选择重复产品,但 $A > f/r$ 是 R1 和 R2 选择重复产品的必要而非充分条件,情形 4 就有可能出现无重复产品的市场均衡结果。在下一节中,将通过数值分析进一步探讨市场均衡的性质。

3.3　固定成本约束情况的数值分析

本节通过数值实验验证上节理论模型的结论。考虑有 6 种产品的备选产品集 T,产品偏好程度 v_j 和固定成本与潜在总收益的比值 f/r 的取值如表 3.2 所示。对每组数据,均求解市场垄断情况下的最优解、市场竞争情况下零售商进入市场存在先后顺序以及同时进入市场时的均衡解,在此基础上将结果加以对比。表 3.3 总结了这些结果。需要指出的是,若零售商同时进入市场,表 3.3 给出的均衡解其对称结果也是均衡解。

表 3.2　参数取值

序号	v_1	v_2	v_3	v_4	v_5	v_6	f/r	符合情形
1	0.3	0.28	0.25	0.15	0.1	0.07	0.085	情形 1
2	0.3	0.28	0.25	0.2	0.1	0.07	0.085	情形 2

续　表

序号	v_1	v_2	v_3	v_4	v_5	v_6	f/r	符合情形
3	0.4	0.32	0.3	0.2	0.18	0.15	0.12	情形 2
4	0.3	0.28	0.25	0.19	0.1	0.07	0.085	情形 2
5	0.33	0.31	0.3	0.29	0.1	0.08	0.067	情形 3
6	8	7.9	7.8	0.4	0.2	0.12	0.167	情形 3
7	8	6	5	0.2	0.15	0.05	0.012	情形 4
8	7	6	1	0.25	0.2	0.1	0.05	情形 4
9	3	2.8	2.6	2.4	2.3	0.57	0.02	情形 4
10	50	39	35	20	18	10	0.019	情形 4

表 3.3　市场均衡解

序号	垄断解 S^*	入市有先后顺序的竞争均衡	同时入市的竞争均衡
1	$\{1,2,3\}$	$(\{1,2,3\},\varnothing)$	满足 $S_1 \cap S_2 = \varnothing$ 且 $S_1 \cup S_2 = S^*$ 的结果
2	$\{1,2,3\}$	$(\{1,3\},\{2\})$	$(\{1,3\},\{2\}),(\{1,2\},\{3,4\}),(\{1\},\{2,3\}),(\{1,4\},\{2,3\})$
3	$\{1,2\}$	$(\{1,2,3\},\varnothing)$	$(\{1,2,3\},\varnothing),(\{1,2\},\{3\}),(\{1\},\{2,3\})$
4	$\{1,2,3\}$	$(\{1,2\},\{3\})$	$(\{1,2\},\{3\}),(\{1\},\{2,3\}),(\{1,3\},\{2\})$
5	$\{1,2,3,4\}$	$(\{1,2,3,4\},\{1,2,3\})$	$(\{1,2,3,4\},\{1,2,3\})$
6	$\{1,2,3\}$	$(\{1,2,3\},\{1,2,3\})$	$(\{1,2,3\},\{1,2,3\})$
7	$\{1,2,3\}$	$(\{1,2,3,4\},\{1,2,3,4\})$	$(\{1,2,3,4\},\{1,2,3,4\})$
8	$\{1,2\}$	$(\{1,2\},\{1,2\})$	$(\{1,2\},\{1,2\})$
9	$\{1,2,3,4\}$	$(\{1,2,3,4,5,6\},\{1,2,3,4,5\})$	$(\{1,2,3,4,5,6\},\{1,2,3,4,5\})$
10	$\{1,2,3,4\}$	$(\{1,2,3,4,5,6\},\{1,2,3,4,5,6\})$	$(\{1,2,3,4,5,6\},\{1,2,3,4,5,6\})$

表 3.3 验证了前文给出的各情形对参数取值的要求和命题 3.1~3.6 的结论,不再赘述。第 2 组数据的结果表明,即使零售商进入市场存在先后顺序,情形 2 也不能保证在位零售商的产品组合连续。原因在于,$R1$ 不选择产品 2 而让 $R2$ 选择能够诱导 $R2$ 不选序号大于 n^* 的产品,从而保证了产品 1 和 3 的需求和利润;若 $R1$ 选择产品 1 和 2,$R2$ 的最优反应是选择产品 3 和 4,这将导致产品种类数增加与产品 1 和 2 的需求下降,反而对 $R1$ 不利。第 2 组数据同样表明进入市场存在先后顺序不一定

能够达到最大可能的产品种类数。

同样满足情形 2 且零售商进入市场有先后顺序,第 3 组和第 4 组数据的结果值得思考。第 4 组数据中 $R1$ 无法阻止 $R2$ 的进入,且 $R1$ 未选择 S^* 中的产品 3。因为此时市场竞争较激烈,面对新进入的 $R2$,$R1$ 让 $R2$ 独占部分 S^* 中的产品以诱导 $R2$ 尽可能少选或不选序号大于 n^* 的产品,保证自身的独占产品需求尽可能少降低,维持利润。第 3 组数据中因市场竞争激烈程度较低,$R1$ 选择了所有有利可图的产品,导致 $R2$ 没有任何利润空间进而阻止了 $R2$ 进入市场。当然该结果出现的前提是潜在进入者 $R2$ 存在,否则 $R1$ 会选择 S^* 来获取垄断利润。可以发现,即使潜在进入者无法进入市场,只要存在就有可能导致在位零售商选择比市场垄断情况下更多的产品种类数,这意味着,判断市场是否存在竞争不应当只看市场上零售商的数量,也应当考虑是否存在潜在进入者。

表 3.4 给出了利润比较中用到的符号含义。表 3.5 给出了零售商进入市场存在先后顺序时 $R1$ 和 $R2$ 的利润并与市场垄断的情况进行对比,考虑了 $R2$ 的两种策略:最优策略和模仿策略。模仿策略是指 $R2$ 选择与 $R1$ 相同的产品组合,因可能存在信息不对称,$R2$ 没有足够信息做出最优产品组合决策,可能会模仿 $R1$ 的策略。情形 1 条件下 $R1$ 具有最大的先动优势,可以阻止 $R2$ 的进入。情形 2 成立时 $R1$ 也有较大的先动优势,且在部分参数取值下能够阻止 $R2$ 进入市场。情形 3 和情形 4 条件下 $R1$ 的先动优势较小,部分参数取值下 $R1$ 没有先动优势。产品偏好程度 v_j 的高低会影响 $R1$ 的先动优势,若产品的偏好程度普遍较高,不购买产品的消费者比例较低,$R2$ 能够选择和 $R1$ 相同的几种需求较高的产品来获取利润,此时 $R1$ 的先动优势较小;若产品的偏好程度普遍较低,不购买产品的消费者比例较高,$R1$ 对市场需求的开发较为成熟,$R2$ 进入市场后的产品组合选择余地很小,从而 $R1$ 具有较大的先动优势。

表 3.4　符号含义

符　号	含　义
Π_R^*	市场垄断情况下的零售商利润
Π_C^*	市场竞争且零售商入市有顺序,零售商的总利润
Π_{R1}^*	市场竞争且零售商入市有顺序,市场均衡时 $R1$ 的最优利润
Π_{R2}^*	市场竞争且零售商入市有顺序,市场均衡时 $R2$ 的最优利润
Π_{R1}^* / Π_C^*	市场竞争且零售商入市有顺序,市场均衡时 $R1$ 的最优利润占零售商总利润的比例,衡量的先动优势
Π_C^* / Π_R^*	市场竞争且零售商入市有顺序,市场均衡时零售商总利润占市场垄断情况下零售商总利润的比例
$\widetilde{\Pi}_{R2}$	市场竞争且零售商入市有顺序,$R2$ 模仿 $R1$ 策略的利润

符　号	含　义
$\widetilde{\Pi}_{R2}/\Pi_{R2}^*$	市场竞争且零售商入市有顺序，$R2$ 模仿 $R1$ 策略的利润占最优利润的比例
$\widetilde{\Pi}_{R1}/\Pi_{R1}^*$	市场竞争且零售商入市有顺序，$R2$ 模仿 $R1$ 策略，$R1$ 利润占最优利润的比例

考虑市场竞争导致的零售商总利润损失。情形 1 条件下，因 $R1$ 的最优策略是阻止 $R2$ 进入市场，市场均衡和市场垄断的情况相同，零售商总利润没有任何损失。情形 3 条件下因 $R1$ 和 $R2$ 必然存在重复产品，因此零售商总利润必然小于市场垄断的情况，减小的比例取决于 $R1$ 和 $R2$ 重复产品的数目以及固定成本的高低。情形 2 可能没有零售商总利润的损失，但一般对参数取值要求较为苛刻，绝大多数时候存在利润损失。而情形 4 条件下，市场均衡时要么 $R1$ 和 $R2$ 存在重复产品，要么有零售商选择了序号大于 n^* 的产品，因此必然存在零售商总利润的损失。

继续分析 $R2$ 采取模仿策略的影响。表 3.5 的结果表明，情形 1 和情形 2 条件下，因产品的偏好程度较低且任何产品均不存在两个零售商的利润空间，市场均衡时零售商没有重复产品，因此 $R2$ 的模仿策略相对于最优策略其利润下降的比例很大，甚至导致利润为负。情形 3 和情形 4 条件下因序号靠前的产品市场需求较高，存在两个零售商的利润空间，市场均衡时 $R1$ 和 $R2$ 也很可能会选择重复产品，因此 $R2$ 的模仿策略相对最优策略并没有带来太大的利润损失，部分参数取值下模仿策略和最优策略相同。此外，$R2$ 采取模仿策略给 $R1$ 带来的利润损失更大，因 $R1$ 具有先动优势，市场均衡下 $R1$ 的利润不小于 $R2$ 的利润。$R2$ 采取模仿策略意味着 $R1$ 和 $R2$ 利润相等；此时若存在利润的降低则显然 $R1$ 利润降低的幅度大于 $R2$。因此 $R1$ 公开市场信息不仅对竞争对手 $R2$ 有利，对自身也有利，这意味着信息不对称不影响上述分析的结果。

表 3.5　零售商入市存在先后顺序的利润分析

序号	Π_R^*	Π_{R1}^*	Π_{R2}^*	Π_{R1}^*/Π_C^*	Π_C^*/Π_R^*	$\widetilde{\Pi}_{R2}$	$\widetilde{\Pi}_{R2}/\Pi_{R2}^*$	$\widetilde{\Pi}_{R1}/\Pi_{R1}^*$
1	3.971	3.971	0	100%	100%	-0.565	—	—
2	3.971	2.611	1.360	65.8%	100%	0.148	10.9%	5.7%
3	2.679	2.174	0	100%	81.2%	-1.612	—	—
4	3.971	2.939	1.032	74.0%	100%	0.271	26.2%	9.2%
5	12.821	3.336	0.484	87.3%	29.8%	0.410	84.7%	12.3%
6	54.571	25.785	25.785	50%	94.5%	25.785	100%	100%
7	457.00	215.58	215.58	50%	94.35%	215.58	100%	100%

序号	Π_R^*	Π_{R1}^*	Π_{R2}^*	Π_{R1}^*/Π_C^*	Π_C^*/Π_R^*	$\widetilde{\Pi}_{R2}$	$\widetilde{\Pi}_{R2}/\Pi_{R2}^*$	$\widetilde{\Pi}_{R1}/\Pi_{R1}^*$
8	82.857	36.428	36.428	50%	87.9%	36.428	100%	100%
9	83.525	36.534	34.649	51.3%	85.2%	34.592	99.8%	94.7%
10	789.10	388.69	388.69	50%	98.51%	388.69	100%	100%

3.4　空间约束情况

本节将讨论空间约束情况下两个零售商横向差异化产品组合竞争问题的求解。首先,为了求解其中一个零售商产品组合确定时另一个零售商的最优反应,构造了逐步替代法,并证明了该方法的有效性。在此基础上,得出市场均衡的性质并加以求解,且考虑了零售商进入市场的先后顺序对市场均衡结果的影响。

3.4.1　模型构建

空间约束情况下,零售商 $R1$ 和 $R2$ 在各自的产品组合集中增加产品不需要支付固定成本,但能够选择的产品种类数有限,用 k 表示该上限,即 $R1$ 和 $R2$ 的产品组合满足 $S_i \subset T, |S_i| \leqslant k, i=1,2$。本节采用的主要符号如表 3.6 所示。

表 3.6　空间约束模型中的符号

符　　号	含　　义
T	产品组合备选集
S_1, S_2	分别为零售商 $R1$ 和 $R2$ 的产品组合,决策变量
r	产品的单位利润
k	每个零售商能够选择的产品种类数上限

基于上述建模过程,可得出零售商 $R1$ 和 $R2$ 的利润函数分别为:

$$\Pi_{R1} = \frac{\sum_{j \in S_1} v_j - 0.5 \sum_{j \in S_1 \cap S_2} v_j}{v_0 + \sum_{j \in S_1 \cap S_2} v_j} r, \quad |S_1| \leqslant k \tag{3.19}$$

$$\Pi_{R2} = \frac{\sum_{j \in S_2} v_j - 0.5 \sum_{j \in S_1 \cap S_2} v_j}{v_0 + \sum_{j \in S_1 \cap S_2} v_j} r, \quad |S_2| \leqslant k \tag{3.20}$$

3.4.2　零售商进入市场存在先后顺序的情形

先考虑零售商进入市场存在先后顺序的情况。若 $R2$ 进入市场时已存在在位零

售商 $R1$，此时 $R1$ 的产品组合为 $S_1 = \{1, \cdots, k\}$，在此基础上，显然 $R2$ 的最优反应满足 $|S_2| = k$。这表明市场均衡时零售商选择的产品在 $S = \{1, \cdots, 2k\}$ 中，且只需考虑 $|S_1| = |S_2| = k$ 的情况。此外，单一零售商 R 市场垄断的情况下，其产品组合显然也是 $S^* = \{1, \cdots, k\}$。

构造如下方法求解 $R2$ 的最优反应，该方法的思路是 $R2$ 模仿 $R1$ 的策略可获得基础利润，在此基础上再对产品组合集逐步调整，通过产品替换逐步求得最优反应。

步骤 1 令 $S_2 = S_1$。

步骤 2 令 $l = \max\{S_1 \cap S_2\}$，$l' = \min\{S \backslash (S_1 \cup S_2)\}$，即 l 是两个零售商选择的序号最大的共同产品，l' 在两个零售商均未选择的产品中序号最小。若不等式

$$\frac{\sum_{j \in S_2} v_j - 0.5 \sum_{j \in S_1 \cap S_2} v_j}{v_0 + \sum_{j \in S_1 \cup S_2} v_j} < \frac{v_l' - 0.5 v_l}{v_l'} \tag{3.21}$$

成立，则 $R2$ 在 S_2 中用产品 l' 替换掉 l 能增加利润。将不等式(3.21)称为替代条件。

步骤 3 重复步骤 2，直到替代条件(3.21)无法满足。

将上述方法称为"逐步替代法"，下面将证明该方法求得的 S_2 是关于 S_1 的最优反应，步骤 1 中没有给定 S_1，因此该方法对任意 S_1 均适用。先考虑简单情形，即应用逐步替代法求解得到 $S_1 \cap S_2 = \varnothing$，得出命题 3.7 的结论。

命题 3.7 已知 $R1$ 的产品组合为 S_1，应用逐步替代法求解 $R2$ 的产品组合策略 S_2，若最终结果为 $S_1 \cap S_2 = \varnothing$，则此时的 S_2 是关于 S_1 的最优反应。

证明：反证法。此时有 $S_1 \cap S_2 = \varnothing$，$S_1 \cup S_2 = S$。假设 S_2 不是关于 S_1 的最优反应，可设 S_2' 为关于 S_1 的最优反应，因 $|S_2'| = k$，显然 $S_1 \cap S_2' \neq \varnothing$；可设 $|S_1 \cap S_2'| = x, k \geqslant x > 0$。因为 S_2' 是关于 S_1 的最优反应，显然 $S_1 \cap S_2'$ 中的 x 个共同元素是 S_1 的前 x 个元素，$S_2' \backslash S_1$ 中的 $k-x$ 个元素是 $S \backslash S_1$ 中的前 $k-x$ 个元素，零售商无论选择重复产品还是独占产品，必然尽可能选择需求较高的产品。但满足上述条件的 S_2' 是逐步替代法进行了 $k-x$ 次的结果，且继续执行替代的条件满足，这意味着 S_2' 不是关于 S_1 的最优反应，得出矛盾。因此 S_2 是关于 S_1 的最优反应。

命题 3.7 给出了判断最优反应 S_2 的充分条件，但并非所有情况下的最优反应均满足 $S_1 \cap S_2 = \varnothing$，因为可能逐步替代法进行到若干步后替代条件无法满足。进一步分析可得命题 3.8 和 3.9，这些命题给出了最优反应的所有形式。

命题 3.8 已知 $R1$ 的产品组合为 S_1，应用逐步替代法求解 $R2$ 的产品组合策略 S_2，令 l 为任意一种在求解过程中被剔除的产品，若 S_2 是关于 S_1 的最优反应，则 $l \notin S_2$。

证明：类似命题 3.7，因 S_2 是关于 S_1 的最优反应，可设 $|S_1 \cap S_2| = x, k \geqslant x > 0$，显然 $S_1 \cap S_2$ 中的 x 个元素是 S_1 的前 x 个元素，$S_2 \backslash S_1$ 中的 $k-x$ 个元素是 $S \backslash S_1$ 中的前 $k-x$ 个元素。这恰好是逐步替代法进行了 $k-x$ 次的结果。令产品 l 是在求解过程中被剔除掉的任何一种产品，显然 $l \notin S_1 \cap S_2$ 且 $l \notin S \backslash S_1$，因此 $l \notin S_2$。

命题 3.8 指出,任何一种在逐步替代法求解过程中被排除掉的产品都不可能属于 $R2$ 的最优反应,即逐步替代法的求解过程是逐渐接近最优反应的,证明了逐步替代法的合理性。

命题 3.9 已知 $R1$ 的产品组合为 S_1,应用逐步替代法求解 $R2$ 的产品组合策略 S_2,若替代进行了若干次后替代条件无法满足,则此时得到的 S_2 是关于 S_1 的最优反应。

证明: 反证法。令 S_2 为经过 $k-x$ 次替代且替代条件无法满足时所得的结果,此时 $|S_1 \bigcap S_2|=x,k \geqslant x > 0$。显然 $S_1 \bigcap S_2$ 中的 x 个元素是 S_1 的前 x 个元素,$S_2 \backslash S_1$ 中的 $k-x$ 个元素是 $S \backslash S_1$ 中的前 $k-x$ 个元素。若 S_2 不是关于 S_1 的最优反应,则 $R2$ 改变 S_2 能增加利润。改变 S_2 的方法有两种:选择 $|S_1 \bigcap S_2| < x$ 或 $|S_1 \bigcap S_2| > x$,前者意味着在求解过程中被剔除的部分产品属于最优反应 S_2,与命题 3.8 矛盾;后者意味着替代能够继续进行下去,与已知条件矛盾。因此 $R2$ 不能通过改变 S_2 增加利润。

命题 3.9 是命题 3.7 的拓展,证明了逐步替代法的有效性,即在已知 S_1 时采用逐步替代法求得的 $R2$ 产品组合策略 S_2 必然是关于 S_1 的最优反应。

为了深化对逐步替代法的认识,基于如下数例,采用逐步替代法求解。$n=10$,$k=5$;$v_1=0.5,v_2=0.498,v_3=0.48,v_4=0.476,v_5=0.47,v_6=0.465,v_7=0.459$,$v_8=0.448,v_9=0.44,v_{10}=0.43$;产品单位利润 $r=1$。

令 $S_{1O}=S_{2O}=\{1,2,3,4,5\}$,采用逐步替代法求解得到表 3.7 的结果。结果表明,$S_{2O}=\{6,7,8,9,10\}$ 是关于 $S_{1O}=\{1,2,3,4,5\}$ 的最优反应。前五次的替代条件均满足,且每次替代都会增加利润,因 $\dfrac{v_{6+N}-0.5v_{5-N}}{v_{5-N}}$ 的值随着 N 的增大而减小,利润增加的幅度也减小。$R1$ 的利润同样上升,且增幅比 $R2$ 更大。因为在每次替代过程中均引入新产品,零售商利润总和上升,$R2$ 在替代的过程中均采用需求较低的产品替换需求较高的产品,这导致部分需求较高的产品变为 $R1$ 的独占产品,因而 $R1$ 利润增幅更大。

表 3.7 逐步替代法求解最优反应

N	Π_2^N	Π_1^N	$\dfrac{v_{6+N}-0.5v_{5-N}}{v_{5-N}}$	$R2$ 的替代条件是否满足	$R2$ 利润增加的比例	$R1$ 利润的变化
0	0.353 972	0.353 972	0.494 624	满足	4.75%	5.11%
1	0.370 789	0.372 075	0.481 481	满足	3.15%	4.15%
2	0.382 475	0.387 534	0.464 286	满足	2.00%	3.57%
3	0.390 117	0.401 376	0.434 091	满足	0.95%	3.44%
4	0.393 812	0.415 202	0.418 605	满足	0.48%	3.04%

N	Π_2^N	Π_1^N	$\dfrac{v_{6+N}-0.5v_{5-N}}{v_{5-N}}$	$R2$ 的替代条件是否满足	$R2$ 利润增加的比例	$R1$ 利润的变化
5	0.395 694	0.427 815	—	—	—	—

基于上文中的逐步替代法,已知在位零售商 $R1$ 的产品组合 $S_{1O}=\{1,\cdots,k\}$,可求得新进入零售商 $R2$ 的最优反应 S_{2O}。需确定该 (S_{1O},S_{2O}) 是否为均衡结果,下面的命题给出了结论。

命题 3.10　若 $R1$ 为在位者,$R2$ 为新进入者,逐步替代法求解所得的 (S_{1O}^*,S_{2O}^*) 为唯一市场均衡,且满足 $S_{1O}^*=\{1,\cdots,k\}$,$S_{2O}^*=\{1,\cdots,d,k+1,\cdots,2k-d\}$,$0\leqslant d\leqslant k$。

证明: 命题 3.9 表明 S_{2O}^* 是关于 S_{1O}^* 的最优反应,只需证明 S_{1O}^* 也是关于 S_{2O}^* 的最优反应。$S_{1O}^*\bigcap S_{2O}^*$ 为 S_{2O}^* 的前 d 个元素,且 $S_{1O}^*\backslash S_{2O}^*$ 中的 $k-d$ 个元素是 $S\backslash S_{2O}^*$ 中的前 $k-d$ 个元素,符合最优反应的形式。考虑在 S_{2O}^* 基础上 $R1$ 能否改变 S_{1O}^* 增加利润。两个零售商此时的利润分别为:

$$\Pi_{R1}(S_{1O}^*)=\frac{0.5\sum_{j=1}^{d}v_j+\sum_{j=d+1}^{k}v_j}{v_0+\sum_{j=1}^{2k-d}v_j}r \tag{3.22}$$

$$\Pi_{R2}(S_{2O}^*)=\frac{0.5\sum_{j=1}^{d}v_j+\sum_{j=k+1}^{2k-d}v_j}{v_0+\sum_{j=1}^{2k-d}v_j}r \tag{3.23}$$

$R1$ 可选择 $|S_{1O}'\bigcap S_{2O}^*|<d$ 或 $|S_{1O}'\bigcap S_{2O}^*|>d$。

① 若选择 $|S_{1O}'\bigcap S_{2O}^*|<d$,这意味着 $\Pi_{R1}(S_{1O})<\Pi_{R1}(S_{1O}\backslash\{d\}\bigcup\{2k-d+1\})$,化简得:

$$\frac{0.5(v_0+\sum_{j=1}^{2k-d}v_j)v_d-(v_0+0.5\sum_{j=1}^{d}v_j+\sum_{j=k+1}^{2k-d}v_j)v_{2k-d+1}}{(v_0+\sum_{j=1}^{2k-d}v_j)(v_0+\sum_{j=1}^{2k-d+1}v_j)}<0 \tag{3.24}$$

因 S_{2O}^* 是关于 S_{1O}^* 的最优反应,则 $\Pi_{R2}(S_{2O}^*)>\Pi_{R2}(S_{2O}^*\backslash\{d\}\bigcup\{2k-d+1\})$,即

$$\frac{0.5(v_0+\sum_{j=1}^{2k-d}v_j)v_d-(v_0+0.5\sum_{j=1}^{d}v_j+\sum_{j=d+1}^{k}v_j)v_{2k-d+1}}{(v_0+\sum_{j=1}^{2k-d}v_j)(v_0+\sum_{j=1}^{2k-d+1}v_j)}>0 \tag{3.25}$$

因 $\sum_{j=d+1}^{k}v_j>\sum_{j=k+1}^{2k-d}v_j$,这表明式(3.24)不可能成立,$R1$ 选择 $|S_{1O}'\bigcap S_{2O}^*|<d$ 无法增加利润。

② 若选择 $|S_{1O}'\bigcap S_{2O}^*|>d$,因为有 $k\in S_{1O}^*\backslash S_{2O}^*$ 且 $k+1\in S_{2O}^*$ 成立,$\Pi_{R1}(S_{1O})<\Pi_{R1}(S_{1O}\backslash\{k\}\bigcup\{k+1\})$ 不可能成立,因此 $R1$ 选择 $|S_{1O}'\bigcap S_{2O}^*|>d$ 无法增加利润。

命题 3.10 给出了零售商进入市场存在先后顺序情形下的均衡结果。因在位者具有先动优势,会选择需求最大的前 k 种产品,新进入者只能在此基础上做出产品组合决策,且均衡解唯一。

3.4.3 零售商进入市场存在先后顺序的情形

两个零售商同时进入市场的情形为静态博弈,每个零售商有 C_{2k}^k 个纯策略。根据纳什均衡存在性定理,有限博弈必然存在纳什均衡。为方便分析,这里只考虑纯策略纳什均衡。与零售商进入市场存在先后顺序的情形相同,市场均衡时零售商选择的产品在 $S = \{1, \cdots, 2k\}$ 中。

考虑市场均衡的求解。显然 $S_{1U} = S_{1O}^*$,$S_{2U} = S_{2O}^*$ 是均衡解之一,它满足均衡的一切条件。因零售商进入市场不存在先后顺序,因此一切均衡的对称形式也是均衡解。3.4.2 节中给出的逐步替代法仍能求解最优反应。市场均衡要求博弈双方的策略互为最优反应,可考虑如下求解市场均衡的方法:任意选择 S_{1U},应用逐步替代法求得关于 S_{1U} 的最优反应 S_{2U},再求得关于 S_{2U} 的最优反应 S_{1U}',再令 $S_{1U}' = S_{1U}$ 求解最优反应 S_{2U},反复进行直到策略组合 (S_{1U}, S_{2U}) 互为最优反应,即为均衡解。该方法的优势是可求得所有均衡解,但若策略组合数量庞大则该方法效率不高,只适合快速判断某一策略组合是否为均衡解,必须寻求其他方法。

可剔除掉一些必然不是均衡解的策略组合。首先,序号越大的产品其需求越高,因此市场均衡满足 $S_{1U}^* \bigcap S_{2U}^* = \{1, 2, \cdots, d\}, d \leqslant k$,即零售商的共同产品序号连续,否则 $R1$ 和 $R2$ 可通过改变产品组合来增加利润。其次,市场均衡满足 $S_{1U}^* \bigcup S_{2U}^* = \{1, 2, \cdots, 2k - d\}, d \leqslant k$,否则 $R1$ 和 $R2$ 也可通过调整产品组合集来增加利润。因此,只有满足上述条件的策略组合才可能是市场均衡解。

此外,只要 $S_{1U} = S_{2U} = \{1, 2, \cdots, k\}$ 不是市场均衡,则必然存在两个以上的均衡解,这表明多重均衡的存在几乎不可避免。因均衡的对称性,其个数必然为偶数,且无法保证不同的市场均衡所提供的产品种类数相同。例如,当 $n = 6, k = 3, v_1 = 0.5$,$v_2 = 0.45, v_3 = 0.44, v_4 = 0.43, v_5 = 0.4, v_6 = 0.377$ 时,可验证策略组合 $(\{1, 2, 3\}, \{4, 5, 6\})$ 是市场均衡,此时 $|S_{1U}^* \bigcup S_{2U}^*| = 6$;策略组合 $(\{1, 3, 5\}, \{1, 2, 4\})$ 也是纳什均衡,但 $|S_{1U}^* \bigcup S_{2U}^*| = 5$。这涉及不同市场均衡间的比较,消费者显然偏好 $|S_{1U}^* \bigcup S_{2U}^*|$ 最大的市场均衡,因为它提供了更多的产品种类,从而给予消费者更多的选择空间;对零售商而言,$|S_{1U}^* \bigcup S_{2U}^*|$ 越大,则市场上不购买产品的消费者比例越小,从而零售商的利润总和也越高。

将逐步替代法稍加改动,可以求解更多的均衡解。首先令 $S_1^0 = S_2^0 = \{1, \cdots, k\}$,$R2$ 进行一步或若干步的替代得到 S_2^1,此时的策略组合变为 (S_1^0, S_2^1);$R1$ 再在此基础上进行一步或若干步的替代得到 S_1^1,此时的策略组合变为 (S_1^1, S_2^1);如此往复必然达到稳定状态,$R1$ 和 $R2$ 均无法再通过改变产品组合增加利润,即为市场均衡。

但 $R1$ 和 $R2$ 交替执行替代所得到的市场均衡构成的 $|S_{1U}^* \bigcup S_{2U}^*| \leqslant |S_{1O}^* \bigcup S_{2O}^*|$。因为只考虑单个零售商替代的情况,这保证了每次执行替代的零售商的利润最低。然而,随着替代的进行,总利润在不断上升,这意味着利润较低的零售商执行替代时条件更容易满足。因此,可能进行更多步替代,从而得到产品种类最多的市场均衡。

采用上述方法求解 3.4.2 节的例子,显然 $S_{1U}^* = \{1,2,3,4,5\}$,$S_{2U}^* = \{6,7,8,9,10\}$ 是市场均衡。采用交替执行替代的方法求解更多市场均衡,结果如表 3.8 所示。

表 3.8　交替替代法求解最优反应

N	Π_2^N	Π_1^N	$\dfrac{v_{6+N}-0.5v_{5-N}}{v_{5-N}}$	替代顺序	替代条件	$R2$ 利润的变化	$R1$ 利润的变化
0	0.353 972	0.353 972	0.494 624	2	满足	4.75%	5.11%
1	0.370 789	0.372 075	0.481 481	2	满足	3.15%	4.15%
2	0.382 475	0.387 534	0.464 286	2	满足	2.00%	3.57%
3	0.390 117	0.401 376	0.434 091	2	满足	0.95%	3.44%
4	0.393 812	0.415 202	0.418 605	1	满足	3.61%	0.06%
5	0.408 048	0.415 461	—	—	—	—	—

从表 3.8 中可以得到均衡 $S_{1U}^* = \{2,3,4,5,10\}$,$S_{2U}^* = \{1,6,7,8,9\}$。改变替代顺序,可得 $S_{1U}^* = \{3,4,5,9,10\}$,$S_{2U}^* = \{1,2,6,7,8\}$;$S_{1U}^* = \{1,3,4,5,9\}$,$S_{2U}^* = \{2,6,7,8,10\}$;$S_{1U}^* = \{4,5,8,9,10\}$,$S_{2U}^* = \{1,2,3,6,7\}$……

3.4.4　两种情形的对比

上文分析了零售商进入市场存在先后顺序与否情形下的市场均衡及其性质,本小节将对两种情形的结果加以对比。先考虑两种情形下市场均衡时提供的产品种类数的区别,可得如下的命题。

命题 3.11　若零售商进入市场存在先后顺序,市场上提供的产品种类数不小于零售商同时进入的情形,即 $|S_{1O}^* \bigcup S_{2O}^*| \geqslant |S_{1U}^* \bigcup S_{2U}^*|$。

证明:反证法。假设某 (S_{1U}^*, S_{2U}^*) 满足 $|S_{1O}^* \bigcup S_{2O}^*| = 2k - d < |S_{1U}^* \bigcup S_{2U}^*|$。不失一般性,假设 $R1$ 和 $R2$ 均放弃选择序号大于 $2k-d$ 的产品,此时的策略集变为 $(S_{1U}{}', S_{2U}{}')$。$R2$ 的利润为:

$$\Pi_2(S_{2U}{}') = \frac{0.5\sum_{j=1}^{d} v_j + a\sum_{j=k+1}^{2k-d} v_j}{v_0 + \sum_{j=1}^{2k-d} v_j} r, \quad a \geqslant 1 \tag{3.26}$$

$a \geqslant 1$ 是因为 $R1$ 不存在先动优势,$R2$ 在产品 $\{d+1, 2k+d\}$ 中选择 $k-d$ 种

独占产品,式(3.26)分子不小于 $\sum_{j=k+1}^{2k-d} v_j$。因 (S_{1U}^*, S_{2U}^*) 可由 (S_{1U}', S_{2U}') 通过逐步替代法和交替替代法获得,因此利润较低的零售商(设为 R2)可改变产品组合集增加利润,即 $\Pi_2(S_{2U}') - \Pi_2(S_{2U}' \setminus \{d\} \cup \{2k-d+1\}) < 0$,化简得:

$$\frac{0.5\left(v_0 + \sum_{j=1}^{2k-d} v_j\right) v_d - \left(v_0 + 0.5\sum_{j=1}^{d} v_j + \sum_{j=d+1}^{k} v_j - (a-1)\sum_{j=1}^{2k-d} v_j\right) v_{2k-d+1}}{\left(v_0 + \sum_{j=1}^{2k-d} v_j\right)\left(v_0 + \sum_{j=1}^{2k-d+1} v_j\right)} < 0$$

$$(3.27)$$

上式与式(3.25)矛盾。这表明 $|S_{1O}^* \cup S_{2O}^*| < |S_{1U}^* \cup S_{2U}^*|$ 不可能成立。

命题 3.11 表明,零售商进入市场存在先后顺序对消费者更有利,此时市场必然提供最多的产品种类数。这是因为 R1 有先动优势,后进入的 R2 更有意愿深入挖掘市场需求进而提供那些需求较低的产品,导致市场均衡时产品差异化程度不低于同时进入市场的情形。

两种情形下的市场均衡解一般存在差异。是否存在某些条件使得零售商进入市场的顺序和市场均衡解无关?是否存在某些条件使得零售商进入市场存在先后顺序与否和市场上提供的产品种类数无关?下文将加以探讨。

命题 3.12 若不等式

$$\frac{0.5\sum_{j=1}^{k} v_j}{v_0 + \sum_{j=1}^{k} v_j} > \frac{v_{k+1} - 0.5v_k}{v_{k+1}} \tag{3.28}$$

成立,则市场均衡解与零售商进入市场的顺序无关,即 $S_{1O}^* = S_{2O}^* = S_{1U}^* = S_{2U}^* = \{1, \cdots, k\}$。

证明: ① 零售商进入市场存在先后顺序的情形。

在 $S_{1O} = \{1, \cdots, k\}$ 基础上求解 R2 的最优反应,首先令 $S_{2O} = S_{1O} = \{1, \cdots, k\}$,因不等式(3.28)成立,替代条件不满足。由命题 3.9,此时的 S_{2O} 是关于 S_{1O} 的最优反应,再由命题 3.10 得 $S_{1O}^* = S_{2O}^* = \{1, \cdots, k\}$ 为唯一均衡结果。

② 零售商同时进入市场的情形。

显然 $S_{1U}^* = S_{2U}^* = \{1, \cdots, k\}$ 是一个市场均衡。考虑均衡是否唯一,由命题 3.11 可得 $|S_{1U}^* \cup S_{2U}^*| \leqslant |S_{1O}^* \cup S_{2O}^*| = k$,显然小于号不可能成立,使得 $|S_{1U}^* \cup S_{2U}^*| = k$ 的产品组合唯一,即 $S_{1U}^* = S_{2U}^* = \{1, \cdots, k\}$。

不等式(3.28)的含义是,序号大于 k 的产品需求较低,不会被任何零售商所选择。因此,无论零售商进入市场是否存在先后顺序,两个零售商均选择了前 k 种产品。

命题 3.13 若不等式

$$\frac{0.5\sum_{j=1}^{2k-1} v_j}{v_0 + \sum_{j=1}^{2k-1} v_j} < \frac{v_{2k} - 0.5v_1}{v_{2k}} \tag{3.29}$$

成立,则市场均衡所提供的产品种类数与零售商进入市场是否存在先后顺序无关,即 $|S_{1U}^* \bigcup S_{2U}^*| = |S_{1O}^* \bigcup S_{2O}^*| = 2k$。

证明：显然 $\dfrac{0.5\sum_{j=1}^{2k-i-1} v_j}{v_0 + \sum_{j=1}^{2k-i-1} v_j}$ 随着 i 的增加而减小,$\dfrac{v_{2k-i} - 0.5v_{i+1}}{v_{2k-i}}$ 随着 i 的增加而增加。又由于不等式(3.29)成立,则

$$\frac{0.5\sum_{j=1}^{2k-i-1} v_j}{v_0 + \sum_{j=1}^{2k-i-1} v_j} < \frac{v_{2k-i} - 0.5v_{i+1}}{v_{2k-i}}, \qquad i = 0, \cdots, k-1 \qquad (3.30)$$

成立。

① 零售商进入市场存在先后顺序。

在 $S_{1O} = \{1, \cdots, k\}$ 基础上求解 $R2$ 的最优反应,首先令 $S_{2O} = S_{1O} = \{1, \cdots, k\}$,因不等式(3.30)对于每个 $i = 0, \cdots, k-1$ 均成立,且每个阶段均满足条件 $\Pi_{R2}^i \leqslant \dfrac{0.5\sum_{j=1}^{2k-i-1} v_j}{1 + \sum_{j=1}^{2k-i-1} v_j} r, j = k-1-i$。因此替代条件一直满足,最终均衡结果为 $S_{1O}^* = \{1, \cdots, k\}, S_{2O}^* = \{k+1, \cdots, 2k\}, |S_{1O}^* \bigcup S_{2O}^*| = 2k$。

② 零售商同时进入市场。

若零售商同时进入市场,假设存在某个均衡使得 $S_{1U}^* \bigcap S_{2U}^* \neq \varnothing$,可设 $R1$ 和 $R2$ 的共同产品为 g 种,有 $|S_{1U}^* \bigcup S_{2U}^*| = 2k - g$。在不等式(3.30)中,令 $i = g-1$,可得 $\dfrac{0.5\sum_{j=1}^{2k-g} v_j}{v_0 + \sum_{j=1}^{2k-g} v_j} < \dfrac{v_{2k-g+1} - 0.5v_g}{v_{2k-g+1}}$。$\min\{\Pi_{R1}, \Pi_{R2}\} \leqslant \dfrac{0.5\sum_{j=1}^{2k-g} v_j}{v_0 + \sum_{j=1}^{2k-g} v_j} r$,这表明利润较低的零售商的替代条件满足,得出矛盾。因此,不存在任何均衡满足 $S_{1U}^* \bigcap S_{2U}^* \neq \varnothing$,即 $|S_{1U}^* \bigcup S_{2U}^*| = 2k$。命题得证。

不等式(3.29)意味着产品备选集 $S = \{1, \cdots, 2k\}$ 中所有的产品需求相差不大,只要 $R1$ 和 $R2$ 存在共同产品,利润较低的零售商就可通过改变产品组合集增加利润,直到 $R1$ 和 $R2$ 不存在共同产品才能达到稳定的市场均衡。

在下节中,将通过数值分析进一步验证上述理论模型的结论。

3.5　空间约束情况的数值分析

本节通过设定不同的参数取值并求解均衡解,进行分析从而验证 3.4 节的理论模型结论。考虑有 10 种产品的备选产品集 T,每个零售商最多可选择 $k = 5$ 种产品出售,产品单位利润 $r = 1$。

表 3.9 给出了产品偏好程度 v_j 的取值。这 10 组数据涵盖了所有可能出现的均衡结果,验证了理论模型的结论,具有一定的代表性。为方便分析,按市场均衡时提

供的产品种类数从少到多排列。每组数据内的 10 种产品按 v_j 值从大到小排列,v_j
代表产品的偏好程度,即 v_j 值越高,消费者越倾向购买该种产品。每组数据中 v_j 值
的相对大小刻画了产品的潜在需求,产品的 v_j 值越高则零售商越有意愿提供。v_j 值
的绝对大小刻画了购买产品与不购买的消费者之间的比例大小,若偏好程度 v_j 普遍
较高,则不购买产品的消费者比例较低。

表 3.9　参数取值

序号	v_1	v_2	v_3	v_4	v_5	v_6	v_7	v_8	v_9	v_{10}
1	100	82	78	53	42	33	30	28	10	2
2	70	68	65	62	61	59	57	55	52	50
3	10	9	6	5.9	5.8	5.7	5.6	3	2.5	1
4	0.5	0.45	0.42	0.38	0.35	0.2	0.18	0.1	0.04	0.03
5	100	80	60	45	5	5	4.8	4.2	4	2
6	11	10.8	10.6	10.3	10.25	10.18	10.12	10.06	10	9.8
7	0.1	0.09	0.085	0.07	0.065	0.06	0.059	0.054	0.05	0.049
8	0.8	0.79	0.78	0.77	0.76	0.75	0.74	0.73	0.7	0.5
9	11	10	10	10	10	10	10	10	10	10
10	0.5	0.498	0.48	0.476	0.47	0.465	0.459	0.448	0.44	0.43

表 3.10 给出了市场均衡解,同时进入市场情形给出的均衡其对称结果同样是均
衡,简便起见不再写出。

表 3.10　市场均衡解

序号	进入市场有先后顺序的均衡	同时进入市场的均衡	产品数	购买比例
1	$(\{1,2,3,4,5\},\{1,2,3,4,5\})$	$(\{1,2,3,4,5\},\{1,2,3,4,5\})$	5	99.72%
2	$(\{1,2,3,4,5\},\{1,2,3,4,5\})$	$(\{1,2,3,4,5\},\{1,2,3,4,5\})$	5	99.69%
3	$(\{1,2,3,4,5\},\{1,2,3,4,5\})$	$(\{1,2,3,4,5\},\{1,2,3,4,5\})$	5	97.35%
4	$(\{1,2,3,4,5\},\{1,2,3,4,5\})$	$(\{1,2,3,4,5\},\{1,2,3,4,5\})$	5	67.74%
5	$(\{1,2,3,4,5\},\{1,2,3,4,6\})$	$(\{1,2,3,4,5\},\{1,2,3,4,6\})$	6	99.66%
6	$(\{1,2,3,4,5\},\{1,2,3,4,6\})$	$(\{1,2,3,4,5\},\{1,2,3,4,6\})$	6	98.44%
7	$(\{1,2,3,4,5\},\{1,2,3,6,7\})$	$(\{1,2,3,4,5\},\{1,2,3,6,7\})$ $(\{1,2,3,5,7\},\{1,2,3,4,6\})$	7	34.60%

序号	进入市场有先后顺序的均衡	同时进入市场的均衡	产品数	购买比例
8	$(\{1,2,3,4,5\},\{1,2,6,7,8\})$	$(\{1,2,3,4,5\},\{1,2,6,7,8\})$ $(\{1,2,4,5,8\},\{1,2,3,6,7\})$ $(\{1,2,5,7,8\},\{1,2,3,4,6\})$ $(\{1,2,3,5,7\},\{1,2,4,6,8\})$	8	85.96%
9	$(\{1,2,3,4,5\},\{1,6,7,8,9\})$	$(\{1,2,3,4,5\},\{1,6,7,8,9\})$ $(\{1,3,4,5,9\},\{1,2,6,7,8\})$ $(\{1,4,5,8,9\},\{1,2,3,6,7\})$ $(\{1,5,7,8,9\},\{1,2,3,4,6\})$ $(\{1,2,4,5,8\},\{1,3,6,7,9\})$ $(\{1,2,3,5,7\},\{1,4,6,8,9\})$ $(\{1,2,5,7,8\},\{1,3,4,6,9\})$ $(\{1,3,5,7,9\},\{1,2,4,6,8\})$	9	98.91%
10	$(\{1,2,3,4,5\},\{6,7,8,9,10\})$	$\lvert S_{1U}^{*}\rvert=\lvert S_{2U}^{*}\rvert=5,$ $S_{1U}^{*}\bigcup S_{2U}^{*}=S$ 的任何结果	10	82.35%

表 3.11 R2 选择模仿策略和最优策略的利润分析

序号	模仿策略利润	最优策略利润	最优策略利润增加比例	模仿策略下R1的利润	最优策略R1利润	最优策略R1利润变化
1	0.498 408	0.498 408	0	0.498 408	0.498 408	0
2	0.498 471	0.498 471	0	0.498 471	0.498 471	0
3	0.484 326	0.484 326	0	0.484 326	0.484 326	0
4	0.338 710	0.338 710	0	0.338 710	0.338 710	0
5	0.498 282	0.498 311	0.005 8%	0.498 282	0.498 311	0.005 8%
6	0.490 732	0.491 658	0.19%	0.490 732	0.492 749	0.41%
7	0.145 390	0.167 757	15.38%	0.145 390	0.178 221	22.58%
8	0.397 959	0.423 455	6.41%	0.397 959	0.436 096	9.58%
9	0.490 385	0.494 565	0.85%	0.490 385	0.494 565	0.85%
10	0.353 972	0.395 694	11.8%	0.353 972	0.427 815	20.86%

表 3.11 给出了 $R2$ 的两种不同策略对利润的影响。进一步分析可得如下结论：

第一，10 组数据中，零售商进入市场存在先后顺序情形下的市场均衡验证了命题 3.10，即在位者 $R1$ 始终选择前 5 种产品，新进入的 $R2$ 在此基础上选择与 $R1$ 无差异化、部分差异化或完全差异化的产品组合；零售商进入市场存在先后顺序情形下提供的产品种类数不少于同时进入的情形，验证了命题 3.11。第 1~4 组数据满足不等式(3.28)，市场均衡结果与零售商进入市场的顺序无关，验证了命题 3.12。第

10 组数据则满足不等式(3.29),无论零售商进入市场是否存在先后顺序,市场均衡提供的产品种类数均为 10 种,验证了命题 3.13。

第二,第 1、2 组数据表明,若产品偏好程度 v_j 较高,无论 v_j 的相对大小和零售商进入市场是否存在先后顺序,市场均衡都只会提供 5 种产品。因为选择不购买的消费者的比例较低,前 5 种产品已经吸引了超过 99% 的消费者购买,零售商采取差异化策略所能增加的需求极为有限,且会导致其他产品的需求降低。第 3、4 组数据表明,即使产品偏好程度 v_j 适中或较低,若不同产品的偏好程度差别较大,零售商仍然不会采取差异化策略,因为这将导致市场上的产品种类数增加,从而导致部分产品需求以及零售商利润下降。

第三,第 5、6、9 组数据表明,在产品偏好程度 v_j 较高或适中时,只有与产品 k 相邻的部分产品的偏好程度 v_j 非常接近的情况下才可能产生差异化的均衡结果,且偏好程度相同或接近的产品越多,越可能出现高差异化程度的结果。第 7、8、10 组数据表明,在产品偏好程度 v_j 较低且较接近时,更容易产生差异化程度较高的结果,因为此时每种产品的需求均较低,零售商可以通过差异化的产品组合尽可能增加需求,尽量选择不同的产品组合对市场进行分割以避免竞争,从而提高利润。

第四,若零售商进入市场存在先后顺序,因现实中可能存在信息不对称,$R2$ 可采取模仿策略,即选择与 $R1$ 相同的产品组合 $S_{2O} = \{1,2,3,4,5\}$,分析可得如下结论:

首先,$R2$ 选择最优策略对 $R1$ 更有利,因最优策略可能存在产品差异化,部分需求较高的产品会被 $R1$ 独占。这表明即使存在信息不对称,$R1$ 也应当让 $R2$ 得到完全信息,这对二者均有利。

其次,当最优策略和模仿策略不同时,最优策略的产品差异化程度与 $R2$ 最优策略相对模仿策略的利润增加比例不一定正相关。例如,第 7 组数据中 $R2$ 的最优策略比模仿策略的利润高 15.38%,最优策略和模仿策略有 2 种产品不同;第 8 组数据中最优策略和模仿策略有 3 种产品不同,差异化程度更高,但是利润只比模仿策略高 6.41%。这表明最优策略和模仿策略的差异并不是影响利润变化的唯一因素,产品偏好程度 v_j 也起着重要的作用。偏好程度 v_j 越低,最优策略和模仿策略之间的利润差别更大。因为 v_j 较低时市场规模较小,单个零售商市场需求也较低,此时产品组合的变化更容易导致需求的大幅变动。换言之,当整个市场需求较低时,零售商更倾向深入挖掘需求,精确选择产品组合来尽可能增加利润。

图 3.1 基于第 10 组数据给出了 $R2$ 在执行替代策略的过程中,两个零售商的利润变化情况。可以发现,$R1$ 的利润始终大于 $R2$。但随着替代的进行,两个零售商利润的增速是放缓的,且 $R1$ 的利润增速要大于 $R2$,其增长速度的降幅也小于 $R2$,最终均衡的结果表明,$R1$ 增加的利润接近 $R2$ 的两倍。

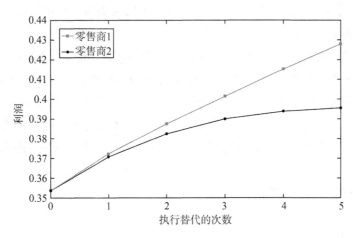

图 3.1　替代过程中零售商的利润变化

3.6　两种不同约束条件的对比

在上文分析的基础上,本节将对比分析固定成本约束与空间约束情况下得到的结论的异同。

首先考虑两种不同约束条件下的结果与单一零售商垄断情形的对比。固定成本约束情况下,市场竞争情形下的总利润要小于市场垄断的情形,但空间约束情况下市场竞争情形下的利润显然大于市场垄断的情形。原因在于,空间约束情况下零售商的运营规模固定,且维持这一规模所需的成本为沉没成本,因此零售商在做出产品组合决策的时候并不需要考虑该成本。此外,因为这一沉没成本的存在,潜在进入者 $R2$ 必然会进入市场。这一结论与固定成本约束的情况不同,固定成本约束情况下,满足某些条件时在位者 $R1$ 能够阻止潜在进入者 $R2$ 进入市场。因此,尽管固定成本约束情况下零售商能够自由选择运营规模(产品种类数),但潜在进入者 $R2$ 反而更偏好空间约束的情况。

从产品组合决策的复杂程度来看,固定成本约束的情况显然具有更高的复杂程度。原因在于,零售商一方面需要决策提供的产品种类数,另一方面还需基于竞争对手的产品组合、每种产品偏好程度的高低、产品单位利润以及每增加一种产品所需的固定成本高低等因素综合做出产品组合决策。反之,空间约束情况下零售商不需要决策产品种类数,其最优产品组合决策仅需考虑竞争对手的产品组合和每种产品偏好程度高低的影响。

继续考虑两种不同约束条件下市场均衡提供的产品种类数的对比。两种约束条件下,市场竞争情形下所提供的产品种类数均不小于市场垄断的情形,这表明市场竞争促进了产品多样化程度的提高。

通过对比两种不同约束条件下零售商进入市场存在先后顺序情况下的结果,可以发现,除了在位零售商的先动优势大小有区别外,其余结论是类似的。信息不对称也不会影响新进入者的产品组合决策。

此外,尽管固定成本约束和空间约束在产品组合决策的文献中普遍存在,但相关研究一般基于理论角度出发,并没有具体探讨这两类约束条件的适用范围。笔者在这里提出一种可能的解释。固定成本约束的情况可能更加适用于线上渠道的零售商。原因在于,线上渠道不存在实体店和陈列空间,零售商可根据需要选择合适的产品组合规模。而空间约束情况下零售商的产品组合规模相对固定,更适用于刻画线下零售商的运营。原因在于,线下渠道存在实体店且陈列空间有限,而实体店的规模一旦确定,短期内很难改变。

3.7　本章小结

本章研究了零售商竞争情况下的横向差异化产品组合决策问题,考虑了两类不同的约束条件:固定成本约束和空间约束。基于每种约束条件,具体探讨了零售商进入市场存在先后顺序与否情况下的市场均衡解。在此基础上还进一步研究了信息不对称的影响,并对比了两类不同约束条件下结论的差异。

具体研究结论包括:第一,零售商竞争情况下市场均衡所提供的产品种类数不小于市场垄断的情形,即零售商的竞争可能导致产品多样化程度的提高,从而扩大消费者的选择范围,有助于提高消费者的福利水平。第二,零售商竞争情况下,若零售商进入市场存在先后顺序,信息不对称不影响市场均衡结果。原因在于,让潜在进入者了解市场信息对在位零售商也有利。第三,在固定成本约束情况下,零售商的最优产品组合主要取决于需求较高的产品是否存在两个零售商的利润空间,及市场垄断的最优产品组合外的产品是否有利可图这两个条件。需求较高的产品存在两个零售商的利润空间是零售商选择重复产品的必要条件;市场垄断最优解外的产品有利可图则是零售商竞争情况下的产品多样化程度高于市场垄断情况的必要条件。第四,在空间约束情况下,逐步替代法是求解市场均衡的有效方法。且市场均衡结果与零售商进入市场的顺序是否有关,主要取决于产品自身的性质,即偏好程度。第五,固定成本约束情况下,在位零售商的先动优势相对较大,某些条件下可以阻止潜在进入者的进入。但空间约束情况下,在位零售商的先动优势相对较小,且无法阻止潜在进入者的进入。

本章的研究结论和不考虑竞争的传统产品组合决策文献既存在相同之处又存在差异。首先,从最优产品组合的形式出发,在基于 MNL 模型的传统研究文献中,横向差异化最优产品组合为偏好集(如 Ryzin 和 Mahajan,1999[18];Cachon 等,2005[19]),偏好集的定义为 $S_i = \{1, 2, \cdots, i\}$,意味着零售商必然会选择偏好程度最高也就是需求最高的若干种产品,至于产品组合集的具体规模(即 i 的大小),则根据约束条件和成本结构确定。但在本章的研究中发现,尽管整个市场上提供的产品组合(即两个零售商产品组合的并集)满足偏好集的定义,但每个零售商的产品组合并不一定是偏好集。其次,本章的研究结论还表明,若零售商同时进入市场,则很可能存在多重均衡;但在不考虑竞争的传统产品组合决策文献中,最优产品组合唯一。最后,如前所述,在相同的约束条件下,和不考虑竞争的传统文献相比,本章的结论表明两个零售商竞争很可能导致市场上产品多样化程度的提高。

基于上述理论结果,可得到如下几点应用启示:第一,零售商在决策产品组合时必须考虑竞争对手的影响和产品特性,且产品多样化程度的提高并不一定能带来利润的增加。第二,若市场上同类产品的需求较接近,且每种产品的需求均不高,则零售商应当选择与竞争对手差异化程度较高的产品组合,各自独占部分产品的需求,避免竞争。第三,若市场上同类产品的需求相差较悬殊,则零售商应当选择需求最高的几种产品,并作为主要利润来源;而对于那些需求较低的产品,则尽可能选择和竞争对手不同的产品,避免竞争。第四,作为在位者的零售商应当充分发挥先动优势,尽可能减少潜在进入者的利润空间,抢占更大的市场份额;但某些情况下避免竞争反而能够减少进入者导致的不利影响。第五,作为潜在进入者的零售商应当充分挖掘市场潜在需求,考虑提供被在位零售商所忽视的需求较低的产品,从而在市场中占据一席之地。

基于企业的具体实践,拼多多就是典型的成功案例。第一章给出的案例表明,拼多多的市场规模在 2018 年仅为京东的 28.1%,但在 2022 年已达京东的 92.3%。拼多多成立于 2015 年,比天猫、京东、当当和亚马逊等网络零售商进入市场晚了十年以上,并且此时中国的网络零售市场已经基本发展成熟,市场需求几乎被几大电商瓜分殆尽。因此,其成功的经验值得借鉴与分析。笔者认为,这其中产品组合决策的作用不可忽视。作为后进入市场的电商,拼多多刚进入市场时的产品组合规模比不上天猫和京东,但它一方面注重提供那些偏好程度和需求量较高的产品,在现有的市场需求中占据一定的份额,另一方面又致力于开拓那些被其他电商所忽视的市场,提供与其他电商差异化的产品组合,充分挖掘了市场潜在需求,从而在激烈的市场竞争中占据了一席之地。在站稳脚跟的基础上,再进一步谋求发展,扩大产品组合的规模来吸引更多的消费者,从而在短短的几年内发展到与京东市场规模接近的程度。

本章的研究中假设两个零售商同质,没有考虑零售商异质的情况。尽管相关文献中零售商同质的假设非常普遍,基于产品组合决策的复杂性,零售商同质的假设为求解市场均衡解提供了可能,进而能够得出一系列有价值的结论,但零售商异质的假设更加符合现实情况。

第四章

基于渠道竞争的横向差异化产品组合决策

上一章基于零售商竞争这一外部竞争因素探讨了横向差异化产品组合决策问题。在本章中,将从渠道融合的背景出发,基于渠道竞争这一内部竞争因素探讨零售商应当如何决策横向差异化产品组合。如前所述,本章所提及的渠道竞争只包括同一零售商不同分销渠道之间的竞争,而不包括不同渠道的不同零售商之间的竞争。

随着信息技术和电子商务的发展,电商进入线下渠道开设实体店抢占线下资源已经成为普遍现象。线上和线下渠道进行融合,以满足不同偏好消费者的需求,也是新零售的发展趋势。然而,线下渠道的运营成本高于线上渠道,且同时运营双渠道会导致产品组合决策复杂程度的提高。此外,现实经验表明,线上电商进入线下渠道并不总是有利可图的。原因在于,双渠道零售虽然能够满足不同偏好消费者的需求,但也不可避免会导致渠道竞争,且渠道竞争的激烈程度直接影响电商进入线下渠道是否能够增加利润。因此,电商一方面要注重开拓线下渠道,在整合渠道资源的基础上满足不同偏好消费者的需求,扩大总需求和利润空间。另一方面,电商在做出进入线下渠道的决策之前应当仔细权衡利弊,必须充分考虑渠道竞争的激烈程度和消费者的行为特征,尽可能减少渠道竞争导致的负面影响。

基于上述背景,本章从横向差异化产品出发,在考虑产品导向型和渠道导向型这两类不同消费者导向类型(也意味着不同的渠道竞争程度,这两类消费者导向类型的具体定义将在下文给出)的基础上探讨线上电商进入线下渠道的条件。在此基础上,得出各渠道的最优的产品组合和定价,以及线上渠道的最优交付时间;同时也为现实中电商的渠道、定价和产品组合决策提供一些参考。

4.1 问题描述与模型构建

假设电商 R 的产品组合备选集包含 m 种横向差异化产品,即 $T = \{1, 2, \cdots, m\}$。先考虑电商 R 仅运营线上单渠道的初始情况。因线上渠道的产品通过互联网展示,故不存在空间约束。R 的线上渠道产品组合 S^{on} 只需满足 $S^{on} \subset T$,这意味着线上渠道的产品组合可包含任意种产品。线上渠道每销售一单位产品存在运营成本 c^{on} 及交付成本 $g(t)$。线上运营成本 c^{on} 包含租金、人力、库存等成本。交付成本指产品交付到消费者手中所需的成本,假设该成本由电商 R 承担。交付成本随交付时间的缩短而增加,且交付时间越短,缩短单位交付时间所需成本越高,即 $g'(t) < 0$,$g''(t) > 0$。初始情况下 R 的决策变量包括:线上渠道产品组合 S^{on}、对所有产品均相同的交付时间 t 以及线上渠道提供的每种产品价格 $p_j^{on}, j \in S^{on}$;且线上渠道每出售一件产品 j 的单位利润为 $p_j^{on} - c^{on} - g(t)$。

R 可采取全渠道决策,同时在线上和线下渠道销售产品。线下渠道不存在交付成本,每销售一单位产品的成本为 c^{off}。线下运营成本 c^{off} 同样包括单位产品的租金、人力、库存等成本,因线下渠道的租金、人力、库存等成本更高,满足 $c^{off} > c^{on}$。此外,线下渠道以实体店的形式存在,其展示空间有限。假设线下渠道最多可选 k 种产品出售,因此 R 的线下渠道产品组合为 $S^{off} \subset T, |S^{off}| \leqslant k$。假设 $k < m$,这一假设确保了 R 拥有充分大的线下渠道产品组合决策空间。在第三章的建模过程中也提出了类似的假设,满足该假设产品的特征也在第三章给出,不再赘述。此时,R 的决策变量还需包括线下渠道产品组合 S^{off} 和线下渠道提供的每种产品价格 p_j^{off},$j \in S^{off}$;且线下渠道每出售一件产品 j 的单位利润为 $p_j^{off} - c^{off}$。

因为本章考虑的是横向差异化产品,可基于 MNL 模型框架下的线性效用函数刻画消费者的效用,该框架在消费者选择行为和横向差异化产品组合决策文献中广泛使用。

先从消费者购买效用的角度出发,通过消费者的选择行为刻画需求,进而可以得出 R 的利润函数。首先考虑消费者在线上渠道购买产品的情况,因为线上渠道购买存在交付时间 t,因此需要考虑消费者耐心程度对效用的影响。令 r 为消费者耐心因子,随着 r 的增大消费者的耐心程度降低。消费者 i 购买任意线上产品 j 的效用为 $U_{ji}^{on} = u_j - p_j^{on} - rt + \varepsilon_{ji}$。其中,$u_j - p_j^{on} - rt$ 为消费者购买产品 j 所获得效用的固定部分,对所有消费者相同;$-rt$ 代表消费者购买产品后等待交付导致的效用损失;ε_{ji} 为效用的随机部分并服从 Gumbel 分布,取决于消费者 i 自身,刻画了消费者的异质性。需要说明的是,交付时间 t 也可以看成线上渠道的服务价值,显然交付时间越短则消费者的效用损失越低,但 R 所需支付的交付成本也越高。这意味着,R 面临着更快的交付速度(更高的服务价值)和更低的交付成本之间的权衡取舍。继续探讨消费者在线下渠道购买产品的效用。消费者 i 购买任意线下产品 j 的效用为 $U_{ji}^{off} = u_j - p_j^{off} + \varepsilon_{ji}$,因线下购买行为发生后立即获取产品,故不存在等待交付导致的效用损失。不失一般性,将 m 种产品按初始效用值 $u_1 > u_2 > \cdots > u_m$ 排列,不购买任何产品的效用标准化为 $u_0 = 0$,消费者的数量标准化为 1,则消费者购买某种产品的比例即为该产品的需求。

初始情况下,R 仅在线上渠道销售产品,R 需要先决策是否进入线下渠道;在此基础上,再决策所选择渠道的产品组合、各产品的价格以及线上渠道的交付时间。

考虑两种消费者导向类型。产品导向型消费者能在线上和线下渠道之间自由转换,他们先考虑是否购买产品,若购买,则将双渠道产品组合当作整体做出购买决策而不在意购买渠道,且对同种产品会比较双渠道购买的效用高低,并选择最优渠道购买。因此,R 需保证双渠道均提供的任意产品 j 满足 $p_{j,om1}^{on}+rt=p_{j,om1}^{off}$(下标 $om1$ 和 $om2$ 分别表示基于产品导向型和渠道导向型消费者的全渠道决策)。假设购买任意线上和线下重复产品的消费者中,选择线上和线下渠道购买的比例分别为 θ 和 $1-\theta$。此时消费者不存在渠道依赖性,双渠道的竞争程度较高,且线上和线下渠道为一个整体市场,消费者选择行为服从 MNL 模型。令 $e^{u_j-p_j^{on}-rt}$ 和 $e^{u_j-p_j^{off}}$ 分别为线上和线下渠道产品 j 的偏好程度,定义 $A=\sum_{j\in S_{om1}^{on}\setminus S_{om1}^{off}}e^{u_j-p_{j,om1}^{on}-rt}$、$B=\sum_{j\in S_{om1}^{off}\setminus S_{om1}^{on}}e^{u_j-p_{j,om1}^{off}}$ 和 $C=\sum_{j\in S_{om1}^{on}\cap S_{om1}^{off}}[\theta e^{u_j-p_{j,om1}^{on}-rt}+(1-\theta)e^{u_j-p_{j,om1}^{off}}]$ 分别为线上独有产品总偏好程度、线下独有产品总偏好程度和双渠道产品总偏好程度,则消费者购买仅线上渠道提供的产品 j 的比例为 $\dfrac{e^{u_j-p_{j,om1}^{on}-rt}}{1+A+B+C}$,购买仅线下渠道提供的产品 j 的比例为 $\dfrac{e^{u_j-p_{j,om1}^{off}}}{1+A+B+C}$,在线上和线下渠道购买双渠道均提供的产品 j 的比例分别为 $\dfrac{\theta e^{u_j-p_{j,om1}^{on}-rt}}{1+A+B+C}$ 和 $\dfrac{(1-\theta)e^{u_j-p_{j,om1}^{off}}}{1+A+B+C}$。

NMNL 模型是 MNL 模型的改进形式。该模型同样从消费者效用角度出发来刻画需求,先将产品组合分为若干子集,消费者先选择购买的子集,再在该子集中选择购买的产品。因渠道导向型消费者先考虑是否购买产品,若购买,则先决策购买的渠道,再在该渠道提供的产品中做出购买决策,其选择行为符合 NMNL 模型,且存在一定的渠道依赖性。类似 Gallego 和 Topaloglu(2014）[35],定义 $M=\sum_{j\in S_{om2}^{on}}e^{u_j-p_{j,om2}^{on}-rt}$ 和 $N=\sum_{j\in S_{om2}^{off}}e^{u_j-p_{j,om2}^{off}}$ 分别为线上和线下渠道的总偏好程度,γ_1 和 γ_2 分别为线上和线下渠道内产品异质性程度,消费者的购买渠道选择取决于 M、N 和 γ_i。具体而言,有 $\dfrac{M^{\gamma_1}}{1+M^{\gamma_1}+N^{\gamma_2}}$ 比例的消费者选择线上渠道购买,有 $\dfrac{N^{\gamma_2}}{1+M^{\gamma_1}+N^{\gamma_2}}$ 比例的消费者选择线下渠道购买,其中 M^{γ_1} 和 N^{γ_2} 分别代表线上和线下渠道对消费者的吸引程度。决策购买渠道后,消费者再在该渠道提供的产品中购买效用最高的一种,进入线上和线下渠道的消费者购买该渠道提供的产品 j 的比例分别为 $\dfrac{e^{u_j-p_{j,om2}^{on}-rt}}{M}$ 和 $\dfrac{e^{u_j-p_{j,om2}^{off}}}{N}$。

初始情况下,R 仅运营线上渠道,显然此时两种导向类型消费者的选择行为相

同，均服从 MNL 模型，购买线上渠道提供的产品 j 的消费者比例为

$$\frac{e^{u_j - p_j^{on} - rt}}{1 + \sum_{j \in S^{on}} e^{u_j - p_j^{on} - rt}} \text{。}$$

全渠道决策下，不同的消费者导向类型代表着不同的渠道竞争程度。因为产品导向型消费者总能够在双渠道间自由转移，且会比较不同渠道购买的效用，此时双渠道的竞争程度较高。然而，渠道导向型消费者先选择购买的渠道，再在该渠道所提供的产品中做出购买决策，具有一定的渠道依赖性，此时双渠道的竞争程度较低。此外，无论是初始情况还是基于两种消费者导向类型的全渠道决策，本部分都考虑了同一渠道的不同产品或不同渠道的同种产品具有不同的价格，即允许电商 R 采取价格歧视策略。在下文中，将进一步分析这两类价格歧视策略是否可行。

基于上述建模过程，本章采用的主要符号如表 4.1 所示。

表 4.1　基于横向差异化产品的渠道竞争模型中的符号

符　号	含　义
T	产品组合备选集
S^{on}, S^{off}	分别为线上和线下渠道的产品组合，决策变量
c^{on}, c^{off}	分别为线上和线下渠道的单位运营成本
k	线下渠道能够选择的产品种类数上限
t	线上渠道交付时间，决策变量
$g(t)$	线上渠道交付成本
r	消费者耐心因子
p_j^{on}, p_j^{off}	分别为线上和线下渠道产品 j 的价格，决策变量
$om1$, $om2$	分别为基于产品导向型和渠道导向型消费者的全渠道决策
γ_1, γ_2	渠道导向型消费者情况下，线上和线下渠道的产品异质性程度
Π_{on}, Π_{om1}, Π_{om2}	分别为基础模型的利润、基于产品导向型消费者采取全渠道决策的利润和基于渠道导向型消费者采取全渠道决策的利润

4.2　基础模型

初始情况下电商 R 仅通过线上渠道销售产品，不存在渠道竞争且两种导向类型的消费者选择行为相同，均服从 MNL 模型。将 4.1 节中给出的购买任意产品 j 的消费者比例与该产品的单位利润 $p_j^{on} - c^{on} - g(t)$ 相乘，并将结果加总，得出 R 的利润函数为：

$$\Pi_{on} = \frac{\sum_{j \in S^{on}} e^{u_j - p_j^{on} - rt}(p_j^{on} - c^{on} - g(t))}{1 + \sum_{j \in S^{on}} e^{u_j - p_j^{on} - rt}} \tag{4.1}$$

基础模型下的利润函数类似 Li 等 (2015)[78] 的研究中使用的函数,不同之处在于考虑了不同产品具有不同的初始效用 u_j,并探讨了价格歧视策略的可行性,即允许 R 对不同产品设定不同价格 p_j^{on}。R 需决策线上渠道产品组合、交付时间及每种产品价格,通过分析有如下命题成立。

命题 4.1 初始情况下 R 的最优产品组合 $S^{on*} = T$,所有产品的最优价格相同,最优价格和最优交付时间由如下的联立方程组决定。

$$\begin{cases} p^{on*} - c^{on} - g(t^*) - 1 = \sum_{j \in S} e^{u_j - p^{on*} - rt^*} \\ g'(t^*) = -r \end{cases} \tag{4.2}$$

证明: 首先用反证法证明 $S^{on*} = T$。假设 $S^{on*} \subseteq T$,考虑在 S^{on*} 中添加 $T \backslash S^{on*}$ 中的所有产品,显然若有:

$$\frac{\sum_{j \in T \backslash S^{on*}} e^{u_j - p_j^{on} - rt}(p_j^{on} - c^{on} - g(t))}{\sum_{j \in T \backslash S^{on*}} e^{u_j - p_j^{on} - rt}} > \frac{\sum_{j \in S^{on*}} e^{u_j - p_j^{on} - rt}(p_j^{on} - c^{on} - g(t))}{1 + \sum_{j \in S^{on*}} e^{u_j - p_j^{on} - rt}} \tag{4.3}$$

则可得:

$$\frac{\sum_{j \in T} e^{u_j - p_j^{on} - rt}(p_j^{on} - c^{on} - g(t))}{1 + \sum_{j \in T} e^{u_j - p_j^{on} - rt}} > \frac{\sum_{j \in S^{on*}} e^{u_j - p_j^{on} - rt}(p_j^{on} - c^{on} - g(t))}{1 + \sum_{j \in S^{on*}} e^{u_j - p_j^{on} - rt}} \tag{4.4}$$

因 $p_j^{on}, j \in S \backslash S^{on*}$,$S^{on*}$ 是决策变量,必然存在某些取值使得式(4.3)和式(4.4)成立,但这表明此时的 S^{on*} 不是最优产品组合,得出矛盾。因此有 $S^{on*} = T$。

在此基础上,R 的利润函数可写成:

$$\Pi_{on} = \frac{\sum_{j \in T} e^{u_j - p_j^{on} - rt}(p_j^{on} - c^{on} - g(t))}{1 + \sum_{j \in T} e^{u_j - p_j^{on} - rt}} \tag{4.5}$$

连续可微的有界函数,其最大值只可能在边界和驻点取得,若边界无法取得最大值且定义域内驻点唯一,则最大值必然在唯一的驻点取得。下文将证明利润函数满足上述性质。

① Π_{on} 有界且连续可微。

显然有 $\dfrac{1}{1 + \sum_{j \in T} e^{u_j}} < \dfrac{1}{1 + \sum_{j \in T} e^{u_j - p_j^{on} - rt}} < 1$ 成立,可得 $\dfrac{1}{1 + \sum_{j \in T} e^{u_j - p_j^{on} - rt}}$

有界。因为 $p_j^{on} - c^{on} - g(t) > 0$ 且有 $0 < e^{u_j - p_j^{on} - rt}(p_j^{on} - c^{on} - g(t)) < p_j^{on} e^{u_j - p_j^{on}} < e^{u_j - 1}$ 成立,可得 $\sum_{j \in T} e^{u_j - p_j^{on} - rt}(p_j^{on} - c^{on} - g(t))$ 有界,因此 Π_{on} 有界。因 $g(t)$ 在 $(0, +\infty)$ 上连续,且 $1 + \sum_{j \in T} e^{u_j - p_j^{on} - rt} \neq 0$,故 Π_{on} 连续。且显然 Π_{on} 在定义域内处处可微,符合上述条件,存在最大值。

② 最大值在驻点取得。

先考虑区域边界的情况。当 $t \to 0$ 时,$g(t) \to +\infty$,因 $p_j^{on} - c^{on} - g(t) > 0$,则所有的 $p_j^{on} \to +\infty$,此时 $\Pi_{on} \to 0$;当 $t \to +\infty$ 时,$g(t) \to 0$,且 $\sum_{j \in T} e^{u_j - rt} \to 0$,若不存在 $p_j^{on} \to +\infty$,显然 $\Pi_{on} = 0$,若存在某个或某些 $p_j^{on} \to +\infty$,因 $e^{u_j - p_j^{on} - rt}(p_j^{on} - c^{on} - g(t)) < p_j^{on} e^{u_j - p_j^{on}} \to 0$,仍然有 $\Pi_{on} \to 0$。因此最大值不在 t 的边界处取得。当 $\forall p_j^{on} \to c^{on} - g(t)$,不选择产品 j 可增加利润,与 $S^{on*} = T$ 矛盾;当 $\forall p_j^{on} \to +\infty$,则 $e^{u_j - p_j^{on} - rt}(p_j^{on} - c^{on} - g(t)) \to 0$,不选择产品 j 不影响利润,与 $S^{on*} = T$ 矛盾。因此,最大值不在 p_j^{on} 的边界处取得。综上所述,最大值在驻点处取得。

上述性质表明,可以通过一阶条件求解最优价格和最优交付时间。第 l 种产品的一阶条件为 $\frac{\partial \Pi_{on}}{\partial p_l^{on}} = 0$,化简得:

$$p_l^{on*} - c^{on} - g(t^*) - 1 = \frac{\sum_{j \in T} e^{u_j - p_j^{on*} - rt^*}(p_j^{on*} - c^{on} - g(t^*))}{1 + \sum_{j \in T} e^{u_j - p_j^{on*} - rt^*}} \quad (4.6)$$

因产品 l 的选择是任意的,可以断定所有产品的最优价格相等,用 p^{on*} 表示,化简可得:

$$p^{on*} - c^{on} - g(t^*) - 1 = \sum_{j \in T} e^{u_j - p^{on*} - rt^*} \quad (4.7)$$

t 的一阶条件为 $\frac{\partial \Pi_{on}}{\partial t} = 0$,化简得:

$$g'(t^*) = -r \quad (4.8)$$

式(4.7)和式(4.8)联立即可得到式(4.2),但还需考虑驻点的唯一性及是否在定义域范围内,显然 $t^* > 0$ 且唯一,而式(4.7)的左边随 p^{on*} 的增加而增加,右边随 p^{on*} 的增加而减少,因此 p^{on*} 也唯一。因等式右边为正值,可得 $p^{on*} > 0$,即驻点有意义且唯一。

若 R 仅运营线上渠道,因线上渠道不存在空间约束,R 可出售全部 m 种产品来最大限度挖掘市场需求。虽然模型中允许 R 对不同的产品区别定价,但结果表明单一定价策略最优。这表明,R 仅运营线上单渠道情况下价格歧视策略不是最优选择。此外,即使存在定价策略的约束要求同一渠道的所有产品价格相同,上述结论仍然适用。最优交付时间只与交付成本函数 $g(t)$ 的具体形式及消费者耐心因子 r 有关,显然消费者耐心程度越低,最优交付时间越短。进一步分析发现,尽管最优交付时间和最优线上价格无关,但最优线上价格却随最优交付时间的变化而变化。

将式(4.2)带入式(4.1),得到初始情况下 R 的最优利润为:

$$\Pi_{on}^* = p^{on*} - c^{on} - g(t^*) - 1 = \sum_{j \in T} e^{u_j - p^{on*} - rt^*} \tag{4.9}$$

式(4.9)表明,最优利润等于最优单位利润减去1,也等于线上渠道的总偏好程度。

继续考虑最优利润和消费者耐心因子之间的关系,可得如下命题。

命题 4.2 初始情况下 R 的最优利润 Π_{on}^* 随消费者耐心因子 r 的增加而减少。

证明:将 Π_{on}^* 对 r 求导并化简可得:

$$\frac{\partial \Pi_{on}^*}{\partial r} = \frac{-t^* \sum_{j \in T} e^{u_j - p^{on*} - rt^*}}{1 + \sum_{j \in T} e^{u_j - p^{on*} - rt^*}} < 0 \tag{4.10}$$

命题4.2给出了消费者耐心程度的变化对利润的影响,消费者耐心因子 r 增加等价于消费者耐心程度降低,最优交付时间 t^* 也随之降低,从而导致更高的交付成本 $g(t^*)$。虽然 R 可提高线上价格以弥补交付成本的增加,但命题4.2表明不能通过提高价格完全抵消交付成本的增加,即最优线上价格的增幅小于最优交付成本的增幅,因此 R 的利润会降低。这表明其他条件不变时,消费者耐心程度越高,则 R 的利润越高。因最优交付时间 t^* 和消费者耐心因子 r 负相关,所以最优交付时间 t^* 和最优利润 Π_{on}^* 正相关。

4.3 基于产品导向型消费者的全渠道决策

产品导向型消费者在双渠道间能够自由转换,并将双渠道提供的产品看作整体并做出购买决策,不存在渠道依赖性,其选择行为仍然服从 MNL 模型。如前所述,线上和线下渠道均提供的某产品 j 满足条件 $p_{j,om1}^{on} + rt = p_{j,om1}^{off}$。假设购买任意线上和线下重复产品的消费者中选择线上渠道购买的比例为 θ,选择线下渠道购买的比例为 $1-\theta$。

将4.1节中给出的消费者购买任意仅线上渠道提供的产品 j 的比例、购买任意仅线下渠道提供的产品 j 的比例以及在线上和线下渠道购买任意双渠道均提供的产品 j 的比例分别与线上、线下该产品 j 的单位利润 $p_{j,om1}^{on} - c^{on} - g(t)$ 和 $p_{j,om1}^{off} - c^{off}$ 相乘,并将结果加总,得到 R 的利润函数为:

$$\Pi_{om1} = \frac{A_p + B_p + C_p}{1 + A + B + C} \tag{4.11}$$

其中，

$$A_p = \sum_{j \in S_{om1}^{on} \setminus S_{om1}^{off}} e^{u_j - p_{j,om1}^{on} - rt} (p_{j,om1}^{on} - c^{on} - g(t))$$

$$B_p = \sum_{j \in S_{om1}^{off} \setminus S_{om1}^{on}} e^{u_j - p_{j,om1}^{off}} (p_{j,om1}^{off} - c^{off})$$

$$C_p = \sum_{j \in S_{om1}^{on} \cap S_{om1}^{off}} (\theta e^{u_j - p_{j,om1}^{on} - rt} (p_{j,om1}^{on} - c^{on} - g(t)) + (1-\theta) e^{u_j - p_{j,om1}^{off}} (p_{j,om1}^{off} - c^{off}))$$

A, B, C 的具体形式在 4.1 节中已给出。

该利润函数的形式较复杂，它涉及两个渠道的独占产品及重复产品各自的定价问题。但能证明 R 利润最大化时双渠道不存在重复产品，这表明此时的 R 无法基于不同渠道的同种产品采取价格歧视策略来增加利润。进一步分析有如下命题成立。

命题 4.3　若 R 基于产品导向型消费者采取全渠道决策，最优产品组合满足 $S_{om1}^{on*} \cap S_{om1}^{off*} = \varnothing$；且对任意满足 $S_{om1}^{on} \cap S_{om1}^{off} = \varnothing$ 的产品组合，各渠道内所有产品的最优价格相同，最优价格和最优交付时间由如下联立方程组决定。

$$\begin{cases} p_{om1}^{on*} - c^{on} - g(t^*) - 1 = p_{om1}^{off*} - c^{off} - 1 \\ = \sum_{j \in S_{om1}^{on}} e^{u_j - p_{om1}^{on*} - rt^*} + \sum_{j \in S_{om1}^{off}} e^{u_j - p_{om1}^{off*}} \\ g'(t^*) = -r \end{cases} \tag{4.12}$$

证明： 先证明双渠道不会选择重复产品。如前所述，若双渠道均提供某产品 j，则满足 $p_{j,om1}^{on} + rt = p_{j,om1}^{off}$。因此，

$$C = \sum_{j \in S_{om1}^{on} \cap S_{om1}^{off}} e^{u_j - p_{j,om1}^{on} - rt} = \sum_{j \in S_{om1}^{on} \cap S_{om1}^{off}} e^{u_j - p_{j,om1}^{off}} \tag{4.13}$$

由利润函数式（4.11）分子中的

$$C_p = \sum_{j \in S_{om1}^{on} \cap S_{om1}^{off}} (\theta e^{u_j - p_{om1}^{on} - rt} (p_{j,om1}^{on} - c^{on} - g(t)) + (1-\theta) e^{u_j - p_{j,om1}^{off}} (p_{j,om1}^{off} - c^{off}))$$

$$\tag{4.14}$$

可得，若 $p_{j,om1}^{on} - c^{on} - g(t) > p_{j,om1}^{off} - c^{off}$，则不在线下渠道提供产品 j 能增加利润；若 $p_{j,om1}^{on} - c^{on} - g(t) < p_{j,om1}^{off} - c^{off}$，则不在线上渠道提供产品 j 能增加利润。即使 $p_{j,om1}^{on} - c^{on} - g(t) = p_{j,om1}^{off} - c^{off}$，将某种产品由双渠道重复产品变为某渠道独有产品能够增加价格决策的空间，仍然可能增加利润。因此，R 不可能在双渠道提供重复产品。

基于上述分析，R 的利润函数简化为：

$$\Pi_{om1} = \frac{A_p + B_p}{1 + A + B} \tag{4.15}$$

A, B, A_p, B_p 的具体表达式上文已给出。

可以证明，Π_{om1} 是连续可微的有界函数，且最大值在驻点取得。证明过程类似命题 4.1，不再赘述。该性质表明，可以通过一阶条件求解最优线上和线下价格及最优交付时间。第 l 种线上产品的一阶条件为 $\dfrac{\partial \Pi_{om1}}{\partial p_{l,om1}^{on}}=0$，化简得：

$$p_{l,om1}^{on*}-c^{on}-g(t^*)-1=\frac{\hat{A}_p^*+\hat{B}_p^*}{1+\hat{A}^*+\hat{B}^*} \tag{4.16}$$

其中，

$$\hat{A}^*=\sum_{j\in S_{om1}^{on}}e^{u_j-p_{j,om1}^{on*}-rt^*}, \quad \hat{B}^*=\sum_{j\in S_{om1}^{off}}e^{u_j-p_{j,om1}^{off*}}$$

$$\hat{A}_p^*=\sum_{j\in S_{om1}^{on}}e^{u_j-p_{j,om1}^{on*}-rt^*}(p_{j,om1}^{on*}-c^{on}-g(t^*))$$

$$\hat{B}_p^*=\sum_{j\in S_{om1}^{off}}e^{u_j-p_{j,om1}^{off*}}(p_{j,om1}^{off*}-c^{off})$$

因产品 l 的选择是任意的，可以断定所有线上产品的最优价格相等，用 p_{om1}^{on*} 表示。

第 s 种线下产品的一阶条件为 $\dfrac{\partial \Pi_{om1}}{\partial p_{s,om1}^{off}}=0$，化简得：

$$p_{s,om1}^{off*}-c^{off}-1=\frac{\hat{A}_p^*+\hat{B}_p^*}{1+\hat{A}^*+\hat{B}^*} \tag{4.17}$$

因产品 s 的选择是任意的，可以断定所有线下产品的最优价格相等，用 p_{om1}^{off*} 表示。显然有：

$$p_{om1}^{on*}-c^{on}-g(t^*)=p_{om1}^{off*}-c^{off} \tag{4.18}$$

t 的一阶条件为 $\dfrac{\partial \Pi_{om1}}{\partial t}=0$，化简得：

$$g'(t^*)=-r \tag{4.19}$$

式（4.17）~（4.19）联立并化简即为式（4.12），且显然最优的 p_{om1}^{on*}、p_{om1}^{off*}、t^* 是正数且唯一，即驻点处取得了最大利润，证毕。

R 利润最大化时双渠道不会出售任何重复产品，因为产品导向型消费者能在渠道间自由转换，此时双渠道的竞争程度较高，R 无法对不同渠道的同种产品进行区别定价。一方面，因双渠道运营成本不同，同种产品双渠道同步定价会拉低优势渠道的利润，造成利润损失。另一方面，消费者能在双渠道间自由转换，意味着每种产品仅在单一渠道提供不会损失需求；且因不需要与另一渠道同步定价，反而有更大的定价决策和利润的空间。

对任意无重复产品的双渠道产品组合，每个渠道内所有产品具有相同的最优价格，即 R 只需决策两个价格：线上价格和线下价格。这表明，不存在渠道内的价格歧视。类似命题 4.1 的结论，渠道统一定价的约束并不影响结论，最优交付时间同样仅取决于交付成本函数 $g(t)$ 的形式和消费者耐心因子 r。分析发现，尽管最优交付时间和最优线上价格无关，但最优线上价格却随最优交付时间的变化而变化。此外，因双渠道的最优单位利润相等，最优线下价格会受到最优交付时间的间接影响。若双渠道的最优单位利润不同，则 R 可通过调整双渠道价格来增加利润，这意味着渠道间的价格歧视策略也不可行。此时因为渠道竞争程度较高，任何价格歧视策略均不能增加 R 的利润。

命题 4.3 给出了对任意无重复产品的线上和线下产品组合，R 决策双渠道最优价格及线上渠道最优交付时间的方法，该决策方法对最优的线上和线下产品组合同样适用。但须先求得最优产品组合，并将最优利润与基础模型对比，以确定 R 采取全渠道决策是否有利可图，下列命题解答了上述问题。

命题 4.4　当且仅当

$$p_{om1}^{off\,*} - p_{om1}^{on\,*} = c^{off} - c^{on} - g(t^*) < rt^* \tag{4.20}$$

时，R 基于产品导向型消费者采取全渠道决策有利可图，且最优产品组合为 $S_{om1}^{off\,*} = S_k = \{1, \cdots, k\}$，$S_{om1}^{on\,*} = T \backslash S_k$；最优利润 Π_{om1}^* 和最优线下价格 $p_{om1}^{off\,*}$ 随消费者耐心因子 r 的增加而减少。

证明：根据利润函数式(4.15)的形式，类似命题 4.1 中的分析，最优产品组合满足 $S_{om1}^{on\,*} \bigcup S_{om1}^{off\,*} = T$。仅当 $\Pi_{om1}^* > \Pi_{on}^*$ 时，R 进入线下渠道，这等价于 $p_{om1}^{on\,*} > p^{on\,*}$，比较式(4.2)和式(4.12)可得：

$$c^{on} - c^{off} + g(t^*) > -rt^* \tag{4.21}$$

等价于 $\Pi_{om1}^* > \Pi_{on}^*$。

若进入线下渠道有利可图，考虑 R 如何决策双渠道最优产品组合。由式(4.12)可得，线下渠道 $\sum_{j \in S_{om1}^{off}} e^{u_j}$ 越大，利润越高，因此最优产品组合为 $S_{om1}^{on\,*} = T \backslash S_k$，$S_{om1}^{off\,*} = S_k = \{1, \cdots, k\}$。

继续考虑消费者耐心程度变化对利润的影响，将 Π_{om1}^* 对 r 求导，并化简得：

$$\frac{\partial \Pi_{om1}^*}{\partial r} = \frac{\partial p_{om1}^{off\,*}}{\partial r} = \frac{-t^* \sum_{j \in T \backslash S_k} e^{u_j - p_{om1}^{on\,*} - rt^*}}{1 + \sum_{j \in T \backslash S_k} e^{u_j - p_{om1}^{on\,*} - rt^*} + \sum_{j \in S_k} e^{u_j - p_{om1}^{off\,*}}} < 0 \tag{4.22}$$

基于产品导向型消费者，R 进入线下渠道并不总是有利可图的。仅当双渠道最优价格之差小于消费者耐心因子和最优交付时间之积，进入线下渠道才有利可图。这表明，渠道竞争程度较高时采取全渠道决策可能不是最优选择，线上电商在进入线下渠道前应当权衡利弊。双渠道运营成本之差较小，或最优交付成本较高，或消费者的耐心程度较低情况下，式(4.20)更易满足。这也和现实经验相符，若 R 销售的产品具有上述性质，则进入线下渠道开设实体店有利可图。现实经验表明，多数情况下同一产品的线下价格高于线上,因此一般 $p_{om1}^{off*} - p_{om1}^{on*} > 0$,但存在一些极端情况,$p_{om1}^{off*} - p_{om1}^{on*} < 0$,此时交付成本 $g(t^*)$ 很高,$p_{om1}^{off*} - p_{om1}^{on*} < 0 < rt^*$ 必然成立,R 进入线下渠道必然有利可图。

若 R 进入线下渠道有利可图,线下渠道应当提供偏好程度最高的 k 种产品。此时线下渠道作为优势渠道,将最受欢迎的产品放在线下渠道销售,能尽可能扩大线下渠道的需求,从而提高两个渠道的价格和总利润。

类似命题 4.2,随着消费者耐心因子 r 的提高,R 的利润 Π_{om1}^* 是下降的,R 无法通过提高线上价格来完全抵消交付成本的增加。消费者耐心程度的降低会导致线上单位利润降低,为保证双渠道单位利润相同,R 同时需要降低线下价格。

将命题 4.4 得出的最优线上和线下产品组合代入式(4.12)可得最优线上和线下价格,再将最优价格带入利润函数式(4.11)可得 R 的最优利润为:

$$
\begin{aligned}
\Pi_{om1}^* &= p_{om1}^{on*} - c^{on} - g(t^*) - 1 \\
&= p_{om1}^{off*} - c^{off} - 1 \\
&= \sum_{j \in S \setminus S_k} e^{u_j - p_{om1}^{on*} - rt^*} + \sum_{j \in S_k} e^{u_j - p_{om1}^{off*}}
\end{aligned}
\tag{4.23}
$$

可以看出,R 的最优利润既等于线上或线下渠道的最优单位利润减 1,同时也等于双渠道的总偏好程度之和,这类似基础模型的结论。假设命题 4.4 中的条件式(4.20)不满足,则 R 的线下最优产品组合为 $S_{om1}^{off*} = \varnothing$,这意味着 R 不进入线下渠道。线上最优产品组合 $S_{om1}^{on*} = T$,即在线上渠道销售所有产品,此时式(4.23)和式(4.9)相同。这表明 R 在面对产品导向型消费者时,初始情况下的基础模型是全渠道决策的特殊情况。

4.4 基于渠道导向型消费者的全渠道决策

渠道导向型消费者先选择购买产品的渠道,再基于该渠道提供的产品做出购买决策。虽然线上和线下渠道存在竞争,但因消费者存在一定的渠道依赖性,渠道间竞争程度较低,双渠道提供同种产品可能有利可图。消费者选择行为服从 NMNL 模型,将 4.1 节中给出的进入线上渠道的消费者中,购买任意线上渠道产品 j 的比例与该产品 j 的净利润 $p_{j,om2}^{on} - c^{on} - g(t)$ 相乘,加总后再与进入线上渠道消费者的比例相乘,可得线上渠道的总利润;对线下渠道采取相同方法,并将双渠道利润加总,可得 R 的利润函数为:

$$
\Pi_{om2} = \frac{M^{\gamma_1 - 1} M_p + N^{\gamma_2 - 1} N_p}{1 + M^{\gamma_1} + N^{\gamma_2}}
\tag{4.24}
$$

其中,

$$M_p = \sum_{j \in S_{om2}^{on}} e^{u_j - p_{j,om2}^{on} - rt} (p_{j,om2}^{on} - c^{on} - g(t))$$

$$N_p = \sum_{j \in S_{om2}^{off}} e^{u_j - p_{j,om2}^{off}} (p_{j,om2}^{off} - c^{off}), \quad 0 < \gamma_2 < \gamma_1 = 1$$

M, N 的具体形式在前文中已给出。

γ_1 和 γ_2 分别为线上和线下渠道提供产品的异质性程度，因线上渠道相对线下渠道能提供更多的产品种类数，有 $\gamma_1 > \gamma_2$ 成立。M^{γ_1} 和 N^{γ_2} 分别衡量了线上和线下渠道对消费者的吸引程度。将线上渠道产品异质性程度标准化为 $\gamma_1 = 1$，该标准化并非随意设定，因为若 R 不进入线下渠道，此时的利润函数和基础模型相同。这意味着 R 面对渠道导向型消费者时，初始情况同样可看作是全渠道决策的特殊情况。

直接求解最优产品组合存在困难，先从任意的线上和线下产品组合出发，求解此时每种产品的最优价格和线上渠道的最优交付时间，有如下命题成立。

命题 4.5　若 R 基于渠道导向型消费者采取全渠道决策，对任意线上和线下产品组合，各渠道内所有产品的最优价格相同；最优价格和最优交付时间由如下联立方程组决定。

$$\begin{cases} p_{om2}^{on*} - c^{on} - g(t^*) - \dfrac{1}{\gamma_1} = p_{om2}^{off*} - c^{off} - \dfrac{1}{\gamma_2} \\[2mm] \qquad = \dfrac{(\sum_{j \in S_{om2}^{on}} e^{u_j - p_{om2}^{on*} - rt^*})^{\gamma_1}}{\gamma_1} + \dfrac{(\sum_{j \in S_{om2}^{off}} e^{u_j - p_{om2}^{off*}})^{\gamma_2}}{\gamma_2} \\[2mm] g'(t^*) = -r \end{cases}$$

$$(4.25)$$

证明：首先需要证明 Π_{om2} 有界连续可微，且最大值在驻点取得。该证明过程与命题 4.1 类似，故省略。该性质表明，可以通过一阶条件求解最优线上和线下价格及最优交付时间。第 l 种线上产品的一阶条件为 $\dfrac{\partial \Pi_{om2}}{\partial p_{l,om2}^{on}} = 0$，化简得：

$$\frac{(\gamma_1 - 1)\hat{M}_p^* + \hat{M}^* (p_{l,om2}^{on*} - c^{on} - g(t^*) - 1)}{\gamma_1 \hat{M}^*} = \frac{\hat{M}^{*\gamma_1-1} \hat{M}_p^* + \hat{N}^{*\gamma_2-1} \hat{N}_p^*}{1 + \hat{M}^{*\gamma_1} + \hat{N}^{*\gamma_2}}$$

$$(4.26)$$

其中，

$$\hat{M}^* = \sum_{j \in S_{om2}^{on}} e^{u_j - p_{j,om2}^{on*} - rt^*}, \quad \hat{N}^* = \sum_{j \in S_{om2}^{off}} e^{u_j - p_{j,om2}^{off*}}$$

$$\hat{M}_p^* = \sum_{j \in S_{om2}^{on}} e^{u_j - p_{j,om2}^{on*} - rt^*} (p_{j,om2}^{on*} - c^{on} - g(t^*))$$

$$\hat{N}_p^* = \sum_{j \in S_{om2}^{off}} e^{u_j - p_{j,om2}^{off*}} (p_{j,om2}^{off*} - c^{off})$$

因产品 l 是任意选择的，可以断定所有线上产品的最优价格相等，用 p_{om2}^{on*} 表示。

第 s 种线下产品的一阶条件为 $\dfrac{\partial \Pi_{om2}}{\partial p_{s,om2}^{off}} = 0$，化简得：

$$\frac{(\gamma_2-1)\hat{N}_p^* + \hat{N}^*(p_{s,om2}^{off*} - c^{off} - 1)}{\gamma_2\hat{N}^*} = \frac{\hat{M}^{*\gamma_1-1}\hat{M}_p^* + \hat{N}^{*\gamma_2-1}\hat{N}_p^*}{1 + \hat{M}^{*\gamma_1} + \hat{N}^{*\gamma_2}} \quad (4.27)$$

因产品 s 是任意选择的，可以断定所有线下产品的最优价格相等，用 p_{om2}^{off*} 表示。

t 的一阶条件为 $\dfrac{\partial \Pi_{om2}}{\partial t} = 0$，化简得：

$$g'(t^*) = -r \quad (4.28)$$

将式(4.26)~(4.28)联立并化简即得到式(4.25)。显然最优的 p_{om2}^{on*}、p_{om2}^{off*}、t^* 是正数且唯一，即驻点处取得最大利润。

上述命题表明，R 只需决策线上和线下两个渠道的最优价格，和基于产品导向型消费者采取全渠道决策的结论相同。不同之处在于，因为消费者为渠道导向型，双渠道相对独立，因此双渠道的单位利润并不相同，由于 $0 < \gamma_2 < \gamma_1 = 1$，式(4.25)表明线下渠道单位利润高于线上渠道。这是因为此时渠道间竞争程度低于产品导向型消费者的情况，且进入线下渠道的消费者具有更高的支付意愿，这意味着 R 可在线下渠道设定具有更高单位利润的价格。因此，基于渠道导向型消费者，R 可采取渠道间价格歧视策略。分析发现，最优交付时间仅和交付成本函数及消费者耐心因子有关。尽管最优交付时间和最优线上价格无关，但最优线上价格却随最优交付时间的变化而变化。此外，因双渠道的最优单位利润满足某种关系，最优线下价格会受到最优交付时间的间接影响。这类似命题4.3所得的结论。

在此基础上，继续求解双渠道最优产品组合，并将最优利润与基础模型对比，分析可得如下命题。

命题 4.6 R 基于渠道导向型消费者采取全渠道决策必然有利可图，且最优产品组合为 $S_{om2}^{off*} = S_k = \{1, \cdots, k\}$，$S_{om2}^{on*} = T$；最优利润 Π_{om2}^* 和最优线下价格 p_{om2}^{off*} 随消费者耐心因子 r 的增加而减少。

证明： 对于任何线上和线下产品组合，利润最大化条件下各渠道内的产品价格相同，因此利润函数可以写为：

$$\Pi_{om2} = \frac{M^{\gamma_1}(p_{om2}^{on} - c^{on} - g(t)) + N^{\gamma_2}(p_{om2}^{off} - c^{off})}{1 + M^{\gamma_1} + N^{\gamma_2}} \quad (4.29)$$

用反证法证明 $S_{om2}^{on*} = T$。假设 $S_{om2}^{on*} \subseteq T$，此时若在线上添加 $T \backslash S_{om2}^{on*}$ 中的所有产品，令 $\Delta = \sum_{j \in T \backslash S_{om2}^{on*}} e^{u_j - p_{om2}^{on*} - rt^*}$，式(4.29)中的分子增加 $((M+\Delta)^{\gamma_1} - M^{\gamma_1})(p_{om2}^{on*} - c^{on} - g(t^*))$，分母增加 $(M+\Delta)^{\gamma_1} - M^{\gamma_1}$，得：

$$\Pi_{om2}^* = p_{om2}^{on*} - c^{on} - g(t^*) - \frac{1}{\gamma_1} < p_{om2}^{on*} - c^{on} - g(t^*) \quad (4.30)$$

此时在产品组合中添加 $T\backslash S_{om2}^{on*}$ 中的所有产品能增加利润,得出矛盾,因此 $S_{om2}^{on*} = T$。可用相同方法证明线下产品组合也会选满 k 种产品。此外,利润函数随 N 的增加而增加,因此应选择尽可能大的 N,即线下最优产品组合为 $S_{om2}^{off*} = S_k = \{1, \cdots, k\}$。

将得出的最优线上和线下产品组合代入式(4.25)可得最优线上和线下价格,再将最优价格代入利润函数式(4.24)可得 R 的最优利润为:

$$\Pi_{om2}^* = p_{om2}^{on*} - c^{on} - g(t^*) - \frac{1}{\gamma_1}$$

$$= p_{om2}^{off*} - c^{off} - \frac{1}{\gamma_2} \quad (4.31)$$

$$= \frac{\left(\sum_{j \in T} e^{u_j - p_{om2}^{on*} - rt^*}\right)^{\gamma_1}}{\gamma_1} + \frac{\left(\sum_{j \in S_k} e^{u_j - p_{om2}^{off*}}\right)^{\gamma_2}}{\gamma_2}$$

继续考虑 R 是否会进入线下渠道,将 $\gamma_1 = 1$ 代入式(4.31),若选择 $p_{om2}^{on} = p^{on*}$,即令线上产品的价格和初始情况线上价格相同,此时式(4.31)左边小于右边,因此可通过提高线上价格来增加利润,这表明最优价格满足 $p_{om2}^{on*} > p^{on*}$,即全渠道决策下的利润大于初始情况,R 必然会进入线下渠道。

将 Π_{om2}^* 对 r 求导,化简可得:

$$\frac{\partial \Pi_{om2}^*}{\partial r} = \frac{\partial p_{om2}^{off*}}{\partial r} = \frac{-t^* \left(\sum_{j \in T} e^{u_j - p_{om2}^{on*} - rt^*}\right)^{\gamma_1}}{1 + \left(\sum_{j \in T} e^{u_j - p_{om2}^{on*} - rt^*}\right)^{\gamma_1} + \left(\sum_{j \in S_k} e^{u_j - p_{om2}^{off*}}\right)^{\gamma_2}} < 0 \quad (4.32)$$

若消费者为渠道导向型,R 进入线下渠道必然能增加利润,因为此时消费者具有渠道依赖性,双渠道间的竞争程度较低,进入线下渠道能增加消费者的购买方式并满足不同细分市场的消费者需求,扩大了总需求进而增加了利润。由于双渠道相对独立,因此 R 可以双渠道出售同种产品,且在线下渠道出售偏好程度最高的若干种产品,线上渠道出售所有产品。这也和现实经验吻合,当某零售商同时经营双渠道时,因线下渠道的空间有限,为最大限度吸引消费者,应提供那些最受欢迎的产品以保证较高的单位利润,而线上渠道则提供所有产品以确保较高的总需求。此时,R 可以对不同渠道的同种产品或不同产品采取价格歧视策略,但同一渠道内的价格歧视策略仍然不可行。

类似命题 4.2 和 4.4,随着消费者耐心因子 r 的增加,R 的利润 Π_{om2}^* 也是下降的;R 同样无法通过提高线上价格完全抵消最优交付成本增加所带来的负面影响。虽然双渠道单位利润不同,但二者之差恒定,因此线上单位利润的降低同样会导致 R 降低线下价格。

R 的最优利润等于线上或线下最优单位利润减去各自渠道产品异质性程度的倒数,也等于双渠道的吸引程度除以其产品异质性程度后求和。比较式(4.31)和式

(4.23)可知,其他条件不变时,电商 R 基于渠道导向型消费者的全渠道决策的利润高于基于产品导向型消费者的全渠道决策。这一结论是显然的,渠道竞争程度越低,对 R 越有利。

4.5 数值分析

本节通过数值例子验证理论结果并探讨参数取值变化的影响,设置参数如下:
$|T|=12, k=5, r=1, c^{on}=2.5, c^{off}=4, g(t)=\frac{1}{t}, \gamma_1=1, \gamma_2=0.7, \sum_{j=1}^{5}e^{u_j}=80,$
$\sum_{j=6}^{12}e^{u_j}=40$。其中,$|T|=12$ 和 $k=5$ 表明线下渠道所能够提供的产品种类不到产品组合备选集的一半;$r=1$ 是标准化之后的消费者耐心因子;$g(t)=\frac{1}{t}$ 是符合模型设定所给出条件的一种交付成本函数的形式;$c^{on}=2.5$ 和 $c^{off}=4$ 刻画了线上和线下渠道运营成本的差异情况;$\gamma_1=1$ 和 $\gamma_2=0.7$ 则意味着双渠道的产品异质性程度适中;$\sum_{j=1}^{5}e^{u_j}=80$ 和 $\sum_{j=6}^{12}e^{u_j}=40$ 表明前五种产品的偏好程度要大大高于后七种产品的偏好程度,也很容易找到符合该条件的产品实例。

三种情况的最优解如表 4.2 所示,其给出的最优解验证了理论模型的结果。无论是基础模型,还是基于不同消费者导向类型的全渠道决策,其最优交付时间均为 $t^*=1$,这与之前的理论分析结果相符。初始情况下,线上渠道必然提供所有的 12 种产品。本例满足式(4.20)条件,因此基于产品导向型消费者,R 的最优策略是进入线下渠道销售,并在线下销售偏好程度最高的前 5 种产品,而将剩余的 7 种产品放在线上渠道销售,且此时的利润确实大于基础模型的利润。若 R 面对的是渠道导向型消费者,最优策略必然是进入线下渠道,并且在线下渠道提供前 5 种产品,而在线上渠道提供所有的 12 种产品,其利润也大于基础模型的利润。

表 4.2　三种情况下的最优解

	基础模型	基于产品导向型消费者的全渠道决策	基于渠道导向型消费者的全渠道决策
交付时间	1	1	1
线上价格	4.846 7	4.948 6	5.176 8
线下价格	—	5.448 6	6.105 3
线上产品组合	$\{1,\cdots,12\}$	$\{6,\cdots,12\}$	$\{1,\cdots,12\}$
线下产品组合	—	$\{1,\cdots,5\}$	$\{1,\cdots5\}$
利润	0.346 7	0.448 6	0.676 8

考虑参数取值变动对结果的影响,每次仅考虑一个参数的变动,令其他参数固定不变。首先考虑线上运营成本 c^{on} 变化对价格的影响,其余参数的取值固定为 $c^{off}=$

$4, r=1, \gamma_1=1, \gamma_2=0.7$。因模型假定 $c^{on} < c^{off}$，考虑 c^{on} 在 $[0,4]$ 范围变动,结果如图 4.1 和图 4.2 所示。

图 4.1 和图 4.2 分别刻画了线上运营成本的变化对全渠道决策情况的线上和线下价格的影响,并考虑了不同的消费者类型。无论消费者为何种导向类型,全渠道决策的线上价格都随着线上运营成本的增加而增加,线下价格都随着线上运营成本的增加而减少。原因在于, R 不能通过提高线上价格完全抵消线上运营成本增加的影响。因此,线上单位利润随着线上运营成本的增加而下降的,利润最大化必须保证线上和线下单位利润之差恒定,这表明 R 必须降低线下价格。

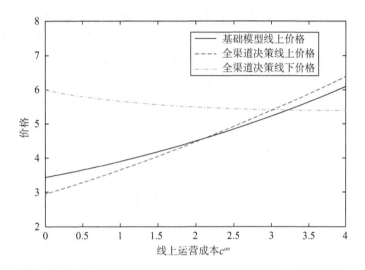

图 4.1　线上运营成本对全渠道价格的影响(产品导向型消费者)

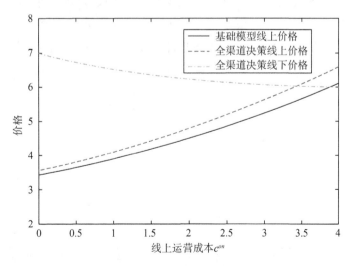

图 4.2　线上运营成本对全渠道价格的影响(渠道导向型消费者)

图 4.1 表明,若 R 基于产品导向型消费者采取全渠道决策,在线上运营成本较低时,线上价格比基础模型低;在线上运营成本较高时,线上价格比基础模型高。这

是因为此时渠道竞争程度较高,线上运营成本较低时全渠道决策并不是最优选择,线下渠道由于其运营成本相对较高,单位利润较低,为了保证两个渠道单位利润相同,必然要降低线上价格。反之,若线上运营成本较高,全渠道决策有利可图,此时线下渠道的运营成本相对较低,单位利润较高,为了保证两个渠道具有相同的单位利润,必然要提高线上价格。

从图 4.2 可以看出,若 R 基于渠道导向型消费者采取全渠道决策,则线上价格必然比基础模型高。因为渠道竞争程度较低,此时 R 采取全渠道决策必然有利可图,且可通过价格歧视策略在线下渠道获取更高的单位利润,为了保证线上和线下渠道的单位利润之差恒定,必然需要提高线上价格。此外,此时的线下价格也比 R 基于产品导向型消费者所决策的线下价格更高。这是因为,渠道导向型消费者不能自由在渠道间转换,各渠道具有相对独立性,R 从而可以设定更高的线下价格。

继续研究线下运营成本 c^{off} 变化对价格的影响,其余参数取值固定为 $c^{on}=2.5$,$r=1,\gamma_1=1,\gamma_2=0.7$。因模型假定 $c^{on}<c^{off}$,考虑 c^{off} 在 $[2.5,8]$ 范围变动,结果如图 4.3 和图 4.4 所示。

图 4.3 和图 4.4 给出的是线下运营成本的变化对电商基于两种不同消费者导向类型采取全渠道决策时的双渠道价格的影响。全渠道决策的线下价格随着线下运营成本的增加而增加,线上价格随着线下运营成本的增加而减小。若 R 基于产品导向型消费者采取全渠道决策,线下运营成本较小时,线上价格高于基础模型;线下运营成本较大时,线上价格低于基础模型。这是因为,线下运营成本相对较小时,线下渠道单位利润较高,拉高了线上价格;线下运营成本相对较大时,线下渠道单位利润较低,拉低了线上价格。这类似于线上运营成本的变化导致的影响。若 R 基于渠道导向型消费者采取全渠道决策,类似之前关于线上运营成本的变化的分析,显然线上价格高于基础模型,但随着线下渠道运营成本的增加,会逐渐接近基础模型的线上价格。

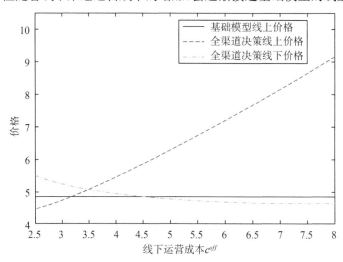

图 4.3　线下运营成本对全渠道价格的影响(产品导向型消费者)

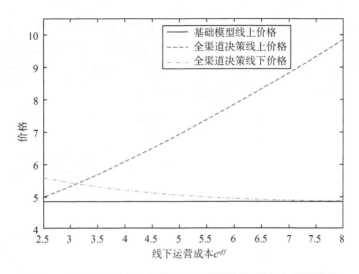

图 4.4 线下运营成本对全渠道价格的影响（渠道导向型消费者）

基于上述分析，考虑线上和线下运营成本的变化对电商基于两种消费者导向类型采取全渠道决策的利润带来的影响，结果如图 4.5 和图 4.6 所示。

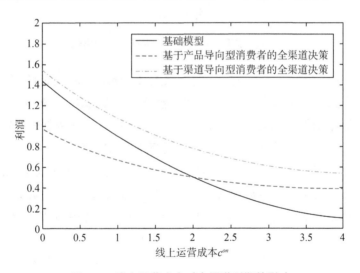

图 4.5 线上运营成本对全渠道利润的影响

图 4.5 刻画了线上运营成本变化对利润的影响，无论是基础模型还是两种消费者导向类型下的全渠道决策，利润均随线上运营成本的增加而下降。当 R 面对的是产品导向型消费者，显然线上运营成本小于 2 时，采取全渠道决策的利润要低于基础模型，只有线上运营成本大于 2，采取全渠道决策的利润才更高；当 R 面对的是渠道导向型消费者，全渠道决策的利润始终高于基础模型。这验证了理论模型的分析结果，即渠道竞争程度较高时（消费者为产品导向型），进入线下渠道并不总是有利可图，R 需仔细权衡双渠道的成本结构，在此基础上做出正确决策。然而，若渠道竞争程度较低（消费者为渠道导向型），进入线下渠道必然有利可图，R 应当尽快进入线

下渠道抢占渠道资源。此外,在采取全渠道决策的基础上,若 R 面对的是渠道导向型消费者,其利润也高于面对产品导向型消费者的情况,这同样可以用渠道竞争程度解释。因为渠道导向型消费者有一定的渠道依赖性,R 能够在不同渠道提供同种产品并采取价格歧视策略,这增加了需求和利润空间。

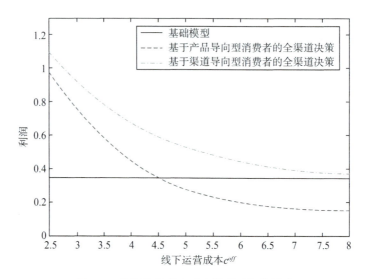

图 4.6   线下运营成本对全渠道利润的影响

分析图 4.6 可以发现,线下运营成本的变化不会影响基础模型的利润,该结论显然成立。当 R 采取全渠道决策时,其利润随着线下运营成本的增加而降低。若 R 面对的是产品导向型消费者,与之前的结论类似,线下运营成本较低时(这意味着线上运营成本相对较高),R 采取全渠道决策的利润高于基础模型;线下运营成本较高时(这意味着线上运营成本相对较低),R 采取全渠道决策的利润低于基础模型的利润。当 R 基于渠道导向型消费者采取了全渠道决策,无论线上运营成本如何变化,其利润始终高于基础模型,也高于 R 基于产品导向型消费者采取全渠道决策的利润。该结论是显然的,渠道竞争程度越低,对 R 越有利。

继续探讨消费者耐心因子 r 对线上价格和利润的影响,其余参数固定为 $c^{on}=2.5$,$c^{off}=4$,$\gamma_1=1$,$\gamma_2=0.7$,结果如图 4.7 和图 4.8 所示。

消费者耐心因子 r 的增加意味着消费者耐心程度降低,从而最优交付时间减少且最优交付成本增加,这将导致线上价格的提高,图 4.7 总结了这些变化。而消费者耐心因子 r 对线下价格的影响刚好相反,前文已经给出了具体原因,不再赘述。

如图 4.8 所示,消费者耐心因子 r 的增加会导致利润的降低,这验证了理论模型的结论。需要注意的是,随着消费者变得越来越不耐心,基础模型的利润降低的速度很快,如消费者耐心因子增加到 10 之后,基础模型的利润几乎为零。但是若 R 采取全渠道决策,无论基于哪种消费者导向类型,随着消费者耐心程度的降低,利润并不会趋近于零。原因在于,消费者耐心程度很低意味着线上渠道的利润非常低,但是如

果 R 进入了线下渠道,则可以从线下渠道获取一定的利润。这表明在消费者耐心程度较低时,R 进入线下渠道销售很有必要,此时线下渠道为主要利润来源。因此,尽管全渠道决策不一定是 R 的最优选择,但能够提高 R 抵御风险的能力。这也部分解释了现实中零售商为何会保留渠道成本较高且盈利较低的线下渠道。

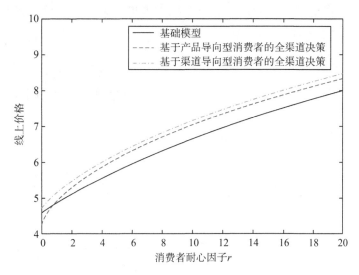

图 4.7　消费者耐心因子对线上价格的影响

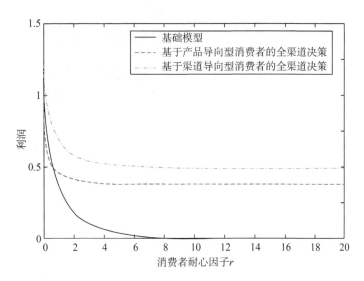

图 4.8　消费者耐心因子对利润的影响

最后研究 R 基于渠道导向型消费者采取全渠道决策情况下,线下渠道产品异质性对全渠道价格和利润的影响,其余参数固定为 $c^{on}=2.5, c^{off}=4, r=1, \gamma_1=1$。因线下渠道的异质性程度小于线上渠道,考虑 γ_2 在 $[0.2,1]$ 范围变动,结果如图 4.9和图 4.10 所示。

从图 4.9 可以看出,随着线下产品异质性程度的上升,线上和线下价格均下降,这是因为当线下渠道产品异质性程度较低时,双渠道的竞争程度较低,线下渠道的单位利润较高,从而拉高了线上产品的价格。但是随着线下产品异质性程度的增加,渠道竞争愈加激烈,因此会导致线上和线下价格均降低。对于利润的影响也是类似的,如图 4. 10 所示,线下产品的异质性程度越高,全渠道决策的利润越低。这表明,双渠道间产品异质性差异是影响渠道竞争程度的重要因素,直接影响利润的高低。

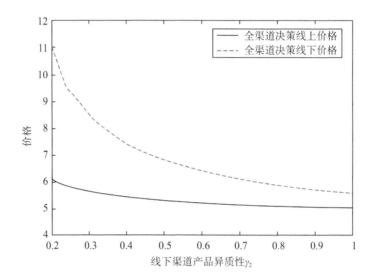

图 4.9　线下渠道产品异质性对全渠道价格的影响

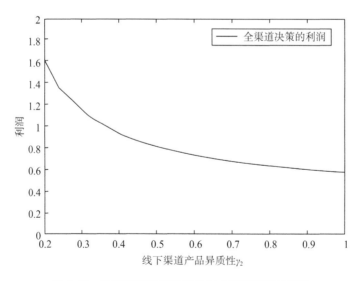

图 4.10　线下渠道产品异质性对全渠道利润的影响

为了验证上述数值分析结果的鲁棒性,考虑对参数取值加以更改,具体如下:

$$|T| = 14, k = 4, r = 1, c^{on} = 4, g(t) = \frac{a}{t}, \gamma_1 = 1, \gamma_2 = 0.5, \sum_{j=1}^{4} e^{u_j} = 100,$$

$\sum_{j=5}^{14} e^{u_j} = 120$。参数设定的解释在本节开头已经加以说明,不再赘述。在此基础上,考虑不同的 c^{off} 和 a 的取值对最优解的影响。需要指出的是,这两个参数不是随意选择的, c^{off} 和 a 分别刻画了线上和线下渠道的成本结构。 c^{off} 越低则线下渠道的成本越低;而基于同样的交付时间, a 越低则意味着交付成本越低,从而线上渠道的成本越低。结果如表 4.3 和表 4.4 所示。

表 4.3 c^{off} 和 a 变化对最优解的影响(产品导向型消费者)

	$a = 0.6$	$a = 1.3$	$a = 2.1$
$c^{off} = 4.2$	$t^* = 0.77$ $p_{om1}^{on*} = 6.23, p_{om1}^{off*} = 5.66$	$t^* = 1.14$ $p_{om1}^{on*} = 6.56, p_{om1}^{off*} = 5.62$	$t^* = 1.45$ $p_{om1}^{on*} = 6.56, p_{om1}^{off*} = 5.62$
$c^{off} = 5.5$	$t^* = 0.77$ $p^{on*} = 6.02$	$t^* = 1.14$ $p_{om1}^{on*} = 6.33, p_{om1}^{off*} = 6.69$	$t^* = 1.45$ $p_{om1}^{on*} = 6.61, p_{om1}^{off*} = 6.67$
$c^{off} = 7$	$t^* = 0.77$ $p^{on*} = 6.02$	$t^* = 1.14$ $p^{on*} = 6.27$	$t^* = 1.45$ $p^{on*} = 6.52$

表 4.4 c^{off} 和 a 变化对最优解的影响(渠道导向型消费者)

	$a = 0.6$	$a = 1.3$	$a = 2.1$
$c^{off} = 4.2$	$t^* = 0.77$ $p_{om2}^{on*} = 6.31, p_{om2}^{off*} = 6.73$	$t^* = 1.14$ $p_{om2}^{on*} = 6.60, p_{om2}^{off*} = 6.65$	$t^* = 1.45$ $p_{om2}^{on*} = 6.87, p_{om2}^{off*} = 6.62$
$c^{off} = 5.5$	$t^* = 0.77$ $p_{om2}^{on*} = 6.18, p_{om2}^{off*} = 7.90$	$t^* = 1.14$ $p_{om2}^{on*} = 6.45, p_{om2}^{off*} = 7.81$	$t^* = 1.45$ $p_{om2}^{on*} = 6.72, p_{om2}^{off*} = 7.77$
$c^{off} = 7$	$t^* = 0.77$ $p_{om2}^{on*} = 6.10, p_{om2}^{off*} = 9.32$	$t^* = 1.14$ $p_{om2}^{on*} = 6.36, p_{om2}^{off*} = 9.22$	$t^* = 1.45$ $p_{om2}^{on*} = 6.62, p_{om2}^{off*} = 9.17$

如表 4.3 所示,若消费者为产品导向型,此时 R 进入线下渠道并非总是有利可图,双渠道存在较为激烈的渠道竞争。若线下运营成本较低或者线上交付成本较高,则 R 会进入线下渠道;反之,若线下运营成本较高或者线上交付成本较低,此时 R 没有进入线下渠道的意愿。此外,最优交付时间只取决于交付成本函数的具体形式(即 a 的取值)。这些结论和之前分析所得的结果相同,这验证了数值分析结果的鲁棒性。表 4.3 的结果还表明,尽管线上渠道的运营成本更低,但并非线上价格一定低于线下价格,具体取决于产品自身的性质。若某种产品的交付成本很高,则可能出现线上价格高于线下价格的情况,这一点在前文的理论分析中也提及过。

表 4.4 表明,若消费者为渠道导向型,则此时渠道竞争程度较低,且 R 进入线下渠道总是有利可图。最优交付时间同样只取决于交付成本函数的具体形式(即 a 的

取值)。上述结论和之前分析所得的结果相同,不再赘述,同时也验证了数值分析结果的鲁棒性。

4.6　本章小结

本章从现实情景出发,基于不同消费者导向类型和渠道竞争程度研究了电商是否应当进入线下渠道以及如何决策双渠道横向差异化产品组合的问题。首先,建立基础模型研究了电商只运营单渠道的初始情况,并得出最优产品组合、价格和交付时间。在此基础上,考虑两种不同的消费者导向类型:产品导向型和渠道导向型。产品导向型消费者能够自由在渠道间转换,此时渠道竞争程度较高。而渠道导向型消费者先选择购买渠道,再在选择的渠道内决策购买的产品,此时双渠道相对独立,渠道竞争程度较低。分别基于上述两种消费者导向类型,研究了电商进入线下渠道的条件,及全渠道决策情况下应当如何决策双渠道的产品组合、价格及线上交付时间。

具体研究结论总结如下:第一,最优交付时间只和消费者耐心程度及交付成本函数的形式有关;且消费者耐心程度越高,则最优交付时间越长,电商的利润也越高。若将交付时间看作是线上渠道的服务价值,则线上渠道的最优服务价值只和消费者耐心程度和服务成本函数有关,这意味着线上渠道服务价值和双渠道价格无关。但是,双渠道价格却会受到线上渠道服务价值的影响。第二,每个渠道内所有产品的最优价格相同,即只存在渠道间的区别定价,不存在渠道内的区别定价,这意味着渠道内价格歧视策略不可行。上述结论对基础模型和电商基于两种不同消费者导向类型的全渠道决策均成立。第三,若消费者为产品导向型,因渠道竞争程度较高,仅当双渠道运营成本之差较小且消费者耐心程度较低时,电商进入线下渠道有利可图。若进入线下渠道有利可图,最优产品组合是在线下渠道提供最受欢迎的产品,在线上渠道提供剩余产品,且需保持双渠道单位利润相等。这表明,此时双渠道不存在重复产品且渠道间价格歧视策略不可行。第四,若消费者为渠道导向型,此时渠道竞争程度较低,电商进入线下渠道必然有利可图,且最优产品组合是在线下渠道提供受欢迎程度较高的产品,在线上渠道提供所有产品,且线下渠道单位利润更高。因此,双渠道存在重复产品,且对于不同的渠道,电商可以采取价格歧视策略来增加利润。并且,此时的双渠道价格和单位利润均高于电商基于产品导向型消费者采取全渠道决策的结果。

将本章的研究结论和不考虑竞争的传统产品组合决策文献进行对比。在电商采取全渠道决策情况下,本章基于两类不同导向类型的消费者采取了不同的模型来刻画他们的选择行为,因此必须分开讨论。首先,如前文所述,在基于 MNL 模型的传统研究文献中,横向差异化最优产品组合是偏好集(如 Ryzin 和 Mahajan,1999[18];Cachon 等,2005[19])。消费者为产品导向型的情况下,本章同样基于

MNL模型进行了分析。研究结果表明,线下渠道的最优产品组合是偏好集,但线上渠道的最优产品组合不是偏好集。此外,本章结论表明,双渠道的价格存在差异,但单位利润相等。而基于MNL模型的传统研究文献中,所有产品的价格一般相等。其次,Kök和Xu(2011)[34]基于NMNL模型探讨了消费者先选择品牌再选择产品类型的情形下两个品牌最优产品组合的决策问题,并指出双渠道的最优产品组合都是偏好集。消费者为渠道导向型的情况下,本章同样基于NMNL模型进行了分析,并且同样发现双渠道的最优产品组合都是偏好集。继续考虑价格的比较,Kök和Xu(2011)[34]认为,最优价格和产品的需求有关,这意味着不同产品的最优价格可能不同。但本章的研究结果表明,最优价格只和分销渠道有关,且同一渠道的所有产品其最优价格相同。

　　基于上述理论结果,得到如下几点管理启示:第一,电商在做出全渠道决策时需综合考虑消费者类型和渠道竞争程度、线上线下渠道运营成本差异和消费者耐心程度的影响。消费者为产品导向型则意味着渠道竞争程度较高,可通过管理和技术手段降低线下运营成本,为进入线下渠道创造充分条件,进而扩大需求和利润。若消费者为渠道导向型,则此时的渠道竞争程度较低,应当尽快进入线下渠道扩大需求和利润。第二,若电商已进入线下渠道,因双渠道零售不可避免导致渠道竞争,基于不同消费者导向类型和渠道竞争程度,应采取不同的产品组合和定价策略,尽可能减少其负面影响。产品导向型消费者情况下的渠道竞争程度较高,此时应当确保每种产品仅在单一渠道提供,且保持双渠道单位利润相同,这样可以避免不同渠道的同种产品之间的竞争。渠道导向型消费者情况下的渠道竞争程度较低,为了扩大需求应当在双渠道同时出售最受欢迎的产品,且通过价格歧视保持线下渠道单位利润更高。第三,若消费者耐心程度很低,表明线上渠道利润空间较小,电商一方面需进入线下渠道并将线下渠道作为主要利润来源,另一方面可通过管理和技术手段,降低交付成本和交付时间,进而提高线上渠道的需求和利润。

　　本章的研究结论和管理启示同样可以解释第一章中给出的案例。当当网在线下渠道开设的是书店,对于书籍这类产品而言,不同的消费者很可能具有不同的渠道偏好。原因在于,读者处于不同的年龄段,因而具有不同的消费习惯。一般而言,年轻的消费者可能更加习惯于通过线上渠道购买书籍,但中老年消费者更倾向于通过线下渠道购买书籍。因此,从整体上看,消费者的选择行为更加符合渠道导向型消费者的情况。而京东商城在线下渠道开设的是便利店和家电专卖店。这类商品的主要特点是,线下渠道存在稳定的消费者群体。因此,整体上消费者的选择行为同样更加符合渠道导向型消费者的情况。而本章的结论表明,若消费者为渠道导向型,则电商进入线下渠道必然有利可图,因此当当网和京东商城的线下实体店可以维持运营,尽管可能线下渠道的需求和利润不高。反之,一加手机的例子则表明,若消费者为产品导向型,则电商进入线下渠道可能导致亏损。一加手机是互联网时代的新兴品牌,其目标群体是对传统的手机品牌已产生厌倦,追求硬件配置、个性化和新颖使用体验的消费者,这类消费者较为活跃,擅长于线上和线下渠道比价,并不在意购买的渠道,更加类似产品导向型消费者的购买行为。此时,若线下渠道的运营成本较高,则进入线下渠道必然导致亏损。

虽然本章考虑了两类不同的消费者导向类型,但在模型中作为两种不同的情况,即分别考虑了市场上仅存在产品或渠道导向型消费者情况下电商最优策略的求解,并将两种情况加以对比。尽管这一研究模式在运营管理中广泛采用,也能够得出有价值的结论,但现实中很可能这两类消费者在同一市场中并存。

第五章

基于渠道竞争的纵向差异化信息产品组合决策

  基于渠道竞争这一内部竞争因素,上一章从电商进入线下渠道的背景和两类不同的消费者导向类型出发,研究了零售商的双渠道横向差异化产品组合决策。本章将同样在考虑渠道竞争的基础上,从信息产品的特性出发,研究渠道竞争情况下零售商的纵向差异化信息产品组合决策。

  需要指出的是,本章所提及的信息产品,是指既能够以实体版形式存在,又能够以数字版形式存在的信息产品,且没有消费时间的限制,如书籍、视频、软件等。不包含一些服务类信息产品,如网课、直播等,这类信息产品具有固定的消费时间且一般不存在实体版。针对服务类信息产品,笔者试图在后续的研究中加以考虑。

  数字版的信息产品随着信息技术的发展而产生,随着消费类电子产品的普及而流行。消费者现在可以很方便地使用手机、个人计算机、电子书阅读器、音乐播放器等电子设备消费软件、图书、音乐等数字版信息产品。从厂商角度看,将信息产品数字化并通过数字渠道(光纤和互联网)进行传输分销,也是信息产品发展的新趋势。然而,这必然导致数字版与已有的实体版竞争。与此同时,电子商务和双渠道零售的发展也使得实体版能够通过线上和线下渠道进行销售。这表明,信息产品既可能存在数字渠道和实体渠道的竞争,也可能存在不同实体渠道之间的竞争。因此,尽管上述现状为信息产品厂商提供了新的版本和渠道选择,但也导致了渠道竞争,为厂商的产品组合决策提出了新的挑战。

  需要说明的是,信息产品实体版和数字版的差异究竟属于哪种差异化类型,学术界存在不同的观点。部分学者认为,实体版和数字版的差异属于横向差异,原因在于实体版和数字版所包含的信息内容一致,且均具有各自的优势,不同的消费者也可能具有不同的信息产品版本偏好。但多数学者认为,实体版和数字版的差异属于纵向差异,因为实体版具有比数字版更高的价值,消费者也愿意花费更高的价格购买实体版。上述两种观点均存在其合理性,然而,尽管实体版和数字版可能存在部分横向差异化特征,但二者的纵向差异化特征更加明显,其价格差异就是有力的证据,因此本书支持后一种观点,并在此基础上展开研究。

基于上述分析,本章将综合考虑各版本和渠道的成本结构以及消费者的特征,通过研究信息产品厂商的版本和渠道联合决策,就可得出信息产品厂商的最优产品组合,从而进一步探讨渠道竞争情况下零售商应当如何做出纵向差异化信息产品组合决策。

5.1 问题描述与模型构建

考虑某厂商能够生产和销售两种版本的信息产品:实体版和数字版。实体版能够通过线上和线下渠道销售,但数字版只能通过数字渠道销售。之所以在模型中区分线上渠道和数字渠道,其原因在第一章已经具体说明,即两个渠道存在交付过程和渠道成本的差异。实体版和数字版存在纵向差异(Atasoy 和 Morewedge,2018[230]),将实体版的质量标准化为 1,数字版的质量用 q 表示,且满足 $q<1$。在此基础上,本章基于质量选择模型的框架建模。该模型指出,纵向差异化产品的质量有所差异,而消费者又对产品的实际价值具有不同的主观衡量,即消费者存在不同的类型。可以通过线性效用函数刻画消费者购买某种产品的效用,具体而言,效用函数的形式是消费者的类型乘以购买该产品的质量再减去实际支付的价格。需要指出的是,这里所说的实际支付的价格并不单纯指该产品的定价,还包含消费者购买该产品可能存在的额外支出。一个典型的例子是去线下实体店购买所产生的麻烦成本。在此基础上,不同类型的消费者一般偏好不同质量的产品,从而形成一系列细分市场。该框架不仅在纵向差异化产品组合的相关研究中广泛使用,同时也应用于数字产品的版本控制领域。

考虑实体版和数字版的生产成本差异。实体版产品存在物理载体,因此生产成本不可忽略,如生产实体书会产生纸张、油墨等原材料成本。但数字版是无形的。同样以电子书为例,无论是开发某种电子书格式或提高用户阅读体验所支付的研发成本,还是为了确保电子书分销所需支付的服务器和网络带宽成本都属于固定成本(沉没成本),而在此基础上通过复制的方式生产电子书并不需要任何原材料。Waldfogel(2017)[12]也指出,数字版的生产成本可忽略不计。因此,假设实体版和数字版的生产成本分别为 c_p 和 0。

在线上和线下渠道销售实体版将会分别产生交付成本和服务成本。令 $f(t)=\frac{k}{t}$ 为取决于交付时间 t 的单位交付成本(该成本函数在现有文献中广泛使用,如 Li 等,2015[78]),$g(s)=\alpha s^2$ 是取决于服务价值 s 的单位服务成本(该成本函数在现有文献中广泛使用,如 Dan 等,2012[114])。需要说明的是,类似于第四章中的解释,交付成本同样可以看作是线上渠道的服务成本。显然,交付时间越短(线上服务价值越高),则交付成本越高(线上服务成本越高)。

此外,线上和线下渠道都会产生运营成本,该成本包括店铺租金、持有和库存成本。线上和线下渠道的单位运营成本分别用 c^{on} 和 c^{off} 表示。假设 $c^{off} - c^{on} = \Delta c > 0$,原因在于线下渠道的店铺租金更高。定义 $c = c_p + c^{on}$,则线上和线下渠道的单位成本分别为 $c + f(t)$ 和 $c + \Delta c + g(s)$。数字版是无形的,因此不会产生包括店铺租金、持有和库存成本在内的运营成本。在此基础上,可得数字版的单位成本为 0(该假设在现有文献中广泛使用,如 Hua 等,2011[226])。此外,假设 $c < 1 - q$。该假设的含义是当交付成本足够低时,通过低运营成本(线上)渠道提供高质量的实体版的单位利润高于数字版。换言之,该假设保证了厂商提供实体版的可能性。

根据消费者线下购买的麻烦成本将消费者细分为两个群体。令 $i = \{h, l\}$ 代表消费者群体,群体 i 的麻烦成本为 H_i。假设 $H_h > H_l$,即群体 h 线下购买的麻烦成本更高。将消费者数量标准化为 1,属于群体 h 的消费者比例用 m 表示,其余消费者属于群体 l。不同的消费者具有不同的麻烦成本,原因在于不同的消费者对时间的价值衡量可能有所差异,以及不同的消费者与线下实体店的空间距离可能不同。对于每个消费者群体,假设消费者对产品价值的衡量具有异质性,令 θ 表示消费者对产品的价值衡量,同时也是消费者的类型,且 θ 均匀分布在 $[0,1]$ 上(Shao,2017[119])。

从消费者角度考虑,从线上和线下渠道购买实体版分别会产生等待成本和麻烦成本。令 rt 表示消费者的等待成本,其中 r 衡量了消费者的耐心程度,r 越大则意味着消费者越不耐心。当消费者通过数字渠道购买数字版时,不会产生等待或麻烦成本。令 p_1^{on} 和 p_1^{off} 分别表示线上和线下实体版的价格,数字版的价格用 p_2 表示。从消费者在不同渠道购买不同产品的效用出发,进而刻画出消费者的需求。

首先,对于 θ 类型的消费者,线上购买的效用定义如下:

$$u(P_{on}) = \theta - p_1^{on} - rt \tag{5.1}$$

其次,对于群体 $i = \{h, l\}$ 中 θ 类型的消费者,线下购买的效用为:

$$u(P_{off}) = \theta - p_1^{off} - H_i + s \tag{5.2}$$

最后,当某 θ 类型的消费者购买数字版,则可获得效用:

$$u(D) = \theta q - p_2 \tag{5.3}$$

此外,将不购买任何产品的效用标准化为 $u(\varnothing) = 0$。消费者将基于厂商提供的版本和渠道做出效用最大化的选择。

本章用到的符号如表 5.1 所示。

表 5.1 信息产品渠道竞争模型中的符号

符 号	含 义
q	数字版的质量
c_p	实体版的生产成本
c^{on}, c^{off}	分别为线上和线下渠道的单位运营成本
Δc	$c^{off} - c^{on}$
c	$c_p + c^{on}$
t	线上渠道交付时间,决策变量
$f(t) = \dfrac{k}{t}$	线上渠道交付成本
s	线下渠道服务价值,决策变量
$g(s) = \alpha s^2$	线下渠道服务成本
r	表示消费者耐心因子,r 越大消费者耐心程度越低
m	属于群体 h 的消费者比例
$H_i, i = h, l$	群体 i 线下购买的麻烦成本
p_1^{on}, p_1^{off}	分别为线上和线下渠道的价格,决策变量
p_2	数字版的价格,决策变量
θ	消费者类型

5.2 厂商的策略选择

可供厂商选择的版本包括实体版和数字版,这表明存在三种不同的情形:①数字版单版本情形,意味着厂商只提供数字版;②实体版单版本情形,意味着厂商只提供实体版;③双版本情形,即厂商既提供实体版也提供数字版。每种情形可能包含一个或多个渠道策略。为了求解厂商的最优策略,首先需要分析每个策略的最优解,其结果在本节中给出。

5.2.1 数字版单版本情形

因为数字版只能在数字渠道提供,本情形只包含一种策略,将其定义为 D 策略。消费者在最大化其效用的基础上做出购买决策,若 $u(D) > 0$,则消费者会购买数字版产品。这表明数字版本的需求是 $Q_D = 1 - \dfrac{p_2}{q}$。厂商利润函数可写成:

$$\max_{p_2} \Pi_D = Q_D p_2 \tag{5.4}$$

通过求解上述最优化问题，得到 $p_2^* = \dfrac{q}{2}$，并可求出最优利润为 $\Pi_D^* = \dfrac{q}{4}$。 结果表明，厂商选择 D 策略总能获得正的利润。这是因为数字版具有成本优势，且数字渠道不存在交付、等待或麻烦成本之类的额外成本。

5.2.2　实体版单版本情形

由于实体版可以在线上或线下渠道提供，因此本情形包含三种策略：① P_{I} 策略，即仅在线上渠道提供实体版；② P_{II} 策略，即仅在线下渠道提供实体版；③ P_{III} 策略，即在线上和线下渠道同时提供实体版。

首先考虑 P_{I} 策略，若 $u(P_{on}) > 0$，则消费者会购买实体版产品，可求得线上渠道的需求为 $Q_{P_{\mathrm{I}}} = 1 - p_1^{on} - rt$。厂商的利润函数如下：

$$\max_{p_1^{on}, t} \Pi_{P_{\mathrm{I}}} = Q_{P_{\mathrm{I}}}\left(p_1^{on} - c - \frac{k}{t}\right) \tag{5.5}$$

通过对式(5.5)进行分析，可得如下引理的结论。

引理 5.1　① $\Pi_{P_{\mathrm{I}}}$ 是关于 p_1^{on} 的严格凹函数，也是关于 t 的严格凹函数，但不是关于 p_1^{on} 和 t 的联合凹函数。

②对任意给定的交付时间 t，最优线上价格为 $p_1^{on}(t) = \dfrac{1 + c + \dfrac{k}{t} - rt}{2}$。

证明：①求解 $\Pi_{P_{\mathrm{I}}}$ 关于 p_1^{on} 和 t 的二阶导数，可得海塞矩阵：

$$H_1 = \begin{vmatrix} \dfrac{\partial^2 \Pi_{P_{\mathrm{I}}}}{\partial p_1^{on2}} & \dfrac{\partial^2 \Pi_{P_{\mathrm{I}}}}{\partial p_1^{on} \partial t} \\ \dfrac{\partial^2 \Pi_{P_{\mathrm{I}}}}{\partial t \partial p_1^{on}} & \dfrac{\partial^2 \Pi_{P_{\mathrm{I}}}}{\partial t^2} \end{vmatrix} = \begin{pmatrix} -2 & -\dfrac{k}{t^2} - r \\ -\dfrac{k}{t^2} - r & \dfrac{-2k(1 - p_1^{on})}{t^3} \end{pmatrix}$$

因 $\dfrac{\partial^2 \Pi_{P_{\mathrm{I}}}}{\partial p_1^{on2}} = -2 < 0$ 且 $\dfrac{\partial^2 \Pi_{P_{\mathrm{I}}}}{\partial t^2} = \dfrac{-2k(1 - p_1^{on})}{t^3} < 0$，可得 $\Pi_{P_{\mathrm{I}}}$ 关于 p_1^{on} 严格凹，关于 t 严格凹。但当 r 的取值较大时，$|H_1| = \dfrac{4k(1 - p_1^{on})}{t^3} - \left(\dfrac{k}{t^2} + r\right)^2$ 可能为负，这意味着 $\Pi_{P_{\mathrm{I}}}$ 不是关于 p_1^{on} 和 t 的联合凹函数。

②对任意给定的 t，$\Pi_{P_{\mathrm{I}}}$ 关于 p_1^{on} 的一阶条件为：

$$\frac{\partial \Pi_{P_{\mathrm{I}}}}{\partial p_1^{on}} = 1 - 2p_1^{on} + c + \frac{k}{t} - rt = 0 \tag{5.6}$$

求解上述方程，可得：

$$p_1^{on}(t) = \frac{1 + c + \dfrac{k}{t} - rt}{2} \tag{5.7}$$

引理 5.1 的第①点表明,不能仅基于一阶条件求解利润函数式(5.5)。但是,第②点表明,对任意给定的 t 存在唯一的最优解。因此,可以采用两阶段最优化方法(two-stage optimization technique)加以求解,该方法在联合决策问题的相关研究中广泛使用(如 Boyaci 和 Ray,2003[231];Liu 等,2007[232];Yang 和 Geunes,2007[233];Hua 等,2010[234];Dan 等,2012[114]),且本章也多次使用该方法。将式(5.7)代入式(5.5),并将利润函数写成关于 t 的函数:

$$\Pi_{P_{\mathrm{I}}}(t) = \frac{\left(1 - c - \dfrac{k}{t} - rt\right)^2}{4} \tag{5.8}$$

接下来通过求解式(5.8)可得最优的 t,进一步分析有如下命题的结论。

命题 5.1 在 P_{I} 策略下,

① 当 $0 < 1 - c < 2\sqrt{kr}$,厂商不应当选择线上渠道;

② 当 $2\sqrt{kr} < 1 - c < 1$,最优价格和交付时间分别为 $p_1^{on*} = \dfrac{1 + c}{2}$, $t^* = \sqrt{\dfrac{k}{r}}$。

证明: $1 - p_1^{on} - rt$ 是实体版的需求,且 $p_1^{on} - c - \dfrac{k}{t}$ 为单位利润。因此,仅当 p_1^{on} 满足 $p_1^{on} \in \left(c + \dfrac{k}{t}, 1 - rt\right)$ 时,厂商才能获得正利润,这等价于 $1 - c - \dfrac{k}{t} - rt > 0$。

令 $G_1(t) = 1 - c - \dfrac{k}{t} - rt$,显然该函数在 $t = \sqrt{\dfrac{k}{r}}$ 时取得最大值 $G_1(t)_{\max} = 1 - c - 2\sqrt{kr}$。这表明当 $1 - c - 2\sqrt{kr} < 0$ 时,对任意 $t > 0$ 均有 $1 - c - \dfrac{k}{t} - rt < 0$。这意味着此时不存在 p_1^{on} 满足 $p_1^{on} \in \left(c + \dfrac{k}{t}, 1 - rt\right)$,即 P_{I} 策略无法获取正利润。

当存在某些 $t > 0$ 满足 $1 - c - \dfrac{k}{t} - rt > 0$,则最大化 $\Pi_{P_{\mathrm{I}}}(t)$ 等价于最大化 $G_1(t)$。据此可得 $t^* = \sqrt{\dfrac{k}{r}}$ 和 $p_1^{on*} = \dfrac{1 + c}{2}$,此时的最优利润为:

$$\Pi_{P_{\mathrm{I}}}^* = \frac{(1 - c - 2\sqrt{kr})^2}{4} \tag{5.9}$$

命题 5.1 的第①点表明,若消费者不耐心则厂商不应当选择 P_{I} 策略。原因在于,不耐心的消费者意味着较高的交付成本,此时若厂商通过线上渠道满足消费者需求会导致负利润。但第②点表明，若交付成本足够低，则厂商有意愿通过线上渠道满足消费者需求。因此，较低的线上单位成本能够诱导厂商在线上渠道提供实体版产品。此外，从最优解的形式可看出，最优价格和交付时间是相互独立的。这意味着厂商无法通过提高价格来将交付成本转嫁给消费者，具体而言，交付成本完全由厂商承担。

若厂商选择 P_{II} 策略，当 $u_i(P_{off}) > 0$，则消费者会在线下渠道购买。需要注意的是，不同的消费者群体具有不同的麻烦成本，因此可能存在两种情况：①情况 A，$p_1^{off} + H_h - s > 1 > p_1^{off} + H_l - s$ 且需求仅来源于消费者群体 l；②情况 B，$p_1^{off} + H_h - s < 1$ 且需求来源于两个消费者群体。上述分析表明，在情况 A 和情况 B 条件下，线下渠道的需求分别为 $Q_{P_{II},A} = (1-m)(1 - p_1^{off} - H_l + s)$ 和 $Q_{P_{II},B} = (1-m)(1 - p_1^{off} - H_l + s) + m(1 - p_1^{off} - H_h + s)$，厂商的利润函数可写成：

$$\max_{p_1^{off}, s} \Pi_{P_{II}} = \begin{cases} Q_{P_{II},A}(p_1^{off} - c - \Delta c - \alpha s^2), & \text{当 } p_1^{off} + H_h - s > 1 > p_1^{off} + H_l - s \\ Q_{P_{II},B}(p_1^{off} - c - \Delta c - \alpha s^2), & \text{当 } p_1^{off} + H_h - s < 1 \end{cases}$$

$$(5.10)$$

通过对利润函数式(5.10)的分析，可得如下引理的结论。

引理 5.2 ① 在情况 A 和情况 B 下，$\Pi_{P_{II}}$ 是关于 p_1^{off} 的严格凹函数，也是关于 s 的严格凹函数，但不是关于 p_1^{off} 和 s 的联合凹函数。

② 对任意给定的服务价值 s，情况 A 和情况 B 下的最优线下价格分别为 $p_{1,A}^{off}(s) = \dfrac{1 + c + \Delta c - H_l + s + \alpha s^2}{2}$ 和 $p_{1,B}^{off}(s) = \dfrac{1 + c + \Delta c - (1-m)H_l - mH_h + s + \alpha s^2}{2}$。

证明： ① 用 $\Pi_{P_{II},A}$ 表示情况 A 下的利润函数，求解 $\Pi_{P_{II},A}$ 关于 p_1^{off} 和 s 的二阶导数，可得海塞矩阵：

$$H_{2,A} = \begin{vmatrix} \dfrac{\partial^2 \Pi_{P_{II},A}}{\partial p_1^{off2}} & \dfrac{\partial^2 \Pi_{P_{II},A}}{\partial p_1^{off} \partial s} \\ \dfrac{\partial^2 \Pi_{P_{II},A}}{\partial s \partial p_1^{off}} & \dfrac{\partial^2 \Pi_{P_{II},A}}{\partial s^2} \end{vmatrix} = \begin{pmatrix} -2(1-m) & (1-m)(1+2\alpha s) \\ (1-m)(1+2\alpha s) & -2(1-m)\alpha(1 - p_1^{off} - H_l + 3s) \end{pmatrix}$$

由 $\dfrac{\partial^2 \Pi_{P_{II},A}}{\partial p_1^{off2}} = -2(1-m) < 0$ 和 $\dfrac{\partial^2 \Pi_{P_{II},A}}{\partial s^2} = -2(1-m)\alpha(1 - p_1^{off} - H_l + 3s) < 0$，可得 $\Pi_{P_{II},A}$ 关于 p_1^{off} 严格凹，关于 s 严格凹。但当 α 的取值较小时，$|H_{2,A}| = (1-m)^2(4\alpha(1 - p_1^{off} - H_l + 3s) - (1 + 2\alpha s)^2)$ 可能为负，这意味着 $\Pi_{P_{II},A}$ 不是关于 p_1^{off} 和 s 的联合凹函数。

用 $\Pi_{P_{II},B}$ 表示情况 B 下的利润函数，基于同样的方法可知：$\Pi_{P_{II},B}$ 关于 p_1^{off} 严格凹，关于 s 严格凹，但不是关于 p_1^{off} 和 s 的联合凹函数。

② 对任意给定的 s，$\Pi_{P_{\text{II}},A}$ 关于 p_1^{off} 的一阶条件为：

$$\frac{\partial \Pi_{P_{\text{II}},A}}{\partial p_1^{off}} = (1-m)(1-2p_1^{off}-c-\Delta c-H_l+s+\alpha s^2)=0 \qquad (5.11)$$

求解上述方程可得：

$$p_{1,A}^{off}(s) = \frac{1+c+\Delta c-H_l+s+\alpha s^2}{2} \qquad (5.12)$$

对于情况 B，采用同样的方法可得：

$$p_{1,B}^{off}(s) = \frac{1+c+\Delta c-(1-m)H_l-mH_h+s+\alpha s^2}{2} \qquad (5.13)$$

引理 5.2 的第①点表明，两阶段最优化方法可用来求解利润函数式(5.10)。从第②点可得，对任意给定的 s，情况 A 和情况 B 下的最优线下价格不同。将式(5.12)和式(5.13)代入式(5.10)，利润函数可改写为：

$$\Pi_{P_{\text{II}}}(s)=\begin{cases} (1-m)\dfrac{(1-c-\Delta c-H_l+s-\alpha s^2)^2}{4},\text{当 } p_1^{off}+H_h-s>1>p_1^{off}+H_l-s \\[3mm] \dfrac{(1-c-\Delta c-(1-m)H_l-mH_h+s-\alpha s^2)^2}{4},\text{当 } p_1^{off}+H_h-s<1 \end{cases}$$

$$(5.14)$$

为简化表述，定义 $N=\Delta c+H_l-\dfrac{1}{4\alpha}$ 和 $\Delta H=H_h-H_l$。在本章中，假设 $N>0$ 且 $N+(1+\sqrt{1-m})\Delta H<1$，该假设意味着麻烦成本的取值适中。若消费者群体 l 的麻烦成本过低（$N<0$），则厂商总是愿意在线下渠道提供产品；若消费者群体 h 的麻烦成本过高（$N+(1+\sqrt{1-m})\Delta H>1$），则厂商永远不会通过线下渠道满足消费者群体 h 的需求。

求解利润函数式(5.14)可得命题 5.2 的结论。

命题 5.2 在 P_{II} 策略下，

① 当 $0<1-c<N$，厂商不应当选择线下渠道；

② 当 $N<1-c<N+(1+\sqrt{1-m})\Delta H$，最优价格和服务价值分别为 $p_1^{off*}=\dfrac{1+c+\Delta c-H_l}{2}+\dfrac{3}{8\alpha}$，$s^*=\dfrac{1}{2\alpha}$；

③ 当 $N+(1+\sqrt{1-m})\Delta H<1-c<1$，最优价格和服务价值分别为 $p_1^{off*}=\dfrac{1+c+\Delta c-(1-m)H_l-mH_h}{2}+\dfrac{3}{8\alpha}$，$s^*=\dfrac{1}{2\alpha}$。

证明： 情况 A 条件下，由于 $1-p_1^{off}-H_l+s$ 和 $p_1^{off}-c-\Delta c-\alpha s^2$ 分别为需求和单位利润，任何能够获取正利润的 p_1^{off} 必然满足 $p_1^{off}\in(c+\Delta c+\alpha s^2,1-H_l+$

s)。令 $G_2(s) = 1 - c - \Delta c - H_l + s - \alpha s^2$，可求得 $s = \dfrac{1}{2\alpha}$ 时，$G_2(s)_{\max} = 1 - c - N$。这表明，若 $1 - c - \Delta c - H_l + s - \alpha s^2 < 0$，则不存在 p_1^{off} 满足 $p_1^{off} \in (c + \Delta c + \alpha s^2,$ $1 - H_l + s)$。此时，厂商不应当选择情况 A 下的 P_{II} 策略。若存在某 $s > 0$ 满足 $1 - H_l - c - \Delta c + s - \alpha s^2 > 0$，则最大化 $\Pi_{P_{II},A}(s)$ 等价于最大化 $G_2(s)$。因此，最优服务价值和线下价格分别为 $s^* = \dfrac{1}{2\alpha}$ 和 $p_1^{off*} = \dfrac{1 + c + \Delta c - H_l}{2} + \dfrac{3}{8\alpha}$。需要注意的是，在证明过程中未考虑最优解是否满足 $1 - p_1^{off*} - H_h + s^* < 0$。原因在于，若 $1 - p_1^{off*} - H_h + s^* > 0$，则部分群体 h 的消费者也会在线下渠道购买，此时情况 B 必然优于情况 A。

基于同样方法，可求得情况 B 下的最优解，情况 B 下的最优线下价格和服务价值分别为 $p_1^{off*} = \dfrac{1 + c + \Delta c - (1 - m)H_l - mH_h}{2} + \dfrac{3}{8\alpha}$ 和 $s^* = \dfrac{1}{2\alpha}$。此外，需满足 $1 - c - N - \Delta H > 0$。否则，情况 B 将被情况 A 占优或无法获取正的利润。

可得两种情况下的最优利润为：

$$\Pi_{P_{II},A}^* = (1 - m)\frac{(1 - c - N)^2}{4} \tag{5.15}$$

$$\Pi_{P_{II},B}^* = \frac{(1 - c - N - m\Delta H)^2}{4} \tag{5.16}$$

比较两种情况下的利润，$\Pi_{P_{II},A}^* > \Pi_{P_{II},B}^*$ 等价于 $\sqrt{1 - m}(1 - c - N) > 1 - c - N - m\Delta H$，求解该不等式，可得 $1 - c < N + (1 + \sqrt{1 - m})\Delta H$。此外，还需 $1 - c > N$ 以确保厂商在情况 A 时能够获取正的利润；而 $1 - c > N + (1 + \sqrt{1 - m})\Delta H$ 则确保了 $1 - c - N - \Delta H > 0$。

从命题 5.2 的第①点可知，当消费者群体 l 的麻烦成本过高时，厂商永远不会选择线下渠道。此时，若通过线下渠道满足消费者的需求会导致负利润。然而，消费者群体 l 的麻烦成本较低则会诱导厂商选择线下渠道。第②点和第③点表明，最优线下价格不仅取决于线下单位成本，同时也取决于目标消费者群体平均麻烦成本。这意味着厂商面临着单位利润和需求之间的权衡取舍。若设定较高的线下价格只满足消费者群体 l 的需求（情况 A），则厂商的单位利润较高但需求较低；反之，设定较低的线下价格以吸引两个消费者群体的购买（情况 B），则意味着较低的单位利润和较高的需求。结果表明，存在临界值 $N + (1 + \sqrt{1 - m})\Delta H$。$1 - c$ 大于该临界值则意味着消费者群体 h 的麻烦成本过高或消费者群体 h 的规模较小。此时消费者群体 h 的利润空间很有限，厂商的最优选择是只满足消费者群体 l 的需求。然而，当 $1 - c$ 小于该临界值，则消费者群体 h 的麻烦成本较低或消费者群体 h 的规模较大，厂商不应当忽视消费者群体 h。此时，设定较低的线下价格来吸引消费者群体 h 能够增加利润。

在 P_{III} 策略下,线上和线下渠道并存,且会导致渠道竞争。群体 i 中的消费者所面临的实际线上和线下价格分别为 $p_1^{on} + rt$ 和 $p_1^{off} + H_i - s$。因此,若 $p_1^{on} + rt < p_1^{off} + H_l - s$,则没有消费者会在线下渠道购买;若 $p_1^{off} + H_h - s < p_1^{on} + rt$,则线上渠道不会产生需求。因此,为了确保双渠道均存在需求,需满足 $p_1^{off} + H_l - s < p_1^{on} + rt < p_1^{off} + H_h - s$。该结果表明,线上和线下渠道间的竞争会减少厂商定价决策的选择范围。显然消费者群体 l 只可能在线下渠道购买,而消费者群体 h 则只可能在线上渠道购买。当 $u(P_{on}) > 0$ 时,群体 h 中的消费者会在线上渠道购买;当 $u_l(P_{off}) > 0$ 时,则表明群体 l 中的消费者会在线下渠道购买。因此,可得线下和线上渠道的需求分别为 $Q_{P_{\text{III}},off} = (1-m)(1 - p_1^{off} - H_l + s)$ 和 $Q_{P_{\text{III}},on} = m(1 - p_1^{on} - rt)$,厂商的利润函数为:

$$\max_{p_1^{on}, p_1^{off}, t, s} \Pi_{P_{\text{III}}} = Q_{P_{\text{III}},off}\left(p_1^{off} - c - \Delta c - \alpha s^2\right) + Q_{P_{\text{III}},on}\left(p_1^{on} - c - \frac{k}{t}\right), \text{当}$$

$$p_1^{off} + H_l - s < p_1^{on} + rt < p_1^{off} + H_h - s \tag{5.17}$$

分析利润函数式(5.17),可得如下引理。

引理 5.3 ① $\Pi_{P_{\text{III}}}$ 是关于 p_1^{on} 和 p_1^{off} 的严格联合凹函数,是关于 t 的严格凹函数,也是关于 s 的严格凹函数,但不是关于 p_1^{on}、p_1^{off}、t 和 s 的联合凹函数。

② 对任意给定的交付时间 t 和服务价值 s,最优线上价格和线下价格分别为

$$p_1^{on}(t,s) = \frac{1 + c + \dfrac{k}{t} - rt}{2} \text{ 和 } p_1^{off}(t,s) = \frac{1 + c + \Delta c - H_l + s + \alpha s^2}{2}。$$

证明: ① 求解 $\Pi_{P_{\text{III}}}$ 关于 p_1^{on}、p_1^{off}、t 和 s 的二阶导数,可得海塞矩阵:

$$H_3 = \begin{pmatrix} \dfrac{\partial^2 \Pi_{P_{\text{III}}}}{\partial p_1^{on2}} & \dfrac{\partial^2 \Pi_{P_{\text{III}}}}{\partial p_1^{on} \partial p_1^{off}} & \dfrac{\partial^2 \Pi_{P_{\text{III}}}}{\partial p_1^{on} \partial t} & \dfrac{\partial^2 \Pi_{P_{\text{III}}}}{\partial p_1^{on} \partial s} \\[2mm] \dfrac{\partial^2 \Pi_{P_{\text{III}}}}{\partial p_1^{off} \partial p_1^{on}} & \dfrac{\partial^2 \Pi_{P_{\text{III}}}}{\partial p_1^{off2}} & \dfrac{\partial^2 \Pi_{P_{\text{III}}}}{\partial p_1^{off} \partial t} & \dfrac{\partial^2 \Pi_{P_{\text{III}}}}{\partial p_1^{off} \partial s} \\[2mm] \dfrac{\partial^2 \Pi_{P_{\text{III}}}}{\partial t \partial p_1^{on}} & \dfrac{\partial^2 \Pi_{P_{\text{III}}}}{\partial t \partial p_1^{off}} & \dfrac{\partial^2 \Pi_{P_{\text{III}}}}{\partial t^2} & \dfrac{\partial^2 \Pi_{P_{\text{III}}}}{\partial t \partial s} \\[2mm] \dfrac{\partial^2 \Pi_{P_{\text{III}}}}{\partial s \partial p_1^{on}} & \dfrac{\partial^2 \Pi_{P_{\text{III}}}}{\partial s \partial p_1^{off}} & \dfrac{\partial^2 \Pi_{P_{\text{III}}}}{\partial s \partial t} & \dfrac{\partial^2 \Pi_{P_{\text{III}}}}{\partial s^2} \end{pmatrix}$$

$$= \begin{pmatrix} -2m & 0 & -m\left(\dfrac{k}{t^2} + r\right) & 0 \\[2mm] 0 & -2(1-m) & 0 & (1-m)(1+2\alpha s) \\[2mm] -m\left(\dfrac{k}{t^2} + r\right) & 0 & \dfrac{-2mk(1-p_1^{on})}{t^3} & 0 \\[2mm] 0 & (1-m)(1+2\alpha s) & 0 & -2(1-m)\alpha(1 - p_1^{off} - H_l + 3s) \end{pmatrix}$$

因 $\dfrac{\partial^2 \Pi_{P_{\text{III}}}}{\partial p_1^{on2}} = -2m < 0$ 且 $\begin{vmatrix} \dfrac{\partial^2 \Pi_{P_{\text{III}}}}{\partial p_1^{on2}} & \dfrac{\partial^2 \Pi_{P_{\text{III}}}}{\partial p_1^{on} \partial p_1^{off}} \\[3mm] \dfrac{\partial^2 \Pi_{P_{\text{III}}}}{\partial p_1^{off} \partial p_1^{on}} & \dfrac{\partial^2 \Pi_{P_{\text{III}}}}{\partial p_1^{off2}} \end{vmatrix} = \begin{vmatrix} -2m & 0 \\ 0 & -2(1-m) \end{vmatrix} =$

$4m(1-m) > 0$，可得 $\Pi_{P_{\text{III}}}$ 关于 p_1^{on} 和 p_1^{off} 严格联合凹。此外，从 $\dfrac{\partial^2 \Pi_{P_{\text{III}}}}{\partial t^2} =$

$\dfrac{-2mk(1-p_1^{on})}{t^3}$ 和 $\dfrac{\partial^2 \Pi_{P_{\text{III}}}}{\partial s^2} = -2(1-m)\alpha(1-p_1^{off} - H_l + 3s)$，可得 $\Pi_{P_{\text{III}}}$ 关于 t 严格凹，关于 s 严格凹。但当 r 的取值较大或 α 的取值较小时，H_3 可能不是半负定的，这表明 $\Pi_{P_{\text{III}}}$ 不是关于 p_1^{on}、p_1^{off}、t 和 s 的联合凹函数。

② 对任意给定的 t 和 s，$\Pi_{P_{\text{III}}}$ 关于 p_1^{on} 和 p_1^{off} 的一阶条件为：

$$\begin{cases} \dfrac{\partial \Pi_{P_{\text{III}}}}{\partial p_1^{on}} = m\left(1 - 2p_1^{on} + c + \dfrac{k}{t} - rt\right) = 0 \\[4mm] \dfrac{\partial \Pi_{P_{\text{III}}}}{\partial p_1^{on}} = (1-m)(1 - 2p_1^{off} - c - \Delta c - H_l + s + \alpha s^2) = 0 \end{cases} \tag{5.18}$$

解上述方程组可得：

$$\begin{cases} p_1^{on}(t,s) = \dfrac{1 + c + \dfrac{k}{t} - rt}{2} \\[5mm] p_1^{off}(t,s) = \dfrac{1 + c + \Delta c - H_l + s + \alpha s^2}{2} \end{cases} \tag{5.19}$$

引理 5.2 的第①点表明，两阶段最优化方法也可用来求解利润函数式(5.17)。第②点则表明，最优线上价格和服务价值无关，且最优线下价格和交付时间无关。原因在于，不同群体的消费者会通过不同渠道购买，双渠道的决策相互独立。将式(5.19)代入式(5.17)，利润函数可改写为：

$$\Pi_{P_{\text{III}}}(t,s) = \frac{m\left(1 - c - \dfrac{k}{t} - rt\right)^2}{4} + \frac{(1-m)(1 - c - \Delta c - H_l + s - \alpha s^2)^2}{4} \tag{5.20}$$

求解上述利润最大化问题，可得如下命题的结论。

命题 5.3 在 P_{III} 策略下，

① 当 $0 < 1 - c < 2\sqrt{kr}$，厂商不应当选择线上渠道，当 $0 < 1 - c < N$，厂商不应当选择线下渠道；

② 当 $0 < 2\sqrt{kr} < N$，线上渠道占优于线下渠道，当 $2\sqrt{kr} > N + 2\Delta H$，线下

渠道占优于线上渠道；

③ 当 $N < 1-c < 1$ 且 $N < 2\sqrt{kr} < \min\{N+2\Delta H, 1-c\}$，最优价格、交付时间和服务价值分别为 $p_1^{on*} = \dfrac{1+c}{2}$，$p_1^{off*} = \dfrac{1+c+\Delta c-H_l}{2} + \dfrac{3}{8\alpha}$，$t^* = \sqrt{\dfrac{k}{r}}$，$s^* = \dfrac{1}{2\alpha}$。

证明： 注意到 $\Pi_{P_{\mathrm{III}}}(t,s) = m\Pi_{P_1}(t) + \Pi_{P_{\mathrm{II},A}}(s)$，因此当 $1-c > \max\{2\sqrt{kr}, N\}$ 时，直接可得 $p_1^{on*} = \dfrac{1+c}{2}$，$t^* = \sqrt{\dfrac{k}{r}}$，$p_1^{off*} = \dfrac{1+c+\Delta c-H_l}{2} + \dfrac{3}{8\alpha}$，$s^* = \dfrac{1}{2\alpha}$。此外，为确保双渠道均产生需求，还需满足 $p_1^{off*} + H_l - s^* < p_1^{on*} + rt^* < p_1^{off*} + H_h - s^*$。求解该不等式组，可得 $N < 2\sqrt{kr} < N+2\Delta H$。在此基础上，可得最优利润为：

$$\Pi_{P_{\mathrm{III}}}^* = \frac{m(1-c-2\sqrt{kr})^2}{4} + \frac{(1-m)(1-c-N)^2}{4} \tag{5.21}$$

命题 5.3 的第①点和命题 5.1 的第①点及命题 5.2 的第①点完全相同，其解释也相同。命题 5.3 的第②点表明，仅当消费者的耐心程度中等时，线上和线下渠道才能并存，此时双渠道间竞争程度较低。若消费者较耐心，则交付成本较低且此时的线上利润较高，因而线下渠道被线上渠道占优；反之，若消费者不耐心，则会导致很高的交付成本，此时线上渠道会被线下渠道占优。从命题 5.3 的第③点可以发现，线下渠道的单位利润总是高于线上渠道。否则，仅在单一渠道提供实体版产品能够增加利润。这表明，当双渠道并存时厂商可采取价格歧视策略来增加利润。

5.2.3 双版本情形

上文考虑了厂商仅提供数字版或实体版的单版本情形，接下来需要考虑厂商同时提供实体版和数字版的双版本情形。在该情形下，既存在实体版和数字版之间的竞争，也存在渠道间的竞争。渠道竞争还可分为两类，即实体渠道（线上和线下渠道）和数字渠道的竞争，以及实体渠道之间的竞争。因为数字版仅可通过数字渠道提供，只需考虑实体版的渠道选择问题，本情形同样包含三种策略：① PD_{I} 策略，即提供数字版且仅在线上渠道提供实体版；② PD_{II} 策略，即提供数字版且仅在线下渠道提供实体版；③ PD_{III} 策略，即提供数字版且在线上和线下双渠道提供实体版。显然，PD_{I} 策略和 P_{I} 策略的唯一区别是前者多了数字版可供消费者选择。对 PD_{II} 策略和 P_{II} 策略，及 PD_{III} 策略和 P_{III} 策略同理。

首先分析 PD_{I} 策略。显然，当 $u(P_{on}) > \max\{u(D), 0\}$ 时，消费者会购买实体版；当 $u(D) > \max\{u(P_{on}), 0\}$ 时，消费者会购买数字版。因此，实体版和数字版的需求分别为 $Q_{PD_{1,on}} = 1 - \dfrac{p_1^{on}+rt-p_2}{1-q}$ 和 $Q_{PD_{1,d}} = \dfrac{p_1^{on}+rt-p_2}{1-q} - \dfrac{p_2}{q}$。厂商的利润函数可写成：

$$\max_{p_1^{on},p_2,t}\Pi_{PD_{\mathrm{I}}}=Q_{PD_{\mathrm{I},on}}\left(p_1^{on}-c-\frac{k}{t}\right)+Q_{PD_{\mathrm{I},d}}p_2 \tag{5.22}$$

分析上述利润函数,可得如下引理。

引理5.4 ① $\Pi_{PD_{\mathrm{I}}}$ 是关于 p_1^{on} 和 p_2 的严格联合凹函数,是关于 t 的严格凹函数,但不是关于 p_1^{on}、p_2 和 t 的联合凹函数。

② 对任意给定的交付时间 t,最优线上和数字版价格分别 $p_1^{on}(t)=\dfrac{1+c+\dfrac{k}{t}-rt}{2}$ 和 $p_2(t)=\dfrac{q}{2}$。

证明: ① 求解 $\Pi_{PD_{\mathrm{I}}}$ 关于 p_1^{on}、p_2 和 t 的二阶导数,可得海塞矩阵:

$$
H_4=\begin{vmatrix}
\dfrac{\partial^2\Pi_{PD_{\mathrm{I}}}}{\partial p_1^{on2}} & \dfrac{\partial^2\Pi_{PD_{\mathrm{I}}}}{\partial p_1^{on}\partial p_2} & \dfrac{\partial^2\Pi_{PD_{\mathrm{I}}}}{\partial p_1^{on}\partial t} \\[3mm]
\dfrac{\partial^2\Pi_{PD_{\mathrm{I}}}}{\partial p_2\partial p_1^{on}} & \dfrac{\partial^2\Pi_{PD_{\mathrm{I}}}}{\partial p_2^2} & \dfrac{\partial^2\Pi_{PD_{\mathrm{I}}}}{\partial p_2\partial t} \\[3mm]
\dfrac{\partial^2\Pi_{PD_{\mathrm{I}}}}{\partial t\partial p_1^{on}} & \dfrac{\partial^2\Pi_{PD_{\mathrm{I}}}}{\partial t\partial p_2} & \dfrac{\partial^2\Pi_{PD_{\mathrm{I}}}}{\partial t^2}
\end{vmatrix}
$$

$$
=\begin{vmatrix}
\dfrac{-2}{1-q} & \dfrac{2}{1-q} & \dfrac{-1}{1-q}\left(\dfrac{k}{t^2}+r\right) \\[3mm]
\dfrac{2}{1-q} & \dfrac{-2}{1-q}-\dfrac{2}{q} & \dfrac{1}{1-q}\left(\dfrac{k}{t^2}+r\right) \\[3mm]
\dfrac{-1}{1-q}\left(\dfrac{k}{t^2}+r\right) & \dfrac{1}{1-q}\left(\dfrac{k}{t^2}+r\right) & \dfrac{-2k(1-q-p_1^{on}+p_2)}{(1-q)t^3}
\end{vmatrix}
$$

因 $\dfrac{\partial^2\Pi_{PD_{\mathrm{I}}}}{\partial p_1^{on2}}=\dfrac{-2}{1-q}<0$ 且 $\begin{vmatrix}\dfrac{\partial^2\Pi_{PD_{\mathrm{I}}}}{\partial p_1^{on2}} & \dfrac{\partial^2\Pi_{PD_{\mathrm{I}}}}{\partial p_1^{on}\partial p_2}\\[3mm]\dfrac{\partial^2\Pi_{PD_{\mathrm{I}}}}{\partial p_2\partial p_1^{on}} & \dfrac{\partial^2\Pi_{P_{\mathrm{III}}}}{\partial p_2^2}\end{vmatrix}=\begin{vmatrix}\dfrac{-2}{1-q} & \dfrac{2}{1-q}\\[3mm]\dfrac{2}{1-q} & \dfrac{-2}{1-q}-\dfrac{2}{q}\end{vmatrix}=$

$\dfrac{4}{q(1-q)}>0$,$\Pi_{PD_{\mathrm{I}}}$ 关于 p_1^{on} 和 p_2 严格联合凹。由 $\dfrac{\partial^2\Pi_{PD_{\mathrm{I}}}}{\partial t^2}=$

$\dfrac{-2k(1-q-p_1^{on}+p_2)}{(1-q)t^3}<0$,可得 $\Pi_{PD_{\mathrm{I}}}$ 关于 t 严格凹。但当 r 的取值较大时,

$|H_4|=\dfrac{2\left(\left(\dfrac{k}{t^2}+r\right)^2-(1-q-p_1^{on}+p_2)\dfrac{4k}{t^3}\right)}{(1-q)^2q}$ 可能为正,这意味着 $\Pi_{PD_{\mathrm{I}}}$ 不是关于

p_1^{on}、p_2 和 t 的联合凹函数。

② 对任意给定的 t，Π_{PD_1} 关于 p_1^{on} 和 p_2 的一阶条件为：

$$\begin{cases} \dfrac{\partial \Pi_{PD_1}}{\partial p_1^{on}} = 1 + \dfrac{-2p_1^{on} + 2p_2 + c + \dfrac{k}{t} - rt}{1-q} = 0 \\[4mm] \dfrac{\partial \Pi_{PD_1}}{\partial p_2} = \dfrac{2p_1^{on} - 2p_2 - c - \dfrac{k}{t} + rt}{1-q} - \dfrac{2p_2}{q} = 0 \end{cases} \tag{5.23}$$

求解上述方程组，可得：

$$\begin{cases} p_1^{on}(t) = \dfrac{1 + c + \dfrac{k}{t} - rt}{2} \\[4mm] p_2(t) = \dfrac{q}{2} \end{cases} \tag{5.24}$$

引理 5.4 的第①点确保了两阶段最优化方法可以用来求解利润函数式(5.22)。从第②点发现，数字版产品的最优价格和交付时间无关。为简化表述，定义 $M = 1 - q - c$，M 为实体版和数字版产品的净质量（质量减去生产成本）之差。将式(5.24)代入式(5.22)，利润函数可以写成：

$$\Pi_{PD_1}(t) = \dfrac{\left(M - \dfrac{k}{t} - rt\right)^2}{4(1-q)} + \dfrac{q}{4} \tag{5.25}$$

求解最优的 t，可得如下命题的结论。

命题 5.4　在 PD_1 策略下，

① 当 $0 < M < 2\sqrt{kr}$，D 策略占优于 PD_1 策略；

② 当 $2\sqrt{kr} < M < 1$，最优价格和交付时间分别为 $p_1^{on*} = \dfrac{1+c}{2}$，$p_2^* = \dfrac{q}{2}$，$t^* = \sqrt{\dfrac{k}{r}}$。

证明：显然 $p_2^* = \dfrac{q}{2}$ 与 t 无关，因此可以断定数字版的单位利润为 $\dfrac{q}{2}$，产品总需求为 $\dfrac{1}{2}$。这表明，厂商在线上渠道提供实体版的条件是 $p_1^{on} - c - \dfrac{k}{t} > \dfrac{q}{2}$；否则，提供实体版反而会导致利润降低。此外，线上渠道实体版的需求为 $1 - \dfrac{p_1^{on} - rt - p_2}{1-q}$。因此，仅当存在 p_1^{on} 满足 $p_1^{on} \in \left(c + \dfrac{k}{t} + \dfrac{q}{2}, 1 - \dfrac{q}{2} - rt\right)$ 时，厂商才会在线上渠道提供实体版产品，这意味着 $M - \dfrac{k}{t} - rt > 0$。令 $G_3(t) = M - \dfrac{k}{t} - rt$，

可得 $t=\sqrt{\dfrac{k}{r}}$ 时，$G_3(t)_{\max}=M-2\sqrt{kr}$。若 $G_3(t)_{\max}<0$，则显然不存在 p_1^{on} 满足 $p_1^{on}\in\left(c+\dfrac{k}{t}+\dfrac{q}{2},1-\dfrac{q}{2}-rt\right)$。若存在某 $t>0$ 满足 $M-\dfrac{k}{t}-rt>0$，则最大化 $\Pi_{PD_\mathrm{I}}(t)$ 等价于最大化 $G_3(t)$。在此基础上，可得 $p_1^{on*}=\dfrac{1+c}{2}$，$t^*=\sqrt{\dfrac{k}{r}}$，且此时的最优利润为：

$$\Pi_{PD_\mathrm{I}}^*=\frac{(M-2\sqrt{kr})^2}{4(1-q)}+\frac{q}{4} \tag{5.26}$$

通过比较命题 5.4 和命题 5.1 可以发现，提供数字版并不影响线上渠道的最优解。但若数字版的质量足够高时，则厂商不会选择线上渠道。在 PD_I 策略和 D 策略下，数字版的最优价格相等，这意味着总需求也相等。因此，仅当线上渠道能够提供高于数字渠道的单位利润时，厂商才会在线上渠道提供实体版，即需满足 $\dfrac{1+c}{2}-\sqrt{kr}>\dfrac{q}{2}$。但在 P_I 策略下，只需确保线上渠道能够获取正利润，即满足 $\dfrac{1+c}{2}-\sqrt{kr}>0$。因此，厂商提供数字版会导致数字版和实体版之间，以及数字渠道和线上渠道之间的竞争。该竞争导致了在数字版质量较高时，厂商更倾向于只提供数字版。

若厂商选择 PD_II 策略，当 $u_i(P_{off})>\max\{u(D),0\}$ 时，群体 i 中的消费者将会购买实体版。类似地，若 $u(D)>\max\{u_i(P_{off}),0\}$，群体 i 中的消费者将会购买数字版。类似 P_II 策略，根据线下渠道目标消费者群体的不同存在两种情况：① 情况 A，即 $\dfrac{p_1^{off}+H_h-s-p_2}{1-q}>1>\dfrac{p_1^{off}+H_l-s-p_2}{1-q}$ 且线下渠道的需求仅来源于群体 l；② 情况 B，即 $\dfrac{p_1^{off}+H_h-s-p_2}{1-q}<1$ 且线下渠道的需求来源于两个群体。情况 A 条件下，实体版和数字版的需求分别为 $Q_{PD_\mathrm{II},A,off}=(1-m)\left(1-\dfrac{p_1^{off}+H_l-s-p_2}{1-q}\right)$ 和 $Q_{PD_\mathrm{II},A,d}=(1-m)\left(\dfrac{p_1^{off}+H_l-s-p_2}{1-q}-\dfrac{p_2}{q}\right)+m\left(1-\dfrac{p_2}{q}\right)$。若情况 B 成立，双版本的需求分别为 $Q_{PD_\mathrm{II},B,off}=(1-m)\left(1-\dfrac{p_1^{off}+H_l-s-p_2}{1-q}\right)+m\left(1-\dfrac{p_1^{off}+H_h-s-p_2}{1-q}\right)$ 和 $Q_{PD_\mathrm{II},B,d}=(1-m)\left(\dfrac{p_1^{off}+H_l-s-p_2}{1-q}-\dfrac{p_2}{q}\right)+m\left(\dfrac{p_1^{off}+H_h-s-p_2}{1-q}-\dfrac{p_2}{q}\right)$。厂商的利润函数为：

$$\max_{p_1^{off}, p_2, s} \Pi_{PD_{\text{II}}} = \begin{cases} Q_{PD_{\text{II}},A,off}(p_1^{off} - c - \Delta c - \alpha s^2) + Q_{PD_{\text{II}},A,d} p_2, \\ \\ \text{当}\ \dfrac{p_1^{off} + H_h - s - p_2}{1-q} > 1 > \dfrac{p_1^{off} + H_l - s - p_2}{1-q} \\ \\ Q_{PD_{\text{II}},B,off}(p_1^{off} - c - \Delta c - \alpha s^2) + Q_{PD_{\text{II}},B,d} p_2, \\ \\ \text{当}\ \dfrac{p_1^{off} + H_h - s - p_2}{1-q} < 1 \end{cases} \quad (5.27)$$

对利润函数式(5.27)进行分析,可得如下引理。

引理 5.5 ① 在情况 A 和情况 B 下,$\Pi_{PD_{\text{II}}}$ 是关于 p_1^{off} 和 p_2 的严格联合凹函数,也是关于 s 的严格凹函数,但不是关于 p_1^{off}、p_2 和 s 的联合凹函数。

② 对任意给定的服务价值 s,情况 A 和情况 B 下的最优线下价格分别为 $p_{1,A}^{off}(s) = \dfrac{1 + c + \Delta c - H_l + s + \alpha s^2}{2}$ 和 $p_{1,B}^{off}(s) = \dfrac{1 + c + \Delta c - (1-m)H_l - mH_h + s + \alpha s^2}{2}$。对任意给定的服务价值 s,数字版的最优价格为 $p_2(s) = \dfrac{q}{2}$。

证明:① 用 $\Pi_{PD_{\text{II}},A}$ 表示情况 A 下的利润函数,求解 $\Pi_{PD_{\text{II}},A}$ 关于 p_1^{off}、p_2 和 s 的二阶导数,可得海塞矩阵:

$$H_{5,A} = \begin{vmatrix} \dfrac{\partial^2 \Pi_{PD_{\text{II}},A}}{\partial p_1^{off2}} & \dfrac{\partial^2 \Pi_{PD_{\text{II}},A}}{\partial p_1^{off} \partial p_2} & \dfrac{\partial^2 \Pi_{PD_{\text{II}},A}}{\partial p_1^{off} \partial s} \\ \\ \dfrac{\partial^2 \Pi_{PD_{\text{II}},A}}{\partial p_2 \partial p_1^{off}} & \dfrac{\partial^2 \Pi_{PD_{\text{II}},A}}{\partial p_2^2} & \dfrac{\partial^2 \Pi_{PD_{\text{II}},A}}{\partial p_2 \partial s} \\ \\ \dfrac{\partial^2 \Pi_{PD_{\text{II}},A}}{\partial s \partial p_1^{off}} & \dfrac{\partial^2 \Pi_{PD_{\text{II}},A}}{\partial s \partial p_2} & \dfrac{\partial^2 \Pi_{PD_{\text{II}},A}}{\partial s^2} \end{vmatrix}$$

$$= \begin{pmatrix} \dfrac{-2(1-m)}{1-q} & \dfrac{2(1-m)}{1-q} & \dfrac{(1-m)(1+2\alpha s)}{1-q} \\ \\ \dfrac{2(1-m)}{1-q} & \dfrac{-2(1-mq)}{q(1-q)} & \dfrac{-(1-m)(1+2\alpha s)}{1-q} \\ \\ \dfrac{(1-m)(1+2\alpha s)}{1-q} & \dfrac{(1-m)(1+2\alpha s)}{(1-q)} & \dfrac{-2\alpha(1-m)(1-q-p_1^{off}+p_2-G_i+3s)}{1-q} \end{pmatrix}$$

因为 $\dfrac{\partial^2 \Pi_{PD_{\text{II}},A}}{\partial p_1^{off2}} = \dfrac{-2(1-m)}{1-q} < 0$,且 $\begin{vmatrix} \dfrac{\partial^2 \Pi_{PD_{\text{II}},A}}{\partial p_1^{off2}} & \dfrac{\partial^2 \Pi_{PD_{\text{II}},A}}{\partial p_1^{off} \partial p_2} \\ \\ \dfrac{\partial^2 \Pi_{PD_{\text{II}},A}}{\partial p_2 \partial p_1^{off}} & \dfrac{\partial^2 \Pi_{PD_{\text{II}},A}}{\partial p_2^2} \end{vmatrix} =$

$$\begin{vmatrix} \dfrac{-2(1-m)}{1-q} & \dfrac{2(1-m)}{1-q} \\[3mm] \dfrac{2(1-m)}{1-q} & \dfrac{-2(1-mq)}{q(1-q)} \end{vmatrix} = \dfrac{4(1-m)}{q(1-q)} > 0,$$ 这表明 $\Pi_{PD_{\mathrm{II}},A}$ 关于 p_1^{off} 和 p_2 严格

联合凹。此外,由 $\dfrac{\partial^2 \Pi_{PD_{\mathrm{II}},A}}{\partial s^2} = \dfrac{-2\alpha(1-m)(1-q-p_1^{off}+p_2-H_l+3s)}{1-q} < 0,$ 可

得 $\Pi_{PD_{\mathrm{II}},A}$ 关于 s 严格凹。但当 α 的取值较小时,$\mid H_{5,A} \mid =$

$\dfrac{2(1-m)^2(1-8\alpha s-4\alpha(1-q-p_1^{off}+p_2-H_l-\alpha s^2))}{(1-q)^2 q}$ 可能为负,这意味着

$\Pi_{PD_{\mathrm{II}},A}$ 不是关于 p_1^{off}、p_2 和 s 的联合凹函数。

用 $\Pi_{PD_{\mathrm{II}},B}$ 表示情况 B 下的利润函数,基于同样的方法可知:$\Pi_{PD_{\mathrm{II}},B}$ 关于 p_1^{off} 和 p_2 严格联合凹,关于 s 严格凹,但不是关于 p_1^{off}、p_2 和 s 的联合凹函数。

② 对任意给定的 s,$\Pi_{PD_{\mathrm{II}},A}$ 关于 p_1^{off} 和 p_2 的一阶条件为:

$$\begin{cases} \dfrac{\partial \Pi_{PD_{\mathrm{II}}}}{\partial p_1^{off}} = (1-m)\left(1 + \dfrac{-2p_1^{off}+2p_2+c+\Delta c-H_l+s+\alpha s^2}{1-q}\right) = 0 \\[4mm] \dfrac{\partial \Pi_{PD_{\mathrm{II}}}}{\partial p_2} = m\left(1 - \dfrac{2p_2}{q}\right) + (1-m)\left(\dfrac{2p_1^{off}-2p_2-c-\Delta c+H_l-s-\alpha s^2}{1-q} - \dfrac{2p_2}{q}\right) = 0 \end{cases}$$

$$(5.28)$$

求解上述方程组可得:

$$\begin{cases} p_{1,A}^{off}(s) = \dfrac{1+c+\Delta c-H_l+s+\alpha s^2}{2} \\[4mm] p_{2,A}(s) = \dfrac{q}{2} \end{cases} \tag{5.29}$$

对于情况 B,采用同样的方法可得:

$$\begin{cases} p_{1,B}^{off}(s) = \dfrac{1+c+\Delta c-(1-m)H_l-mH_h+s+\alpha s^2}{2} \\[4mm] p_{2,B}(s) = \dfrac{q}{2} \end{cases} \tag{5.30}$$

引理 5.5 的第①点表明,可以基于两阶段最优化方法求解利润函数式(5.27)。第②点则指出,数字版的最优价格和服务价值无关,这类似引理 5.4 的第②点的结论。将式(5.29)和式(5.30)代入式(5.27),可将利润函数写成:

$$\Pi_{PD_{II}}(s)=\begin{cases}\dfrac{(1-m)(M-\Delta c-H_l+s-\alpha s^2)^2}{4(1-q)}+\dfrac{q}{4},\\[4pt]\quad 当\dfrac{p_1^{off}+H_h-s-p_2}{1-q}>1>\dfrac{p_1^{off}+H_l-s-p_2}{1-q}\\[8pt]\dfrac{(M-\Delta c-(1-m)H_l-mH_h+s-\alpha s^2)^2}{4(1-q)}+\dfrac{q}{4},\\[4pt]\quad 当\dfrac{p_1^{off}+H_h-s-p_2}{1-q}<1\end{cases}\tag{5.31}$$

求解上述利润最大化问题,可得如下命题的结论。

命题 5.5 在 PD_{II} 策略下,

① 当 $0<M<N$, D 策略占优于 PD_{II} 策略;

② 当 $N<M<N+(1+\sqrt{1-m})\Delta H$, 最优价格和服务价值分别为 $p_1^{off*}=\dfrac{1+c+\Delta c-H_l}{2}+\dfrac{3}{8\alpha}$,$p_2^*=\dfrac{q}{2}$,$s^*=\dfrac{1}{2\alpha}$;

③ 当 $N+(1+\sqrt{1-m})\Delta H<M<1$, 最优价格和服务价值分别为 $p_1^{off*}=\dfrac{1+c+\Delta c-(1-m)H_l-mH_h}{2}+\dfrac{3}{8\alpha}$,$p_2^*=\dfrac{q}{2}$,$s^*=\dfrac{1}{2\alpha}$。

证明: 显然 $p_2^*=\dfrac{q}{2}$ 与 s 无关,这表明总需求始终为 $\dfrac{1}{2}$。 因此,仅当 $p_1^{off}-c-\Delta c-\alpha s^2>p_2$ 且 $1-\dfrac{p_1^{off}+H_l-s-p_2}{1-q}>0$ 成立时,厂商会在线下渠道提供实体版。

令 $G_4(s)=M-\Delta c-H_l+s-\alpha s^2$,可得当 $s=\dfrac{1}{2\alpha}$ 时,该函数取得最大值 $G_4(s)_{max}=M-N$。 若 $G_4(s)_{max}<0$,则意味着不存在 p_1^{off} 能够使得线下渠道获得比数字渠道更高的单位利润;反之,若 $G_4(s)_{max}>0$,最大化 $\Pi_{PD_{II},A}(s)$ 等价于最大化 $G_4(s)$,且线下渠道的最优解为 $s^*=\dfrac{1}{2\alpha}$,$p_1^{off*}=\dfrac{1+c+\Delta c-H_l}{2}+\dfrac{3}{8\alpha}$。 不需要考虑最优解是否满足 $1-\dfrac{p_1^{off*}+H_h-s^*-p_2^*}{1-q}<0$,原因在于 $1-\dfrac{p_1^{off*}+H_h-s^*-p_2^*}{1-q}>0$ 意味着情况 B 占优于情况 A。

基于同样的方法求解,可以得出情况 B 条件下的最优解为 $p_1^{off*}=\dfrac{1+c+\Delta c-(1-m)H_l-mH_h}{2}+\dfrac{3}{8\alpha}$,$p_2^*=\dfrac{q}{2}$ 和 $s^*=\dfrac{1}{2\alpha}$。 此外,还需满足 $M-N-\Delta H>0$,否则情况 B 无法获得正利润或被情况 A 占优。 两种情况下的最优利润分别为:

$$\Pi_{PD_{II},A}^*=\dfrac{(1-m)(M-N)^2}{4(1-q)}+\dfrac{q}{4}\tag{5.32}$$

$$\Pi^*_{PD_{\mathrm{II}},B} = \frac{(M-N-m\Delta H)^2}{4(1-q)} + \frac{q}{4} \tag{5.33}$$

比较两种情况下的利润，$\Pi^*_{PD_{\mathrm{II}},A} > \Pi^*_{PD_{\mathrm{II}},B}$ 等价于 $\sqrt{1-m}(M-N) > M-N-m\Delta H$，求解该不等式，可得 $M < N+(1+\sqrt{1-m})\Delta H$。

命题 5.5 类似于命题 5.2。显然，提供数字版不会影响线下渠道的最优解。然而，与命题 5.2 的第①点不同，命题 5.5 的第①点表明，当数字版具有较高的质量时，数字渠道将占优于线上渠道。这意味着数字版和实体版以及数字渠道和线下渠道之间存在的竞争会降低厂商在线下渠道提供实体版的意愿，该结论与命题 5.4 相似。此外，对于实体版而言，厂商面临着需求和单位利润的权衡取舍，如命题 5.5 的第②点和第③点所示。类似于命题 5.2，同样存在一个临界值 $N+(1+\sqrt{1-m})\Delta H$。

最后考虑 PD_{III} 策略。该策略意味着厂商在所有可能的渠道提供了所有可能的产品版本，此时渠道竞争程度最高。类似 P_{III} 策略，线上和线下渠道的需求分别仅来源于消费者群体 h 和 l，否则线上和线下渠道间的竞争将导致某个渠道无法产生需求。因此，需要 $p_1^{off}+H_l-s < p_1^{on}+rt < p_1^{off}+H_h-s$ 以确保线上和线下渠道间竞争程度较低，从而均产生需求。当 $u(P_{on}) > \max(u(D),0)$ 时，群体 h 中的消费者会在线上渠道购买实体版；当 $u(D) > \max(u(P_{on}),0)$ 时，群体 h 中的消费者会购买数字版。类似地，当 $u_l(P_{off}) > \max(u(D),0)$ 时，群体 l 中的消费者会在线下渠道购买实体版；当 $u(D) > \max(u_l(P_{off}),0)$ 时，群体 l 中的消费者会购买数字版。在此基础上，可得各个渠道的需求。对实体版而言，线下和线上渠道的需求分别为
$Q_{PD_{\mathrm{III}},off} = (1-m)\left(1 - \frac{p_1^{off}+H_l-s-p_2}{1-q}\right)$ 和 $Q_{PD_{\mathrm{III}},on} = m\left(1 - \frac{p_1^{on}+rt-p_2}{1-q}\right)$；数字版的需求则为 $Q_{PD_{\mathrm{III}},d} = (1-m)\left(\frac{p_1^{off}+H_l-s-p_2}{1-q} - \frac{p_2}{q}\right) + m\left(\frac{p_1^{on}+rt-p_2}{1-q} - \frac{p_2}{q}\right)$。厂商的利润函数可写成：

$$\max_{p_1^{on},p_1^{off},p_2,t,s} \Pi_{PD_{\mathrm{III}}} = Q_{PD_{\mathrm{III}},off}(p_1^{off}-c-\Delta c - \alpha s^2) + Q_{PD_{\mathrm{III}},on}\left(p_1^{on}-c-\frac{k}{t}\right) + Q_{PD_{\mathrm{III}},d}\,p_2$$
$$\text{当 } p_1^{off}+H_l-s < p_1^{on}+rt < p_1^{off}+H_h-s \tag{5.34}$$

分析上述利润函数的形式，可得如下引理。

引理 5.6 ① $\Pi_{PD_{\mathrm{III}}}$ 是关于 p_1^{on}、p_1^{off} 和 p_2 的严格联合凹函数，是关于 t 的严格凹函数，也是关于 s 的严格凹函数，但不是关于 p_1^{on}、p_1^{off}、p_2、t 和 s 的联合凹函数。

② 对任意给定的交付时间 t 和服务价值 s，线上、线下和数字渠道的最优价格分别为

$$p_1^{on}(t,s) = \frac{1+c+\frac{k}{t}-rt}{2}、\quad p_1^{off}(t,s) = \frac{1+c+\Delta c - H_l+s+\alpha s^2}{2} \text{ 和 } p_2(t,s) = \frac{q}{2}。$$

证明：① 求解 $\Pi_{PD_{\mathrm{III}}}$ 关于 p_1^{on}、p_1^{off}、p_2、t 和 s 的二阶导数，可得海塞矩阵：

$$H_6 = \begin{pmatrix} \dfrac{\partial^2 \Pi_{PD_{\text{III}}}}{\partial p_1^{on2}} & \dfrac{\partial^2 \Pi_{PD_{\text{III}}}}{\partial p_1^{on} \partial p_1^{off}} & \dfrac{\partial^2 \Pi_{PD_{\text{III}}}}{\partial p_1^{on} \partial p_2} & \dfrac{\partial^2 \Pi_{PD_{\text{III}}}}{\partial p_1^{on} \partial t} & \dfrac{\partial^2 \Pi_{PD_{\text{III}}}}{\partial p_1^{on} \partial s} \\[2ex] \dfrac{\partial^2 \Pi_{PD_{\text{III}}}}{\partial p_1^{off} \partial p_1^{on}} & \dfrac{\partial^2 \Pi_{PD_{\text{III}}}}{\partial p_1^{off2}} & \dfrac{\partial^2 \Pi_{PD_{\text{III}}}}{\partial p_1^{off} \partial p_2} & \dfrac{\partial^2 \Pi_{PD_{\text{III}}}}{\partial p_1^{off} \partial t} & \dfrac{\partial^2 \Pi_{PD_{\text{III}}}}{\partial p_1^{off} \partial s} \\[2ex] \dfrac{\partial^2 \Pi_{PD_{\text{III}}}}{\partial p_2 \partial p_1^{on}} & \dfrac{\partial^2 \Pi_{PD_{\text{III}}}}{\partial p_2 \partial p_1^{off}} & \dfrac{\partial^2 \Pi_{PD_{\text{III}}}}{\partial p_2^2} & \dfrac{\partial^2 \Pi_{PD_{\text{III}}}}{\partial p_2 \partial t} & \dfrac{\partial^2 \Pi_{PD_{\text{III}}}}{\partial p_2 \partial s} \\[2ex] \dfrac{\partial^2 \Pi_{PD_{\text{III}}}}{\partial t \partial p_1^{on}} & \dfrac{\partial^2 \Pi_{PD_{\text{III}}}}{\partial t \partial p_1^{off}} & \dfrac{\partial^2 \Pi_{PD_{\text{III}}}}{\partial t \partial p_2} & \dfrac{\partial^2 \Pi_{PD_{\text{III}}}}{\partial t^2} & \dfrac{\partial^2 \Pi_{PD_{\text{III}}}}{\partial t \partial s} \\[2ex] \dfrac{\partial^2 \Pi_{PD_{\text{III}}}}{\partial s \partial p_1^{on}} & \dfrac{\partial^2 \Pi_{PD_{\text{III}}}}{\partial s \partial p_1^{off}} & \dfrac{\partial^2 \Pi_{PD_{\text{III}}}}{\partial s \partial p_2} & \dfrac{\partial^2 \Pi_{PD_{\text{III}}}}{\partial s \partial t} & \dfrac{\partial^2 \Pi_{PD_{\text{III}}}}{\partial s^2} \end{pmatrix}$$

$$= \begin{pmatrix} \dfrac{-2m}{1-q} & 0 & \dfrac{2m}{1-q} & \dfrac{-m}{1-q}\left(\dfrac{k}{t^2}+r\right) & 0 \\[2ex] 0 & \dfrac{-2(1-m)}{1-q} & \dfrac{2(1-m)}{1-q} & 0 & \dfrac{1-m}{1-q}(1+2\alpha s) \\[2ex] \dfrac{2m}{1-q} & \dfrac{2(1-m)}{1-q} & \dfrac{-2}{(1-q)q} & \dfrac{m}{1-q}\left(\dfrac{k}{t^2}+r\right) & -\dfrac{1-m}{1-q}(1+2\alpha s) \\[2ex] \dfrac{-m}{1-q}\left(\dfrac{k}{t^2}+r\right) & 0 & \dfrac{m}{1-q}\left(\dfrac{k}{t^2}+r\right) & \dfrac{-2mk(1-q-p_1^{on}+p_2)}{t^3} & 0 \\[2ex] 0 & \dfrac{1-m}{1-q}(1+2\alpha s) & -\dfrac{1-m}{1-q}(1+2\alpha s) & 0 & \begin{array}{c} -2(1-m)\alpha(1-q-p_1^{off}+ \\ p_2-H_l+3s)/1-q \end{array} \end{pmatrix}$$

因 $\dfrac{\partial^2 \Pi_{PD_{\text{III}}}}{\partial p_1^{on2}} = \dfrac{-2m}{1-q} < 0$，$\begin{vmatrix} \dfrac{\partial^2 \Pi_{PD_{\text{III}}}}{\partial p_1^{on2}} & \dfrac{\partial^2 \Pi_{PD_{\text{III}}}}{\partial p_1^{on} \partial p_1^{off}} \\[2ex] \dfrac{\partial^2 \Pi_{PD_{\text{III}}}}{\partial p_1^{off} \partial p_1^{on}} & \dfrac{\partial^2 \Pi_{PD_{\text{III}}}}{\partial p_1^{off2}} \end{vmatrix} = \begin{vmatrix} \dfrac{-2m}{1-q} & 0 \\[2ex] 0 & \dfrac{-2(1-m)}{1-q} \end{vmatrix} = \dfrac{4m(1-m)}{(1-q)^2}$

> 0，且 $\begin{vmatrix} \dfrac{\partial^2 \Pi_{PD_{\text{III}}}}{\partial p_1^{on2}} & \dfrac{\partial^2 \Pi_{PD_{\text{III}}}}{\partial p_1^{on} \partial p_1^{off}} & \dfrac{\partial^2 \Pi_{PD_{\text{III}}}}{\partial p_1^{on} \partial p_2} \\[2ex] \dfrac{\partial^2 \Pi_{PD_{\text{III}}}}{\partial p_1^{off} \partial p_1^{on}} & \dfrac{\partial^2 \Pi_{PD_{\text{III}}}}{\partial p_1^{off2}} & \dfrac{\partial^2 \Pi_{PD_{\text{III}}}}{\partial p_1^{off} \partial p_2} \\[2ex] \dfrac{\partial^2 \Pi_{PD_{\text{III}}}}{\partial p_2 \partial p_1^{on}} & \dfrac{\partial^2 \Pi_{PD_{\text{III}}}}{\partial p_2 \partial p_1^{off}} & \dfrac{\partial^2 \Pi_{PD_{\text{III}}}}{\partial p_2^2} \end{vmatrix} = \begin{vmatrix} \dfrac{-2m}{1-q} & 0 & \dfrac{2m}{1-q} \\[2ex] 0 & \dfrac{-2(1-m)}{1-q} & \dfrac{2(1-m)}{1-q} \\[2ex] \dfrac{2m}{1-q} & \dfrac{2(1-m)}{1-q} & \dfrac{-2}{(1-q)q} \end{vmatrix} = $

$\dfrac{-8m(1-m)}{(1-q)^2 q} < 0$，$\Pi_{PD_{\text{III}}}$ 关于 p_1^{on}、p_1^{off} 和 p_2 严格联合凹。从 $\dfrac{\partial^2 \Pi_{PD_{\text{III}}}}{\partial t^2} = $

$\dfrac{-2mk(1-q-p_1^{on}+p_2)}{t^3} < 0$ 和 $\dfrac{\partial^2 \Pi_{PD_{\text{III}}}}{\partial s^2} = \dfrac{-2(1-m)\alpha(1-q-p_1^{off}+p_2-H_l+3s)}{1-q} < 0$，

可得 $\Pi_{PD_{\text{III}}}$ 关于 t 严格凹，关于 s 严格凹。但当 r 的取值较大或 α 的取值较小时，H_6 可能不是半负定的，这表明 $\Pi_{PD_{\text{III}}}$ 不是关于 p_1^{on}、p_1^{off}、p_2、t 和 s 的联合凹函数。

② $\Pi_{PD_{\text{III}}}$ 关于 p_1^{on}、p_1^{off} 和 p_2 的一阶条件为：

$$
\begin{cases}
\dfrac{\partial \Pi_{PD_{\text{III}}}}{\partial p_1^{on}} = m\left(1 + \dfrac{-2p_1^{on} + 2p_2 + c + \dfrac{k}{t} - rt}{1-q}\right) = 0 \\[4mm]
\dfrac{\partial \Pi_{PD_{\text{III}}}}{\partial p_1^{off}} = (1-m)\left(1 + \dfrac{-2p_1^{off} + 2p_2 + c + \Delta c - H_l + s + \alpha s^2}{1-q}\right) = 0 \\[4mm]
\dfrac{\partial \Pi_{PD_{\text{III}}}}{\partial p_2} = m\left(\dfrac{2p_1^{on} - 2p_2 - c - \dfrac{k}{t} + rt}{1-q}\right) + \\[4mm]
\qquad\qquad (1-m)\left(\dfrac{2p_1^{off} - 2p_2 - c - \Delta c + H_l - s - \alpha s^2}{1-q}\right) - \dfrac{2p_2}{q} \\[4mm]
\qquad\qquad = 0
\end{cases}
\tag{5.35}
$$

求解上述方程组，可得：

$$
\begin{cases}
p_1^{on}(t,s) = \dfrac{1 + c + \dfrac{k}{t} - rt}{2} \\[4mm]
p_1^{off}(t,s) = \dfrac{1 + c + \Delta c - H_l + s + \alpha s^2}{2} \\[4mm]
p_2(t,s) = \dfrac{q}{2}
\end{cases}
\tag{5.36}
$$

引理 5.6 的第①点表明，两阶段最优化方法求解利润函数式(5.34)可行。从第②点和第③点可以发现，最优线上价格与服务价值无关，最优线下价格与交付时间无关，数字版的最优价格和服务价值及交付时间均无关。将式(5.36)代入式(5.34)，可将利润函数写成：

$$
\Pi_{PD_{\text{III}}}(t,s) = \frac{q}{4} + \frac{m\left(M - \dfrac{k}{t} - rt\right)^2 + (1-m)(M - \Delta c - H_l + s - \alpha s^2)^2}{4(1-q)}
\tag{5.37}
$$

求解上述利润最大化问题，可得如下命题的结论。

命题 5.6　在 PD_{III} 策略下，

① 当 $0 < M < 2\sqrt{kr}$，PD_{III} 策略被 PD_{II} 策略或 D 策略占优，当 $0 < M < N$，PD_{III} 策略被 PD_{I} 策略或 D 策略占优；

② 当 $0 < 2\sqrt{kr} < N$，线上渠道占优于线下渠道，当 $2\sqrt{kr} > N + 2\Delta H$，线下渠道占优于线上渠道；

③ 当 $N < M < 1$ 且 $N < 2\sqrt{kr} < \min\{N + 2\Delta H, M\}$，最优价格、交付时间和服务价值分别为 $p_1^{on*} = \dfrac{1+c}{2}$，$p_1^{off*} = \dfrac{1 + c + \Delta c - H_l}{2} + \dfrac{3}{8\alpha}$，$p_2^* = \dfrac{q}{2}$，$t^* = \sqrt{\dfrac{k}{r}}$，

$$s^* = \frac{1}{2\alpha}。$$

证明：显然 $p_2^* = \dfrac{q}{2}$ 与 s 和 t 均无关，且可得 $\Pi_{PD_{III}}(t,s) = m\Pi_{PD_{I}}(t) + \Pi_{PD_{II,A}}(s) - \dfrac{mq}{4}$，这意味着当满足条件 $M > \max\{2\sqrt{kr}, N\}$ 时，最优解为 $p_1^{on*} = \dfrac{1+c}{2}$，$t^* = \sqrt{\dfrac{k}{r}}$，$p_1^{off*} = \dfrac{1+c+\Delta c - H_l}{2} + \dfrac{3}{8\alpha}$，$s^* = \dfrac{1}{2\alpha}$。此外，为确保线上和线下渠道均会产生需求，需要 $p_1^{off*} + H_l - s^* < p_1^{on*} + rt^* < p_1^{off*} + H_h - s^*$。求解上述不等式组，可得 $N < 2\sqrt{kr} < N + 2\Delta H$。在此基础上，可得最优利润为：

$$\Pi_{PD_{III}}^* = \frac{m(M - 2\sqrt{kr})^2 + (1-m)(M-N)^2}{4(1-q)} + \frac{q}{4} \tag{5.38}$$

命题 5.6 表明，当厂商提供数字版时，线上和线下渠道并存的条件变得更加苛刻。原因在于，提供数字版会导致数字版和实体版以及数字渠道和实体渠道之间的竞争。这一竞争导致的结果如命题 5.6 的第①点所示，若数字版的质量足够高，则线上和线下两个渠道完全被数字渠道占优，此时即使线上和线下渠道间的竞争程度较低也无法保证这两个渠道均可能产生需求。命题 5.6 的第②点和命题 5.3 的第②点相同，不再赘述。通过比较命题 5.6 的第③点和命题 5.3 的第③点，发现提供数字版不会影响两个实体渠道的最优解，该结论与命题 5.4 和命题 5.5 中的结论类似。

尽管本节给出了厂商所有可能采取的策略的最优解，但是仍然有如下重要问题需要解决：厂商的最优产品组合（最优策略）是什么？渠道竞争和版本竞争如何影响厂商的最优产品组合？下一节将解决上述问题。

5.3 最优策略的分析

基于上一节给出的各策略最优解，本节将继续分析厂商的最优产品组合，也就是最优策略。为了求解最优策略，需要比较不同策略的利润情况。因策略的数量较多（七种），且部分策略可能存在不同的定价选择（如 P_{II} 策略和 PD_{II} 策略均包含两种不同的定价情况），直接对比所有策略的最优利润较为复杂。因此，考虑是否存在某些策略必然不会被厂商所选择。命题 5.1、命题 5.2 和命题 5.3 各自的第①点分别表明 P_I 策略、P_{II} 策略和 P_{III} 策略在某些情况下均不可能被采用（即此时采用该策略满足消费者的需求会导致负利润）。因此，先对这三种策略进行分析，可得到如下命题的结论。

命题 5.7 在任何条件下，P_I 策略、P_{II} 策略或 P_{III} 策略均不可能是厂商的最优策略。

证明：需要证明 P_I 策略、P_{II} 策略和 P_{III} 策略始终被其他策略占优。需要注意的是,这三个策略均存在无法采用的情况,这些情况不需要加以考虑,原因在于 D 策略能确保厂商获得正的利润,此时这些策略必然被 D 策略占优。因此,下文中只考虑这三种策略能够获得正利润的情况。

① P_{I} 策略必然被其他策略占优

采用 P_{I} 策略的条件为 $2\sqrt{kr}<1-c<1$,考虑如下两种情况。

a. $2\sqrt{kr}<1-q-c$

此时也满足采用 PD_{I} 策略的条件,对两种策略的利润作差,可得:

$$\Pi_{PD_{\mathrm{I}}}^{*}-\Pi_{P_{\mathrm{I}}}^{*}=\frac{q(c+2\sqrt{kr})^{2}}{4(1-q)}>0 \tag{5.39}$$

这表明此时 PD_{I} 策略占优于 P_{I} 策略。

b. $M<2\sqrt{kr}<1-c$

此时有 $q>1-c-2\sqrt{kr}$,且如下不等式成立:

$$\Pi_{P_{\mathrm{I}}}^{*}=\frac{(1-c-2\sqrt{kr})^{2}}{4}<\frac{q^{2}}{4}<\frac{q}{4}=\Pi_{D}^{*} \tag{5.40}$$

这意味着此时 D 策略占优于 P_{I} 策略。综上所述, P_{I} 策略始终被其他策略占优。

② P_{II} 策略必然被其他策略占优。

先考虑情况 A,此时有 $1-c\in(N,N+(1+\sqrt{1-m})\Delta H)$,考虑两种情形。

a. $N+(1+\sqrt{1-m})\Delta H>M>N$

此时可采用情况 A 下的 PD_{II} 策略,对两种策略的利润作差,可得:

$$\Pi_{PD_{\mathrm{II}},\mathrm{A}}^{*}-\Pi_{P_{\mathrm{II}},\mathrm{A}}^{*}=\frac{(1-m)q(c+N)^{2}}{4(1-q)}+\frac{mq}{4}>0 \tag{5.41}$$

这表明此时情况 A 下的 PD_{II} 策略占优于情况 A 下的 P_{II} 策略。

b. $N>M>0$

此时有 $q>1-c-N$,可得:

$$\Pi_{P_{\mathrm{II}},\mathrm{A}}^{*}=(1-m)\frac{(1-c-N)^{2}}{4}<\frac{(1-c-N)^{2}}{4}<\frac{q}{4}=\Pi_{D}^{*} \tag{5.42}$$

这意味着此时 D 策略占优于情况 A 下的 P_{II} 策略。

继续考虑情况 B,此时满足 $1-c\in(N+(1+\sqrt{1-m})\Delta H,1)$,分为三种情况讨论。

c. $1>M>N+(1+\sqrt{1-m})\Delta H$

此时可采用情况 B 下的 PD_{II} 策略,对两种策略的利润作差,可得:

$$\Pi^*_{PD_{\mathrm{II}},B} - \Pi^*_{P_{\mathrm{II}},B} = \frac{q(c+N+m\Delta H)^2}{4(1-q)} > 0 \tag{5.43}$$

这表明此时情况 B 下的 PD_{II} 策略占优于情况 B 下的 P_{II} 策略。

d. $N + (1+\sqrt{1-m}\,)\Delta H > M > N + m\Delta H$

此时可采用情况 A 下的 PD_{II} 策略,因 $\Pi^*_{PD_{\mathrm{II}},B} - \Pi^*_{P_{\mathrm{II}},B} > 0$,这意味着总存在 $\Pi^*_{PD_{\mathrm{II}},A} > \Pi^*_{PD_{\mathrm{II}},B} > \Pi^*_{P_{\mathrm{II}},B}$,此时情况 A 下的 PD_{II} 策略占优于情况 B 下的 P_{II} 策略。

e. $N + m\Delta H > M > 0$

此时有 $q > 1 - c - N - m\Delta H$,可得:

$$\Pi^*_{P_{\mathrm{II}},B} = \frac{(1-c-N-m\Delta H)^2}{4} < \frac{q^2}{4} < \frac{q}{4} = \Pi^*_D \tag{5.44}$$

这意味着此时 D 策略占优于情况 B 下的 P_{II} 策略。综上所述,P_{II} 策略始终被其他策略占优。

③ P_{III} 策略必然被其他策略占优。

此时有 $2\sqrt{kr} \in (N, N+2\Delta H)$ 和 $1-c > \max\{2\sqrt{kr}, N\}$,分为如下三种情况讨论。

a. $M > \max\{2\sqrt{kr}, N\}$

此时也可采用 PD_{III} 策略,对两种策略的利润作差,可得:

$$\Pi^*_{PD_{\mathrm{III}}} - \Pi^*_{P_{\mathrm{III}}} = \frac{(1-m)q(c+N)^2 + mq(c+2\sqrt{kr})^2}{4(1-q)} > 0 \tag{5.45}$$

这表明此时 PD_{III} 策略占优于 P_{III} 策略。

b. $2\sqrt{kr} > M > N$

此时有 $q > 1 - c - 2\sqrt{kr}$,这意味着满足采用 PD_{II} 策略的条件。因为不等式 $\frac{mq}{4} > \frac{mq^2}{4} > \frac{m(1-c-2\sqrt{kr})^2}{4}$ 和 $\frac{(1-m)(M-N)^2}{4(1-q)} + \frac{(1-m)q}{4} - \frac{(1-m)(1-c-N)^2}{4} = \frac{(1-m)q(c+N)^2}{4(1-q)} > 0$ 成立,有 $\Pi^*_{PD_{\mathrm{II}},A} > \Pi^*_{P_{\mathrm{III}}}$。若情况 B 占优于情况 A,则 $\Pi^*_{PD_{\mathrm{II}},B} > \Pi^*_{PD_{\mathrm{II}},A} > \Pi^*_{P_{\mathrm{III}}}$,这意味着此时 PD_{II} 策略占优于 P_{III} 策略。

c. $M < N$

首先,此时有 $2\sqrt{kr} > M$ 且 $q > 1 - c - 2\sqrt{kr}$ 成立。此外,还可得 $\frac{(1-m)q}{4} > \frac{(1-m)q^2}{4} > \frac{(1-m)(1-c-N)^2}{4}$ 和 $\frac{mq}{4} > \frac{mq^2}{4} > \frac{(1-m)(1-c-2\sqrt{kr})^2}{4}$。这意味着 $\Pi^*_D > \Pi^*_{P_{\mathrm{III}}}$,即此时 D 策略占优于 P_{III} 策略。综上所述,P_{III} 策略始终被其他策略占优。

命题 5.7 指出,仅提供实体版不可能是厂商的最优策略。原因在于,数字版没有生产成本,也不会产生运营成本、交付成本之类的渠道成本。对消费者而言,购买数字版也不会产生诸如麻烦成本之类的额外成本。因此,厂商和消费者均可从数字版的提供中获益。从产品和渠道竞争角度,尽管提供数字版会导致其与实体版的竞争,数字渠道和实体渠道之间也存在竞争,上述竞争甚至可能导致厂商不会提供实体版。但是,数字版和数字渠道的成本优势可以抵消这一竞争所带来的不利影响,进而提高厂商的利润。

上述命题表明,厂商的最优产品组合必然包含数字版,但是,仍然需要回答如下重要问题:厂商在什么条件下应当提供实体版,以及应当通过什么渠道提供? 通过比较剩余四种策略的利润,可以得到如下命题,该命题的结论回答了这一问题。

命题 5.8 ① 若 $0 < M < \min\{N, 2\sqrt{kr}\}$,则厂商的最优策略为 D 策略;

② 若 $0 < 2\sqrt{kr} < \min\{N, M\}$,则厂商的最优策略为 PD_{I} 策略;

③ 若 $N < M < N + (1 + \sqrt{1-m})\Delta H$ 且 $2\sqrt{kr} > M$,则厂商的最优策略为 PD_{II} 策略,且仅消费者群体 l 可能购买实体版;

④ 若 $N + (1 + \sqrt{1-m})\Delta H < M < 1$ 且 $2\sqrt{kr} > M - \sqrt{m\Delta H^2 + (M-N)(M-N-2\Delta H)}$,则厂商的最优策略为 PD_{II} 策略,且消费者群体 l 和 h 均可能购买实体版;

⑤ 若 $N < 2\sqrt{kr} < M < N + (1 + \sqrt{1-m})\Delta H$,或 $N + (1 + \sqrt{1-m})\Delta H < M < 1$ 且 $N < 2\sqrt{kr} < M - \sqrt{m\Delta H^2 + (M-N)(M-N-2\Delta H)}$,则厂商的最优策略为 PD_{III} 策略。

证明:先计算出各策略的利润之差。

$$\Pi_{PD_{\mathrm{I}}}^* - \Pi_D^* = \frac{(M - 2\sqrt{kr})^2}{4(1-q)} \tag{5.46}$$

$$\Pi_{PD_{\mathrm{II},A}}^* - \Pi_D^* = \frac{(1-m)(M-N)^2}{4(1-q)} \tag{5.47}$$

$$\Pi_{PD_{\mathrm{II},B}}^* - \Pi_D^* = \frac{(M - N - m\Delta H)^2}{4(1-q)} \tag{5.48}$$

$$\Pi_{PD_{\mathrm{III}}}^* - \Pi_D^* = \frac{m(M - 2\sqrt{kr})^2 + (1-m)(M-N)^2}{4(1-q)} \tag{5.49}$$

$$\Pi_{PD_{\mathrm{I}}}^* - \Pi_{PD_{\mathrm{II},A}}^* = \frac{(M - 2\sqrt{kr})^2 - (1-m)(M-N)^2}{4(1-q)} \tag{5.50}$$

$$\Pi_{PD_{\mathrm{I}}}^* - \Pi_{PD_{\mathrm{II},B}}^* = \frac{(M - 2\sqrt{kr})^2 - (M-N-m\Delta H)^2}{4(1-q)} \tag{5.51}$$

$$\Pi^*_{PD_{\mathrm{I}}} - \Pi^*_{PD_{\mathrm{III}}} = \frac{(1-m)((M-2\sqrt{kr})^2 - (M-N)^2)}{4(1-q)} \tag{5.52}$$

$$\Pi^*_{PD_{\mathrm{II},\mathrm{A}}} - \Pi^*_{PD_{\mathrm{III}}} = \frac{-m(M-2\sqrt{kr})^2}{4(1-q)} \tag{5.53}$$

此外,因 $\Pi^*_{PD_{\mathrm{II},\mathrm{B}}} - \Pi^*_{PD_{\mathrm{III}}}$ 的形式较复杂,为方便比较,令 $2\sqrt{kr} = x$,并定义

$$\Pi(x) = \Pi^*_{PD_{\mathrm{II},\mathrm{B}}} - \Pi^*_{PD_{\mathrm{III}}} \tag{5.54}$$

式(5.46)意味着只要 $M - 2\sqrt{kr} > 0$,则 PD_{I} 策略占优于 D 策略,而这正是命题 5.4 中的第②点给出的能够采用 PD_{I} 策略的条件。原因在于,命题 5.4 已经比较了 PD_{I} 策略和 D 策略的利润,并给出了结论。类似的情况也发生在式(5.47)~(5.49)。因此,只要满足命题 5.4~5.6 中给出的采用各策略的条件,则该策略必然占优于 D 策略。在此基础上,继续考虑厂商的最优策略。

① 首先,考虑 $0 < M < \min\{N, 2\sqrt{kr}\}$ 的情况。显然该区域不满足采用 PD_{I}、PD_{II} 和 PD_{III} 策略中任何一个策略的条件,这意味着此时 D 策略占优于这三个策略,即 D 策略是厂商此时的最优策略。

② 考虑 $N < M < N + (1+\sqrt{1-m})\Delta H$ 且 $2\sqrt{kr} > M$ 的情况。该区域仅满足采用情况 A 下的 PD_{II} 策略的条件,因此厂商的最优策略只能是情况 A 下的 PD_{II} 策略。类似地,$N + (1+\sqrt{1-m})\Delta H < M < 1$ 且 $2\sqrt{kr} > \min\{N + 2\Delta H, M\}$ 时,仅满足采用情况 B 下的 PD_{II} 策略的条件,此时厂商的最优策略是情况 B 下的 PD_{II} 策略。当 $2\sqrt{kr} < M < N$ 时,仅满足采用 PD_{I} 策略的条件,此时厂商的最优策略为 PD_{I} 策略。

③ 若 $N < M < N + (1+\sqrt{1-m})\Delta H$ 且 $2\sqrt{kr} < N$,需比较 $\Pi^*_{PD_{\mathrm{I}}}$ 和 $\Pi^*_{PD_{\mathrm{II},\mathrm{A}}}$。由 $2\sqrt{kr} < N$,可得 $M - 2\sqrt{kr} > M - N > \sqrt{1-m}(M-N)$,结合式(5.50),可得 $\Pi^*_{PD_{\mathrm{I}}} > \Pi^*_{PD_{\mathrm{II},\mathrm{A}}}$,这意味着此时厂商的最优策略是 PD_{I} 策略。

④ 在 $N + (1+\sqrt{1-m})\Delta H < M < 1$ 且 $2\sqrt{kr} < N$ 条件下,需比较 $\Pi^*_{PD_{\mathrm{I}}}$ 和 $\Pi^*_{PD_{\mathrm{II},\mathrm{B}}}$。由 $2\sqrt{kr} < N < N + m\Delta H$,可得 $M - 2\sqrt{kr} > M - N - m\Delta H$,再结合式(5.51),可得 $\Pi^*_{PD_{\mathrm{I}}} > \Pi^*_{PD_{\mathrm{II},\mathrm{B}}}$,这表明此时厂商的最优策略仍然是 PD_{I} 策略。

⑤ 若 $N < M < N + (1+\sqrt{1-m})\Delta H$ 且 $N < 2\sqrt{kr} < M$,需要比较 $\Pi^*_{PD_{\mathrm{I}}}$、$\Pi^*_{PD_{\mathrm{II},\mathrm{A}}}$ 和 $\Pi^*_{PD_{\mathrm{III}}}$ 的大小。由 $N < 2\sqrt{kr}$ 和式(5.52)可得 $\Pi^*_{PD_{\mathrm{III}}} > \Pi^*_{PD_{\mathrm{I}}}$,再由式(5.53)可得 $\Pi^*_{PD_{\mathrm{III}}} > \Pi^*_{PD_{\mathrm{II},\mathrm{A}}}$,这表明,此时厂商的最优策略为 PD_{III} 策略。

⑥ 在 $N + (1+\sqrt{1-m})\Delta H < M < 1$ 和 $N < 2\sqrt{kr} < \min\{N + 2\Delta H, M\}$ 条件下,需要比较 $\Pi^*_{PD_{\mathrm{I}}}$、$\Pi^*_{PD_{\mathrm{II},\mathrm{B}}}$ 和 $\Pi^*_{PD_{\mathrm{III}}}$ 的大小。由 $N < 2\sqrt{kr}$ 和式(5.52)可得 $\Pi^*_{PD_{\mathrm{III}}} > \Pi^*_{PD_{\mathrm{I}}}$。继续比较 $\Pi^*_{PD_{\mathrm{II},\mathrm{B}}}$ 和 $\Pi^*_{PD_{\mathrm{III}}}$,式(5.54)对 x 求导可得,$\Pi(x)$ 随 x 的增加而递

增。当 $x=M$ 时，由 $N+(1+\sqrt{1-m})\Delta H<M$ 可得 $\Pi(M)>0$；当 $x=N$ 时，可得 $\Pi(N)<0$。这意味着必然存在某个临界值。若 x 大于该临界值，则有 $\Pi(x)>0$ 且 $\Pi^*_{PD_{\mathrm{II}},B}>\Pi^*_{PD_{\mathrm{III}}}$，此时厂商的最优策略是情况 B 下的 PD_{II} 策略；反之，则 $\Pi^*_{PD_{\mathrm{II}},B}<\Pi^*_{PD_{\mathrm{III}}}$，且最优策略是 PD_{III} 策略。令 $\Pi^*_{PD_{\mathrm{II}},B}=\Pi^*_{PD_{\mathrm{III}}}$，得临界值 $M-\sqrt{m\Delta H^2+(M-N)(M-N-2\Delta H)}$。

将上述结果整理即可得命题的结论。

命题 5.8 表明，厂商最优策略取决于数字版质量、线上和线下渠道的单位成本、消费者诸如耐心程度和麻烦成本之类的特征以及各消费者群体的规模。一旦厂商的最优策略确定，最优产品组合也随之确定。

第①点表明，当数字版产品质量较高而消费者的耐心程度相对较低时，此时厂商的最优产品组合是仅通过数字渠道提供数字版产品。数字版产品质量较高意味着在线下渠道提供实体版产品无利可图。消费者的耐心程度相对较低意味着线上渠道的交付成本相对较高，此时也不应当在线上渠道提供实体版产品。因此，当数字版和实体版的质量差异较小且交付成本相对较高时，渠道竞争导致线上和线下渠道均被数字渠道占优，厂商可以用数字版取代实体版。

第②点则给出了厂商在线上渠道提供实体版产品的条件。消费者耐心程度较低意味着交付成本较低，渠道竞争会导致线上渠道占优于线下渠道。此外，数字版的质量相对较低意味着实体渠道和数字渠道之间竞争程度较低，即实体版有存在的价值。此时，厂商的最优产品组合为通过数字渠道提供数字版且通过线上渠道提供实体版。

第③点和第④点则刻画了厂商只在线下渠道提供实体版的情形，分别对应了情况 A 和情况 B，即线下渠道是只满足低麻烦成本消费者群体的需求还是满足两个消费者群体的需求。首先要求数字版的质量较低，这确保了实体渠道和数字渠道之间的竞争程度较低，因而厂商有意愿提供实体版。此外，还需相对较低的消费者耐心程度，这意味着交付成本相对较高，渠道竞争导致线下渠道占优于线上渠道。在这种情况下，厂商的最优产品组合为通过数字渠道提供数字版且通过线下渠道提供实体版。

需要注意的是，在情况 A 和情况 B 条件下，"相对较低的消费者耐心程度"所需的条件是不同的。情况 A 条件下，需要 $2\sqrt{kr}>M$；但情况 B 条件下则需要 $2\sqrt{kr}>M-\sqrt{m\Delta H^2+(M-N)(M-N-2\Delta H)}$。这意味着当 M 大于临界值 $N+(1+\sqrt{1-m})\Delta H$ 时，"相对较低的消费者耐心程度"这一条件变得更加宽松。原因在于，当 M 小于临界值 $N+(1+\sqrt{1-m})\Delta H$ 时，线下渠道仅满足低麻烦成本消费者群体的需求，但消费者耐心程度影响的是两个群体消费者的线上购买的效用，此时线下渠道需求空间较小，厂商所能接受的"相对较低的消费者耐心程度"的条件必然较为苛刻；反之，当 M 大于临界值 $N+(1+\sqrt{1-m})\Delta H$ 时，线下渠道被用来满足两个消费者群体的需求,需求空间较大,厂商所能接受的"相对较低的消费者耐心程度"的条件相对宽松。

第⑤点指出,当且仅当数字版质量较低且消费者耐心程度中等时,线上和线下渠道才能共存。数字版质量较低意味着实体渠道和数字渠道之间的竞争程度较低,即厂商有动力提供实体版产品。中等程度的消费者耐心程度确保了线上和线下渠道的竞争程度较低,从而不同的消费者群体会从不同的实体渠道购买实体版产品。此时的渠道竞争程度是最低的,所有三个渠道均能并存。厂商的最优产品组合是通过数字渠道提供数字版,且通过线上和线下渠道提供实体版。

图 5.1 刻画了厂商的最优策略分布情况,从该图中可得出一些直观的结论。第一, D 策略的适用范围随 N 的增加而增大。原因在于, N 的增加要么意味着线下单位成本的增加,要么意味着群体 l 麻烦成本的增加,而这都将导致线下渠道的吸引力下降,进而部分原本最优策略为 PD_{II} 策略的区域利润下降,被 D 策略占优。第二, PD_{I} 策略的适用范围同样随 N 的增加而增大。其解释也是类似的,线下渠道的吸引力下降导致部分原本最优策略为 PD_{III} 策略的区域的最优策略变为 PD_{I} 策略。这同样表明 PD_{II} 和 PD_{III} 策略的适用范围随 N 的增加而减小。第三, PD_{II} 策略中,情况 A 的适用范围随 ΔH 的增加而增大,随 m 的增加而减小。原因在于, ΔH 增加意味着在线下渠道吸引消费者群体 h 的成本增加,从而情况 B 条件下的利润空间缩小,厂商更倾向于采取情况 A 条件下的定价策略。 m 增加则表明消费者群体 h 的规模增加,此时一方面会降低情况 A 条件下的利润(因为群体 l 中的消费者比例下降了,总利润也下降了),另一方面,足够大规模的消费者群体 h 也增加了厂商在线下渠道吸引他们购买的意愿。情况 B 随参数变化的情况刚好和情况 A 相反,不再赘述。有关参数变化的影响,下一节将通过数值分析进行深入探讨。

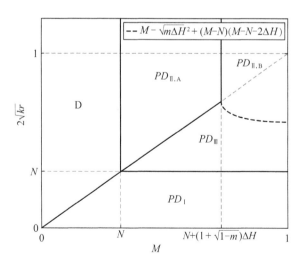

图 5.1　最优策略的分布

5.4 数值分析

本节通过数值例子验证上文的理论结果。设定参数如下：$k=0.25$，$\alpha=2$，$\Delta c=0.3$，$H_h=0.4$，$H_l=0.15$。其中，k 和 α 分别为线上渠道交付成本函数和线下渠道服务成本函数中的参数。对于某给定的线上交付时间，k 越小则交付成本越低。类似地，对于某给定的线下服务价值，α 越小则服务成本越低。Δc 则是线上和线下渠道运营成本之差，刻画了线上渠道的成本优势。H_h 和 H_l 则直接影响两个不同消费者群体的线下购买行为。

基于图 5.2～图 5.4，首先探讨数字版质量 q 对最优定价和利润的影响。结果表明，虽然数字版具有较高的质量会降低厂商提供实体版的意愿，但厂商的利润随着数字版质量的增加而上升。这表明，因数字版有生产成本和渠道成本可以忽略不计的优势，厂商总能通过提供数字版获益，且该优势足以抵消数字渠道和实体渠道之间的竞争所导致的负面影响。

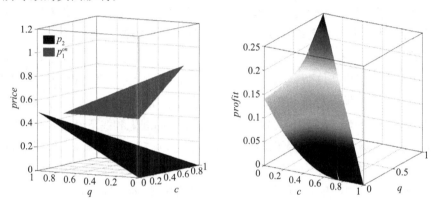

图 5.2 q 和 c 对价格和利润的影响（$m=0.6$，$r=0.062\ 5$）

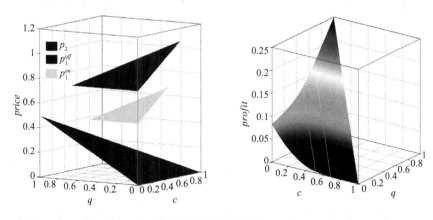

图 5.3 q 和 c 对价格和利润的影响（$m=0.6$，$r=0.25$）

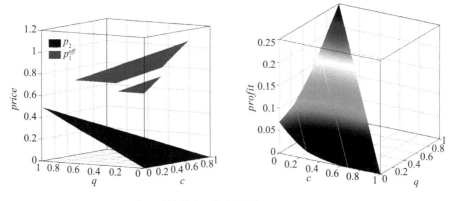

图 5.4　q 和 c 对价格和利润的影响($m=0.6,r=0.5625$)

　　继续探讨不同的消费者耐心程度是如何影响厂商的最优产品组合和价格的。从图 5.2 可以看出,在消费者耐心程度较高时($r=0.0625$),当 $q+c<0.75$ 时,厂商会在线上渠道提供实体版(PD_{I} 策略);当 $q+c>0.75$ 时,厂商只提供数字版(D 策略)。需要注意的是,厂商不会选择线下渠道。原因在于,r 较小意味着交付成本也较低,此时实体渠道间的竞争导致线上渠道占优于线下渠道。

　　在图 5.3 中,消费者具有中等的耐心程度($r=0.25$)。当 $q+c<0.675$ 时,厂商将在线下渠道提供实体版;当 $q+c<0.5$ 时,厂商在线上渠道也会提供实体版。显然厂商选择线上渠道的条件要比选择线下渠道的条件苛刻,原因在于线下渠道的单位利润高于线上渠道。结果表明,当 $q+c<0.5$ 时,线上和线下渠道可以并存,此时渠道间竞争程度最低,厂商选择了 PD_{III} 策略。但是,$0.5<q+c<0.675$ 则意味着渠道竞争导致线上渠道被线下渠道占优,此时厂商的最优策略是情况 A 下的 PD_{II} 策略。此外,当 $q+c>0.675$ 时,实体渠道被数字渠道占优,厂商会选择 D 策略。

　　图 5.4 刻画了消费者耐心程度较低的情况($r=0.5625$)。当 $q+c>0.675$ 时,实体渠道被数字渠道占优,此时厂商仅提供数字版(D 策略);当 $q+c<0.675$ 时,厂商会提供实体版。但因消费者不耐心导致交付成本较高,线上渠道被线下渠道占优,即厂商的最优策略是 PD_{II} 策略。可以发现,线下价格在直线 $q+c=0.425-0.25\sqrt{0.4}$ 处不连续。当 $0.675>q+c>0.425-0.25\sqrt{0.4}$ 时,实体版和数字版的质量差异相对较低,为了确保实体版能够获取比数字版更高的单位利润,厂商必须设定较高的线下价格。这种情况下,因为价格过高,消费者群体 h 不会在线下渠道购买(情况 A)。反之,$0.425-0.25\sqrt{0.4}>q+c>0$ 则意味着实体版和数字版的质量之差足够大,厂商最好设定较低的线下价格来吸引消费者群体 h(情况 B)。

　　继续探讨消费者群体规模对线下价格和利润的影响。之所以没有考虑线上价格和数字版价格,是因为消费者群体规模并不直接影响这两个价格。设 $q=0.2$,$c=0.1$,结果如图 5.5 所示。结果表明,存在一个临界值,当 m 低于该临界值时,线

下价格与 m 无关。但若 m 高于该临界值时，线下价格会随 m 的增加而下降。这表明，仅当消费者群体 h 的规模足够大时，厂商才有动力去设定一个较低的线下价格吸引他们购买。否则，线下渠道只会被用来满足消费者群体 l 的需求，因为他们能够带来更高的单位利润。

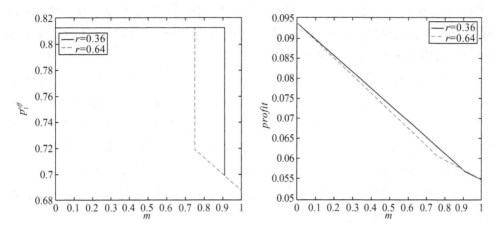

图 5.5 m 对价格和利润的影响 $(q=0.2, c=0.1)$

尽管 m 可能并不影响厂商的定价，但厂商的利润总是会随 m 的增加而下降。这表明，消费者群体 h 的规模增大总是会给厂商带来不利影响。但是，当 m 大于临界值时，利润降低的速度会变慢。原因在于，厂商通过降低线下价格来吸引消费者群体 h 的购买能够部分抵消 m 增大所导致的不利影响。然而，当 m 小于临界值时，最优线下价格和 m 无关。此时，厂商的最优策略是设定一个较高的线下价格只满足消费者群体 l 的需求，因而无法抵消这种不利影响。

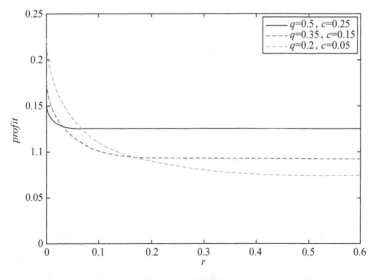

图 5.6 r 对价格和利润的影响 $(m=0.6)$

图 5.6 刻画了消费者耐心程度对利润的影响。结果表明,存在某个临界值,当 r 低于该临界值时,利润随着 r 的增加而降低;当 r 高于该临界值时,利润和 r 无关。原因在于,r 相对较低时交付成本也相对较低,此时厂商会在线上渠道销售实体版。然而,最优线上价格却与 r 无关,这表明厂商无法通过提高线上价格将交付成本转嫁给消费者。因此,厂商的线上单位利润和总利润均随着 r 的增加而上升。但若 r 足够大,此时高昂的交付成本导致线上渠道被其他渠道占优,厂商不会通过线上渠道提供实体版,因此 r 不会影响利润。

为了验证数值分析结果的鲁棒性,考虑参数取值改变对结果的影响。设定参数如下:$k = 0.4$,$\alpha = 0.6$,$c = 0.3$,$\Delta c = 0.24$,$H_h = 0.5$,$H_l = 0.3$,$m = 0.45$。参数设定的解释在本节开头已经加以说明,不再赘述。在此基础上,考虑不同的 q 和 r 的取值对最优解的影响。显然 q 越大则数字版越具有优势,从而减少厂商提供实体版的意愿,选择该参数是为了刻画实体版和数字版之间的渠道竞争。r 越大则消费者越不耐心,从而线下渠道的优势越大,而线上渠道的优势越小,选择该参数是为了刻画线上和线下渠道实体版之间的竞争。结果如表 5.2 所示。

表 5.2　q 和 r 变化对最优策略的影响

	$r = 0.005$	$r = 0.06$	$r = 0.4$
$q = 0.2$	PD_{I} 策略	PD_{III} 策略	PD_{II} 策略,情况 B
$q = 0.35$	PD_{I} 策略	PD_{III} 策略	PD_{II} 策略,情况 A
$q = 0.6$	PD_{I} 策略	D 策略	D 策略

分析表 5.2 的结果可知,随着数字版质量的提高,厂商提供实体版产品的意愿在逐渐降低。随着消费者耐心程度的降低,若此时提供实体版有利可图,则厂商会从只在线上渠道提供实体版过渡到同时在双渠道提供实体版,再过渡到只在线下渠道提供实体版。上述结论和之前的分析结果相同,这也验证了数值分析结果的鲁棒性。

5.5　本章小结

本章从现实背景出发,通过研究信息产品版本和渠道的联合决策问题,探讨了存在渠道竞争的情况下厂商应当如何做出纵向差异化信息产品组合决策。

近年来,信息产品市场发生了很大变化。随着消费类电子产品和信息技术的发展,数字版作为新的产品版本出现,并且在厂商的产品组合和渠道策略中扮演越来越重要的角色。与此同时,对于实体版而言,电子商务的发展也使得全渠道决策成为运营管理中的新趋势,越来越多的厂商开始同时运营线上和线下渠道。然而,数字版的引入会导致实体版和数字版之间,以及实体渠道和数字渠道之间的竞争。此外,实体版的全渠道决策虽然能满足不同细分市场消费者的需求,但也会导致渠道竞争。因此,上述策略是否总是对零售商有利,还有待理论探讨和实践证明。

从上述新趋势出发,本章探讨了一个重要问题:在实体版和数字版信息产品的质量存在纵向差异,且实体版可通过线上和线下渠道销售的情况下,厂商的最优产品组合是什么? 或者说,厂商应当如何做出信息产品版本和渠道的联合决策? 为了回答上述问题,本章建立了一个基于质量的选择模型,并通过模型的求解和不同策略间利润的比较回答了上述问题。结果表明,厂商应当重点关注数字版的质量和消费者的特征,二者均会对厂商的最优产品组合产生至关重要的影响。

首先,提供数字版对厂商和消费者均有利。原因在于,数字版的生产成本和渠道成本可以忽略不计。对消费者而言,购买数字版也不存在任何麻烦成本或等待成本。这表明,厂商的最优产品组合应当毫无疑问地包含数字版。甚至当厂商能够生产高质量的数字版且消费者不耐心时,数字版可以完全取代实体版,此时厂商的最优产品组合是仅提供数字版。因此,将信息产品数字化是一个明智的策略,厂商应当对数字版加以重视并利用数字版的优势。尽管提供数字版会导致数字渠道和实体渠道之间的竞争,但是数字版的优势完全可以抵消该竞争导致的负面影响。

其次,虽然结论表明厂商不应当只提供实体版,但这并不意味着厂商可以忽视实体版。如果制造高质量的数字版存在困难或者消费者较为耐心,则厂商应当注意到实体版的重要性。在这种情况下,一方面,厂商要向市场提供数字版来扩大需求;另一方面,为了提高实体版的利润,厂商可以提高其质量。例如,选用更好的材料制作实体版的载体;对于实体书和 CD 之类的产品,可以通过发行限量版、作者签名版等特殊版本。即将实体版作为一种高端版本来打造,该方法所需的成本有限,但能够增加的定价和利润空间很可观。

最后,因实体版具有线上和线下两个分销渠道,若厂商决定提供实体版,则需选择合适的渠道策略,在满足不同群体需求的基础上尽可能减少渠道竞争所导致的不利影响。结论表明,实体版的最优渠道策略主要取决于消费者的特征。若消费者较为耐心,则厂商最好仅选择线上渠道,因为此时交付成本较低。然而,若消费者耐心程度较低,厂商就应当仅选择线下渠道,原因在于交付成本过高导致线上渠道不存在盈利的可能。仅当消费者具有中等的耐心程度时,双渠道零售才是最优选择,此时渠道竞争程度不高,且不同的消费者群体会从不同渠道购买实体版产品。这意味着双渠道可以并存,且厂商可以采取价格歧视策略从线下渠道获得更高的单位利润。消费者麻烦成本的影响可以用类似的方法加以分析。

此外,基于厂商提供服务的角度,显然线下渠道的服务价值只和服务成本函数的具体形式有关,线上渠道的服务价值(交付时间)只和消费者耐心程度与服务成本函数(交付成本函数)的具体形式有关。这意味着服务价值可以独立于价格决策。尽管各渠道的服务价值并不会影响其他渠道产品的定价,但是会影响本渠道产品的最优价格。

继续将本章的研究结论和其他研究信息产品版本和渠道策略的相关文献进行对

比。在 Khouja 和 Wang(2010)[223]的模型中,实体版和数字版通过不同的渠道进行分销,他们认为双渠道零售始终最优。因为他们的研究没有考虑实体版的渠道选择,因此其结论等价于零售商总是应当提供双版本。与他们的结论不同,本章的结论表明,当数字版质量较高且消费者不耐心时,厂商应当只提供数字版。Hua 等(2011)[226]的结论则强调了数字版的重要性,他们认为,在绝大多数情况下厂商都应当提供电子书。这一研究结论和本章所得出的结论类似,但本章的结论指出厂商应当始终提供数字版。Tan 和 Carrillo(2017)[227]的关于是否提供数字版的结论与本章的结论相同。然而,上述三篇文献均没有考虑到实体版的渠道选择问题。

需要注意的是,信息产品的类型也会影响最优实体渠道的选择。例如,报纸期刊这类产品的时效性较强,消费者的耐心程度也较低,因此一般报纸和期刊仅在线下渠道销售。而对于小众的产品,如多年以前出版的书籍、CD 等产品,因为需要进行搜寻才能找到购买渠道,消费者一般也有较长时间才能获取的心理预期,因此这类产品应当仅在线上渠道提供。而对于畅销书和流行音乐的 CD,消费者一般具有中等的耐心程度,这类产品应当同时在线上和线下渠道提供,以满足不同细分市场消费者的需求。

本章的研究结论和管理启示也能解释第一章中给出的现实案例。在美国音乐市场中,数字版之所以占据绝大多数市场份额,是因为数字版相对于实体版具有较高的质量。音乐这种产品一般都通过消费类电子产品进行消费,实体版和数字版的消费体验差别不大,实体版相对于数字版唯一的优势是具有收藏价值和二手价值。因此,消费者认为数字版和实体版的质量差异较小,数字版更容易发挥成本和方便的优势,因而占据更高的市场份额。相反,对于图书这种产品而言,数字版和实体版的消费体验存在较大的差异,实体版的消费体验明显优于数字版。此时,消费者认为数字版和实体版的质量差异较大,因而实体版的需求较高,占据了美国图书市场的大部分市场份额。

本章基于质量选择模型刻画消费者在不同的产品版本和渠道间的选择行为。尽管该模型框架在工业产品和信息产品的多版本和多渠道选择中广泛使用,但可能不同的消费者会有不同的版本偏好。即不是所有的消费者都认为实体版比数字版的质量更高。因此,本章的研究可基于版本偏好进行拓展,在新的研究情境下,消费者的选择行为变得更复杂,也将导致厂商的最优产品组合发生新变化。

第六章

总结与展望

6.1 研究总结

本书研究了竞争情况下的产品组合决策问题。首先,从现实案例出发,分析零售业发展的新情境和新变化,发现零售企业大多处于竞争环境,因而在产品组合决策的过程中必须考虑竞争因素的影响。在此基础上,基于外部和内部竞争因素将竞争模式进行分类,即同一市场不同零售商之间的竞争和同一零售商不同渠道之间的竞争,并初步提炼研究问题。再基于对相关文献的阅读与思考,总结前人的贡献与不足,为研究问题提供理论基础。其次,建立了零售商竞争情况下的横向差异化产品组合决策模型,并分析了均衡的存在、性质以及影响均衡的主要因素。随后,建立了渠道竞争情况下的横向差异化产品组合决策模型,并与电商全渠道决策的背景相结合,探讨了电商进入线下渠道的条件以及双渠道最优产品组合的形式。最后,基于信息产品的特性,建立了渠道竞争情况下的纵向差异化信息产品组合决策模型,研究了厂商应当如何做出信息产品的版本和渠道的联合决策,并分析其影响因素。基于上述研究内容,总结如下:

基于 MNL 模型研究了两个零售商竞争情况下的横向差异化产品组合决策问题,并考虑了固定成本约束和空间约束这两种不同约束条件的影响。首先,通过与市场垄断的情况进行对比,发现竞争很可能会导致市场上产品多样化程度的提高。随后,采用博弈方法求解竞争情况的均衡解。在固定成本约束的情况下,根据参数取值范围分为四种情形,对于部分情形能够求解出所有的市场均衡;对于其他难以求解所有市场均衡的情形,给出了均衡的性质和某些特殊均衡存在的条件。研究发现,部分产品存在两个零售商的利润空间是零售商选择重复产品的必要条件;市场垄断情况下的最优解外的产品有利可图是市场竞争情况下产品多样化程度高于市场垄断情况的必要条件。研究中还发现,信息不对称不会影响零售商进入市场存在先后顺序时的均衡结果。在空间约束的情况下,构造了逐步替代法作为求解竞争情况的市场均衡的有效方法。同样考虑了零售商进入市场是否存在先后顺序,并给出了均衡结果与零售商进入市场的顺序无关的条件。此外,同样发现信息不对称不会影响均衡结果。对于上述结论,通过数值分析加以验证。最后,对比了两类约束情况下的结论,发现在零售商进入市场存在先后顺序时,固定成本约束情况下在位零售商的先动优势要大于空间约束的情况。

基于电商进入线下渠道这一渠道融合现象,研究了渠道竞争情况下的横向差异化产品组合决策问题。考虑了产品导向型和渠道导向型这两类不同的消费者导向类型,这两种类型分别对应着较高和较低程度的渠道竞争。在电商仅运营线上渠道的初始情况下,基于 MNL 模型刻画消费者的需求,得出电商的利润函数以及最优的产品组合、价格和交付时间。在此基础上,探讨电商进入线下渠道的情况。基于产品导向型消费者,同样采用 MNL 模型刻画消费者的需求并得出电商的利润函数。研究发现,双渠道的最优产品组合不存在重复产品,且双渠道的单位利润相等。将此时的最优利润与初始情况的最优利润加以对比,发现仅当双渠道运营成本之差较小且消费者耐心程度较低时,电商进入线下渠道才能增加利润。基于渠道导向型消费者,采用 NMNL 模型刻画消费者的选择行为,并得出需求和利润函数。研究发现,双渠道的最优产品组合必然存在重复产品,且线下渠道的单位利润高于线上渠道。将此时的最优利润与初始情况的最优利润加以对比,发现电商进入线下渠道总是有利可图。

基于信息产品的特性,探讨了渠道竞争情况下的纵向差异化信息产品组合决策问题。考虑某厂商能够生产实体版和数字版的信息产品,其中实体版能够通过线上和线下渠道分销,但数字版只能通过数字渠道分销。基于实体版和数字版的质量差异和生产成本差异,以及各渠道的成本差异和消费者在各渠道购买所需支付的额外成本,综合分析了各版本和渠道的优势和劣势。此外,还考虑了消费者的二维差异,即消费者对产品价值的不同衡量和不同的线下购买麻烦成本。在此基础上,建立了基于质量的选择模型,得出厂商不同策略下各版本和渠道的需求和利润函数。通过求解利润最大化问题,得出每个渠道策略下的最优解和最优利润。再通过比较各个策略的最优利润,得出不同参数取值范围下厂商的最优产品组合决策。研究发现,厂商和消费者均能从提供数字版中获益,这表明最优产品组合总是应当包含数字版。且厂商无须担心数字渠道和实体渠道间的竞争,原因在于数字版的优势能够抵消这种竞争导致的负面影响。然而,最优产品组合并不总是包含实体版,是否提供实体版取决于消费者的特征和数字版的质量。若厂商能够生产高质量的数字版且消费者不耐心,则应当只提供数字版。仅当数字版的质量足够低时厂商才会提供实体版,此时实体版的最优渠道策略主要取决于消费者的耐心程度。消费者不耐心意味着线上和线下渠道的竞争导致线上渠道不会产生需求,从而厂商应当只选择线下渠道;若消费者耐心程度较高,则厂商应当只选择线上渠道;若消费者耐心程度适中,此时线上和线下渠道竞争程度较低,厂商应当选择双渠道。

6.2　研究展望

本书研究了竞争视角下的产品组合决策问题,得出了一系列结论,但仍然存在一些研究问题有待后续研究:

第一,限于篇幅,本书没有探讨零售商竞争和渠道竞争并存情况下的产品组合决策问题。该问题的一个典型的例子是不同渠道零售商之间的竞争。因为不同渠道的不同零售商一般具有不同的成本结构和约束条件,可以将第三章的模型推广到零售商异质性的情境中,在此基础上进行研究。此外,同样基于篇幅有限,本书没有探讨零售商竞争情况下的纵向差异化产品组合决策问题。

第二,基于外部和内部竞争因素,本书探讨了零售商竞争和渠道竞争这两类不同竞争模式下的产品组合决策问题。但现实中还存在一种重要的竞争模式,即供应链竞争。供应链竞争涉及不同的供应链主体,涉及外部竞争因素。然而,供应链竞争也可能涉及内部竞争因素。例如,由一个制造商和一个双渠道零售商组成的供应链中,就存在同一零售商不同渠道之间的竞争。此外,供应链的形式复杂多样,包括单个制造商和单个零售商组成的供应链、单个制造商和多个零售商组成的供应链以及多个制造商和多个零售商组成的供应链等诸多情况。上述分析表明,供应链竞争情况下的产品组合决策问题不仅研究内容规模庞大,其复杂程度也较高。

第三,在第三章和第四章的研究中,因产品组合决策问题的复杂性,从模型的可求解角度出发,本书没有具体考虑库存成本的具体形式。在第三章的模型中,对于固定成本约束情况,将库存成本作为固定成本的一部分加以考虑;对于空间约束情况,没有考虑库存成本。在第四章的模型中,将库存成本作为运营成本的一部分加以考虑。此外,同样基于模型的可求解性,本书没有考虑需求的不确定性。尽管上述处理是产品组合决策文献的普遍简化做法,也能够得出一系列有价值的结论,但库存成本和需求的不确定性对产品组合决策的影响确实有待进一步探讨。初步分析表明,考虑需求的不确定性或库存成本虽然可能对最优产品组合的形式没有影响,但很可能会降低市场上的产品多样化程度,即减小零售商最优产品组合的规模。

第四,在基于渠道竞争的纵向差异化信息产品组合决策问题的研究中,本书没有考虑服务类信息产品组合决策问题。服务类信息产品,如网课、直播,是一种新兴的信息产品。服务类信息产品与能够以实体版和数字版存在且不存在消费时间限制的传统信息产品之间存在很大差异,但对其的相关研究比较缺乏。服务类信息产品的最优组合决策,值得深入探讨,这也是在未来的研究中应重点考虑的方向。

上面提及的研究问题直接来源于本书的研究内容,是本书研究内容的扩展。除此之外,还存在一些与本书的研究相关程度较高的内容有待探讨:

第一,考虑平台经济的产品组合决策研究。目前国内已形成几个市场占有率高的知名电商平台,如淘宝网、京东商城和拼多多等。这些电商平台的规模大、消费者基数大、信誉较好,对绝大多数无力建立自有平台的中小型制造商和零售商而言,进驻这些电商平台不仅可以降低消费者的搜寻成本,提高自身销量,也是开设线上渠道的唯一选择。然而,企业进驻电商平台需要成本,且会面临竞争。更为重要的是,电商平台的运营模式与传统的批发零售模式存在显著差异,且电商平台规模较大,具有市场势力和主导权,可能会通过各种方法影响进驻企业的运营决策,这不可避免会对相关企业的产品组合决策产生影响。因此,从上述现状出发,在考虑电商平台特征的基础上,分析制造商和零售商进驻电商平台的基本条件,是否应当同时运营多个平台渠道,以及如何决策各平台渠道和线下渠道的最优产品组合。这具有重要研究价值,拟在今后的研究中加以考虑。

第二,考虑消费者行为的个性化产品组合决策研究。在新零售模式下,消费者主权得到空前重视,制造商和零售商越来越重视消费者的偏好和需求,只有那些能够又好又快地满足消费者需求的企业才能够获得成功。技术进步和零售业的发展虽然为消费者提供了更大的产品选择范围,但也增加了消费者的搜寻成本和处理信息的成本。因此,根据消费者的特征为消费者提供个性化的产品组合,可以满足不同偏好的异质性消费者的需求,为消费者选择产品降低成本并提供便利,从而提高消费者的福利水平,且更加精准的产品组合有助于提高零售商的收益和利润。互联网和社交网络提供了海量的消费者偏好信息,这为零售商精准营销和提供个性化产品组合提供了数据支持,信号传递理论又为零售商进行个性化产品组合决策提供了理论支撑。因此,可以从消费者行为出发,先刻画消费者的多维异质性,再基于信号传递理论建立模型,求解能够辨别消费者类型的分离均衡及其存在的条件,在此基础上求解最优个性化产品组合和定价,并进一步通过大数据进行实证检验。上述研究尽管较为复杂,难度较高,但具有重要的理论和现实价值,拟在未来的研究中加以考虑。

第三,二维差异化信息产品组合策略研究。如前所述,信息产品可能存在实体版和数字版两种不同的版本,也可能存在内容上的差异。这两种差异化类型既有区别又有联系。版本差异主要包含纵向差异,但因为消费者存在版本偏好,也具有横向差异的特征;内容差异则是一种纵向差异。在考虑信息产品版本差异二元属性的基础上,探究信息产品的最优产品组合策略(同时也是最优版本策略),具有重要的研究价值。在此基础上,还可以进一步考虑信息产品版本差异和内容差异并存,即二维差异的情况下,厂商应当如何做出信息产品的最优产品组合决策。这一情况的复杂程度很高,可能需要借助优化算法加以解决,但几乎包含了信息产品组合决策的所有情形,也更加贴合现实情况,具有重要的理论和实践价值。

第四,二维差异化信息产品组合和渠道联合决策研究。在第三点提出的研究内容的基础上,还可以考虑厂商应当如何同时做出二维差异化信息产品组合和渠道的联合决策。首先,可以从外生产品组合策略出发,基于某种确定的产品组合,分析厂商应当如何为差异化的信息产品选择分销渠道。然后,在此基础上,再考虑厂商同时决策二维差异化信息产品组合和渠道的情况,可以基于前文提出的两阶段优化方法和其他联合优化方法加以求解。在模型的拓展中,还可考虑引入供应链竞争的因素,即信息产品的制造商和零售商为不同的市场主体,构建多重博弈模型加以分析。上述内容也是信息产品组合决策领域的重要研究方向与未来趋势,有必要加以研究。

　　本书的研究还存在一些局限性。因为本书的研究所考虑的是竞争视角下的产品组合决策问题,主要工作侧重于探讨内部和外部竞争因素对零售商产品组合决策的影响。对于影响产品组合决策的其他因素,如不同的需求刻画形式、消费者的异质性以及服务价值等,虽然有所涉及,但仍然存在进一步深入探讨的空间。除此之外,还可能存在本书未考虑到的其他影响产品组合决策的因素。基于上述局限性,笔者计划在本书研究内容的基础上进一步深入挖掘问题,做一些后续研究。

参考文献

［1］联合利华. 查看品牌［EB/OL］.［2024-02-16］. https://www.unilever.com. cn/brands/? category＝408118.

［2］毕马威中国. 2023 年中国便利店发展报告［EB/OL］.［2024-02-16］. http://www.ccfa.org.cn/potal/cn/xiangxi.jsp? id＝444817&ks＝％E4％BE％BF％E5％88％A9％E5％BA％97&type＝33.

［3］京东商城. 企业简介［EB/OL］.［2024-02-16］. https://about.jd.com/company.

［4］中国连锁经营协会. 2022 年中国便利店 TOP100［EB/OL］.［2024-02-16］. http://www.ccfa.org.cn/potal/cn/xiangxi.jsp? id＝444815&ks＝％E4％BE％BF％E5％88％A9％E5％BA％97&type＝10003.

［5］欧阳靖雯.《2023 年电商发展报告》发布——农产品网络零售增势好 行业格局持续震荡［N］. 农民日报，2023-04-20(7).

［6］网经社电子商务研究中心. 2018 年度中国网络零售市场数据监测报告［EB/OL］.［2024-02-16］. https://www.sohu.com/a/361165566_120491808.

［7］网易. 图说|当当发布 2017 上半年国民阅读品质报告［EB/OL］.［2024-02-16］. http://dy.163.com/v2/article/detail/CQUQ67ON0521AFPF.html.

［8］本报讯. 100 万家京东实体店将覆盖全国［N］. 消费日报，2017-04-21(A2).

［9］36 氪. 一年悄悄开了 92 家线下店，京东的线下生意做的怎样？［EB/OL］.［2024-02-16］. https://baijiahao.baidu.com/s? id＝1575389090366443&wfr＝spider&for＝pc.

［10］证券时报网. 国内手机市场暗藏变局 一加称今年要超越小米单品牌国内市场份额［EB/OL］.［2024-02-16］. https://www.stcn.com/article/detail/1084387.html.

［11］陈维. 一加手机彻底关闭线下店［N］. 北京商报，2016-08-22(3).

［12］WALDFOGEL J. How digitization has created a golden age of music, movies, books, and television［J］. Journal of Economic Perspectives, 2017, 31 (3)：195-214.

［13］Recording Industry Association of America. RIAA 2018 year-end music in-

dustry revenue report[EB/OL]. [2020-03-13]. http://www. riaa. com/wp
\-content/uploads/2019/02/RIAA \-2018 \-Year \-End \-Music \-Industry \-
Revenue\-Report. pdf.

[14] Association of American Publishers. AAP StatShot: Trade Book Publisher
Revenue Increased by 4. 6\% in 2018[EB/OL]. [2020-03-13]. https://ne-
wsroom. publishers. org/aap\-statshot\-trade\-book\-publisher\-revenue\-in-
creased\-by\-46\-in\-2018/.

[15] SOPER T. Amazon's new bricks \& mortar bookstore[EB/OL]. [2020-03-
13]. http://www. supplychain247. com/article/amazons_new_bricks_
mortar_bookstore/.

[16] KÖK A G, FISHER M L, VAIDYANATHAN R. Assortment planning:
Review of literature and industry practice[M]//Agrawal N, Smith S. Retail
Supply Chain Management. Boston, MA: Springer, 2008: 99-153.

[17] SHAO X F. Product differentiation design under sequential consumer choice
process[J]. International Journal of Production Research, 2015,53(8):2342-
2364.

[18] RYZIN G, MAHAJAN S. On the relationship between inventory costs and
variety benefits in retail assortments[J]. Management Science, 1999, 45
(11): 1496-1509.

[19] CACHON G P, TERWIESCH C, XU Y. Retail assortment planning in the
presence of consumer search[J]. Manufacturing & Service Operations Man-
agement, 2005, 7(4): 330-346.

[20] AKÇAY Y, NATARAJAN H P, XU S H. Joint dynamic pricing of multiple
perishable products under consumer choice[J]. Management Science, 2010,
56(8): 1345-1361.

[21] WANG R X. Capacitated assortment and price optimization under the multi-
nomial logit model[J]. Operations Research Letters, 2012, 40(6): 492-497.

[22] WAGNER L, MARTÍNEZ-DE-ALBÉNIZ V. Pricing and assortment strate-
gies with product exchanges[J]. Operations Research, 2020, 68(2): 453-
466.

[23] ÇÖMEZ-DOLGAN N, MOUSSAWI-HAIDAR L, JABER M Y, et al. Ca-
pacitated assortment planning of a multi-location system under transship-
ments[J]. International Journal of Production Economics, 2022, 251:
108550.

［24］ÇÖMEZ-DOLGAN N，DA H，FESCIOGLU-UNVER N，et al. Multi-plant manufacturing assortment planning in the presence of transshipments［J］. European Journal of Operational Research，2023，310(3)：1033-1050.

［25］TULABANDHULA T，SINHA D，KARRA S. Optimizing revenue while showing relevant assortments at scale［J］. European Journal of Operational Research，2022，300(2)：561-570.

［26］SUMIDA M，GALLEGO G，RUSMEVICHIENTONG P，et al. Revenue-utility tradeoff in assortment optimization under the multinomial logit model with totally unimodular constraints［J］. Management Science，2021，67(5)：2845-2869.

［27］TAN Y Y，GUO C X. Bi-objective capacitated assortment planning under the MNL model：Trade-offs between revenue and market share［J］. Journal of the Operational Research Society，2023，74(12)：2545-2557.

［28］ROSS S，SESHADRI S. An optimal stocking problem to minimize the expectedtime to sellout［J］. Operations Research Letters，2021，49(1)：69-75.

［29］FERREIRA K J，GOH J. Assortment rotation and the value of concealment［J］. Management Science，2021，67(3)：1489-1507.

［30］LIU N，MA Y H，TOPALOGLU H. Assortment optimization under the multinomial logit model with sequential offerings［J］. INFORMS Journal on Computing，2020，32(3)：835-853.

［31］FELDMAN J，JIANG P P. Display optimization under the multinomial logit choice model：Balancing revenue and customer satisfaction［J］. Production and Operations Management，2023，32(11)：3374-3393.

［32］XU Y Z，WANG Z Z. Assortment optimization for a multistage choice model［J］. Manufacturing & Service Operations Management，2023，25(5)：1748-1764.

［33］章潇月，代文强. 考虑位置效应的电商平台占线品类优化问题［J］. 系统工程理论与实践，2023，43(5)：1414-1427.

［34］KÖK A G，XU Y. Optimal and competitive assortments with endogenous pricing under hierarchical consumer choice models［J］. Management Science，2011，57(9)：1546-1563.

［35］GALLEGO G，TOPALOGLU H. Constrained assortment optimization for the nested logit model［J］. Management Science，2014，60(10)：2583-2601.

［36］FELDMAN J B，TOPALOGLU H. Capacity constraints across nests in assortment optimization under the nested logit model[J]. Operations Research, 2015, 63(4): 812-822.

[37] LI G, RUSMEVICHIENTONG P, TOPALOGLU H. The d-level nested logit model: Assortment and price optimization problems[J]. Operations Research, 2015, 63(2): 325-342.

[38] GALLEGO G, WANG R X. Multiproduct price optimization and competition under the nested logit model with product-differentiated price sensitivities[J]. Operations Research, 2014, 62(2): 450-461.

[39] AKSOY-PIERSON M, ALLON G, FEDERGRUEN A. Price competition under mixed multinomial logit demand functions[J]. Management Science, 2013, 59(8): 1817-1835.

[40] LI H M, WEBSTER S, MASON N, et al. Product-line pricing under discrete mixed multinomial logit demand[J]. Manufacturing & Service Operations Management, 2019, 21(1): 14-28.

[41] EL HOUSNI O, TOPALOGLU H. Joint assortment optimization and customization under a mixture of multinomial logit models: On the value of personalized assortments[J]. Operations Research, 2023, 71(4): 1197-1215.

[42] JASIN S, LYU C Y, NAJAFI S, et al. Assortment optimization with multi-item basket purchase under multivariate MNL model[J]. Manufacturing & Service Operations Management, 2024, 26(1): 215-232.

[43] ZHANG H, RUSMEVICHIENTONG P, TOPALOGLU H. Assortment optimization under the paired combinatorial logit model[J]. Operations Research, 2020, 68(3): 741-761.

[44] SMITH S A, AGRAWAL N. Management of multi-item retail inventory systems with demand substitution[J]. Operations Research, 2000, 48(1): 50-64.

[45] SHAO X F. What is the right production strategy for horizontally differentiated product: Standardization or mass customization? [J]. International Journal of Production Economics, 2020, 223(5): 107527.

[46] GAUR V, HONHON D. Assortment planning and inventory decisions under a locational choice model[J]. Management Science, 2006, 52(10): 1528-1543.

[47] HONHON D, JONNALAGEDDA S, PAN X A. Optimal algorithms for assortment selection under ranking-based consumer choice models[J]. Manufacturing & Service Operations Management, 2012, 14(2): 279-289.

[48] PAN X A, HONHON D. Assortment planning for vertically differentiated products[J]. Production and Operations Management, 2012, 21(2): 253-275.

[49] CHEN W B, YANG H X. Assortment planning for vertically differentiated products under a consider-then-choose model[J]. Operations Research Letters, 2019, 47(6): 507-512.

[50] HONHON D, PAN X A. Improving profits by bundling vertically differentiated products[J]. Production and Operations Management, 2017, 26(8): 1481-1497.

[51] FELDMAN J, PAUL A. Relating the approximability of the fixed cost and space constrained assortment problems[J]. Production and Operations Management, 2019, 28(5): 1238-1255.

[52] ZHENG Q, PAN X A, CARRILLO J E. Probabilistic selling for vertically differentiated products with salient thinkers[J]. Marketing Science, 2019, 38(3): 442-460.

[53] CHEN P Y, XU H, LI Y Q, et al. Joint product variety, pricing and scheduling decisions in a flexible facility[J]. International Journal of Production Research, 2017, 55(2): 606-620.

[54] TRANSCHEL S, BUISMAN M E, HAIJEMA R. Joint assortment and inventory optimization for vertically differentiated products under consumer-driven substitution[J]. European Journal of Operational Research, 2022, 301(1): 163-179.

[55] 蒙铭友, 邓世名, 徐和. 前置仓库存容量与品类优化策略研究[J/OL]. 管理工程学报, 2024: 1-12[2024-02-17]. https://doi.org/10.13587/j.cnki.jieem.2024.04.011.

[56] LACOURBE P, LOCH C H, KAVADIAS S. Product positioning in a two-dimensional market space[J]. Production and Operations Management, 2009, 18(3): 315-332.

[57] MAYORGA M E, AHN H S, AYDIN G. Assortment and inventory decisions with multiple quality levels[J]. Annals of Operations Research, 2013, 211(1): 301-331.

[58] GOPALAKRISHNAN S, MATTA M, YOURDSHAHY M I, et al. Go wide or go deep? assortment strategy and order fulfillment in online retail[J]. Manufacturing & Service Operations Management, 2023, 25(3): 846-861.

[59] WANG Y, LUO X M, LIN Z J. Estimating assortment size effects on platforms: Leveraging imperfect geographic targeting for causal inference[J]. Production and Operations Management, 2023, 32(11): 3394-3412.

[60] DÉSIR A, GOYAL V, SEGEV D, et al. Constrained assortment optimization under the Markov chain-based choice model[J]. Management Science, 2020, 66(2): 503-1004.

[61] DÉSIR A, GOYAL V, JIANG B, et al. Robust assortment optimization under the Markov chain choice model[J/OL]. Operations Research, 2023: 1-20 [2024-02-17]. https://doi.org/10.1287/opre.2022.2420.

[62] CHUNG H, AHN H S, JASIN S. (Rescaled) Multi-attempt approximation of choice model and its application to assortment optimization[J]. Production and Operations Management, 2019, 28(2): 341-353.

[63] CHEN Z Y, FAN Z P, SUN M H. Machine learning methods for data-driven demand estimation and assortment planning considering cross-selling and substitutions[J]. Informs Journal on Computing, 2023, 35(1): 158-177.

[64] AYDIN G, HAUSMAN W H. The role of slotting fees in the coordination of assortment decisions[J]. Production and Operations Management, 2009, 18(6): 635-652.

[65] İNKAYA T, ARMBRUSTER D, LI H M, et al. Product variety strategies for vertically differentiated products in a two-stage supply chain[J]. International Journal of Production Research, 2018, 56(17): 5930-5944.

[66] AYDIN G, HEESE H S. Bargaining for an assortment[J]. Management Science, 2015, 61(3): 542-559.

[67] KURTULUŞ M, NAKKAS A, ÜLKÜ S. The value of category captainship in the presence of manufacturer competition[J]. Production and Operations Management, 2014, 23(3): 420-430.

[68] MUTHA A, BANSAL S, GUIDE V D R. Selling assortments of used products to third-party remanufacturers[J]. Production and Operations Management, 2019, 28(7): 1792-1817.

[69] HOPP W J, XU X W. A static approximation for dynamic demand substitution with applications in a competitive market[J]. Operations Research, 2008, 56(3): 630-645.

[70] DUKES A J, GEYLANI T, SRINIVASAN K. Strategic assortment reduction by a dominant retailer[J]. Marketing Science, 2009, 28(2): 309-319.

[71] BESBES O, SAURÉ D. Product assortment and price competition under multinomial logit demand[J]. Production and Operations Management, 2016, 25(1): 114-127.

[72] REN C R, HU Y, HU Y J, et al. Managing product variety and collocation in a competitive environment: An empirical investigation of consumer electronics retailing[J]. Management Science, 2011, 57(6): 1009-1024.

[73] ALIBEIKI H, LI S L, VAIDYANATHAN R. Market dominance or product cost advantage: Retail power impacts on assortment decisions[J]. International Journal of Production Economics, 2020, 222: 107505.

[74] DANAHER P J, WILSON I W, DAVIS R A. A comparison of online and offline consumer brand loyalty[J]. Marketing Science, 2003, 22(4): 461-476.

[75] KWON W S, LENNON S J. Reciprocal effects between multichannel retailers' offline and online brand images[J]. Journal of Retailing, 2009, 85 (3): 376-390.

[76] KAHN B E. Using visual design to improve customer perceptions of online assortments[J]. Journal of Retailing, 2017, 93(1): 29-42.

[77] SABERI Z, HUSSAIN O K, SABERI M, et al. Online retailer assortment planning and managing under customer and supplier uncertainty effects using internal and external data[C]//2017 IEEE 14th International Conference on e-Business Engineering (ICEBE). Shanghai, China. IEEE, 2017: 7-14.

[78] LI Z E, LU Q, TALEBIAN M. Online versus bricks-and-mortar retailing: A comparison of price, assortment and delivery time[J]. International Journal of Production Research, 2015, 53(13): 3823-3835.

[79] CHEUNG W C, SIMCHI-LEVI D. Assortment optimization under unknownmultinomial logit choice models[J/OL]. Arxiv, 2017: 1-16[2024-02-17]. http://arxiv.org/abs/1704.00108v1.

[80] RODRÍGUEZ B, AYDIN G. Pricing and assortment decisions for a manufacturer selling through dual channels[J]. European Journal of Operational Research, 2015, 242(3): 901-909.

[81] BERNSTEIN F, SONG J S, ZHENG X N. "Bricks-and-mortar" vs. "clicks-and-mortar": An equilibrium analysis[J]. European Journal of Operational Research, 2008, 187(3): 671-690.

[82] LUO L, SUN J. New product design under channel acceptance: Brick-and-mortar, online-exclusive, or brick-and-click[J]. Production and Operations

Management，2016，25(12)：2014-2034.

[83] BHATNAGAR A, SYAM S S. Allocating a hybrid retailer's assortment across retail stores: Bricks-and-mortar vs online[J]. Journal of Business Research，2014，67(6)：1293-1302.

[84] MA J Z. Does greater online assortment pay? an empirical study using matched online and catalog shoppers[J]. Journal of Retailing，2016，92(3)：373-382.

[85] SHAO X F. Online and offline assortment strategy for vertically differentiated products[J]. IISE Transactions，2020，52(6)：617-637.

[86] EMRICH O, PAUL M, RUDOLPH T. Shopping benefits of multichannel assortment integration and the moderating role of retailer type[J]. Journal of Retailing，2015，91(2)：326-342.

[87] BERTRANDIE L, ZIELKE S. The effects of multi-channel assortment integration on customer confusion[J]. The International Review of Retail，Distribution and Consumer Research，2017，27(5)：437-449.

[88] HARSHA P, SUBRAMANIAN S, UICHANCO J. Dynamic pricing of omnichannel inventories[J]. Manufacturing & Service Operations Management，2019，21(1)：47-65.

[89] BLOM A, LANGE F, HESS R L JR. Omnichannel-based promotions' effects on purchase behavior and brand image[J]. Journal of Retailing and Consumer Services，2017，39：286-295.

[90] DZYABURA D, JAGABATHULA S. Offline assortment optimization in the presence of an online channel[J]. Management Science，2018，64(6)：2767-2786.

[91] LO V, TOPALOGLU H. Omnichannel assortment optimization under the multinomial logit model with a features tree[J]. Manufacturing & Service Operations Management，2022，24(2)：1220-1240.

[92] HENSE J, HÜBNER A. Assortment optimization in omni-channel retailing [J]. European Journal of Operational Research，2022，301(1)：124-140.

[93] SCHÄFER F, HENSE J, HÜBNER A. An analytical assessment of demand effects in omni-channel assortment planning[J]. Omega，2023，115：102749.

[94] CHIANG W Y K, CHHAJED D, HESS J D. Direct marketing, indirect profits：A strategic analysis of dual-channel supply-chain design[J]. Management Science，2003，49(1)：1-20.

[95] CHEN J, ZHANG H, SUN Y. Implementing coordination contracts ina manufacturer Stackelberg dual-channel supply chain[J]. Omega, 2012, 40 (5): 571-583.

[96] DING Q, DONG C W, PAN Z C. A hierarchical pricing decision process on a dual-channel problem with one manufacturer and one retailer[J]. International Journal of Production Economics, 2016, 175: 197-212.

[97] HSIAO L, CHEN Y J. Strategic motive for introducing Internet channels in a supply chain[J]. Production and Operations Management, 2014, 23(1): 36-47.

[98] CHEN Y C, FANG S C, WEN U P. Pricing policies for substitutable products in a supply chain with Internet and traditional channels[J]. European Journal of Operational Research, 2013, 224(3): 542-551.

[99] LI B, CHEN P, LI Q H, et al. Dual-channel supply chain pricing decisions with a risk-averse retailer[J]. International Journal of Production Research, 2014, 52(23): 7132-7147.

[100] 李莉, 何洁, 赵杰. 中小制造企业在线直销与传统分销双渠道定价决策研究[J]. 中国管理科学, 2016, 24(6): 70-77.

[101] 李建斌, 朱梦萍, 戴宾. 双向搭便车时双渠道供应链定价与销售努力决策[J]. 系统工程理论与实践, 2016, 36(12): 3046-3058.

[102] 林庆, 何勇. 双渠道供应商的差异化定价对渠道的影响[J]. 系统管理学报, 2017, 26(4): 679-684.

[103] KIREYEV P, KUMAR V, OFEK E. Match your own price? self-matching as a retailer's multichannel pricing strategy[J]. Marketing Science, 2017, 36(6): 908-930.

[104] KURUZOVICH J, ETZION H. Online auctions and multichannel retailing [J]. Management Science, 2017, 64(6): 2734-2753.

[105] 牛志勇, 黄沛, 王军. 公平偏好下多渠道零售商线上线下同价策略选择分析[J]. 中国管理科学, 2017, 25(3): 147-155.

[106] 赵连霞. 制造商开辟网络直销下的混合渠道供应链定价决策[J]. 中国管理科学, 2015, 23(S1): 557-563.

[107] 但斌, 曲祯经, 刘灿, 等. 存在强势零售商的多渠道供应链价格决策与均衡分析[J]. 系统管理学报, 2016, 25(3): 556-562, 570.

[108] GRANADOS N, GUPTA A, KAUFFMAN R J. Online and offline demand and price elasticities: Evidence from the air travel industry[J]. Information

Systems Research，2012，23(1)：164-181.

[109] 田林，徐以汎. 基于顾客行为的企业动态渠道选择与定价策略[J]. 管理科学学报，2015，18(8)：39-51，94.

[110] 范小军，刘虎沉. 基于消费者在线渠道接受差异的双渠道定价策略[J]. 系统管理学报，2015，24(3)：413-420.

[111] 戢守峰，姜力文，赵丹. 不同融资模式下考虑消费者偏好的双渠道供应链订货与定价策略[J]. 工业工程与管理，2017，22(4)：1-9.

[112] 黄宗盛，聂佳佳，赵映雪. 基于消费者满意的双渠道销售商退款保证策略研究[J]. 中国管理科学，2016，24(2)：61-68.

[113] CHEN K Y, KAYA M, ÖZER Ö. Dual sales channel management with service competition[J]. Manufacturing & Service Operations Management, 2008, 10(4)：654-675.

[114] DAN B, XU G Y, LIU C. Pricing policies in a dual-channel supply chain with retail services[J]. International Journal of Production Economics, 2012, 139(1)：312-320.

[115] CHIANG W Y, MONAHAN G E. Managing inventories in a two-echelon dual-channel supply chain[J]. European Journal of Operational Research, 2005, 162(2)：325-341.

[116] CHEN B T, CHEN J. When to introduce an online channel, and offer money back guarantees and personalized pricing? [J]. European Journal of Operational Research, 2017, 257(2)：614-624.

[117] YOO W S, LEE E. Internet channel entry：A strategic analysis of mixed channel structures[J]. Marketing Science, 2011, 30(1)：29-41.

[118] OFEK E, KATONA Z, SARVARY M. "Bricks and clicks"：The impact of product returns on the strategies of multichannel retailers[J]. Marketing Science, 2011, 30(1)：42-60.

[119] SHAO X F. Free or calculated shipping：Impact of delivery cost on supply chains moving to online retailing[J]. International Journal of Production Economics, 2017, 191：267-277.

[120] ARYA A, MITTENDORF B. Bricks-and-mortar entry by online retailers in the presence of consumer sales taxes[J]. Management Science, 2018, 64 (11)：5220-5233.

[121] FORNARI E, FORNARI D, GRANDI S, et al. Adding store to web：Migration and synergy effects in multi-channel retailing[J]. International Jour-

nal of Retail & Distribution Management，2016，44(6)：658-674.

[122] WANG W，LI G，CHENG T C E. Channel selection in a supply chain with a multi-channel retailer：The role of channel operating costs[J]. International Journal of Production Economics，2016，173：54-65.

[123] 李佩，陈静，张永芬. 基于竞争性产品的零售商双渠道策略研究[J]. 管理工程学报，2018，32(1)：178-185.

[124] LETIZIA P，POURAKBAR M，HARRISON T. The impact of consumer returns on the multichannel sales strategies of manufacturers[J]. Production and Operations Management，2018，27(2)：323-349.

[125] SHEN Y L，WILLEMS S P，DAI Y. Channel selection and contracting in the presence of a retail platform[J]. Production and Operations Management，2019，28(5)：1173-1185.

[126] 石平，颜波，石松. 不确定环境下网络渠道开通最优时机选择[J]. 系统工程理论与实践，2015，35(4)：872-881.

[127] 范小军，刘艳. 制造商引入在线渠道的双渠道价格与服务竞争策略[J]. 中国管理科学，2016，24(7)：143-148.

[128] 郭金森，周永务，李昌文，等. 制造商双渠道与店中店销售模式选择策略[J]. 系统管理学报，2018，27(3)：484-492.

[129] TSAY A A，AGRAWAL N. Channel conflict and coordination in the E-commerce age[J]. Production and Operations Management，2004，13(1)：93-110.

[130] CAI G G，ZHANG Z G，ZHANG M. Game theoretical perspectives on dual-channel supply chain competition with price discounts and pricing schemes [J]. International Journal of Production Economics，2009，117(1)：80-96.

[131] DAVID A，ADIDA E. Competition and coordination in a two-channel supply chain[J]. Production and Operations Management，2015，24(8)：1358-1370.

[132] YAN R L，WANG J，ZHOU B. Channel integration and profit sharing in the dynamics of multi-channel firms[J]. Journal of Retailing and Consumer Services，2010，17(5)：430-440.

[133] CAI G S，DAI Y，ZHOU S X. Exclusive channels and revenue sharing in a complementary goods market[J]. Marketing Science，2012，31(1)：172-187.

[134] XIE J P，LIANG L，LIU L H，et al. Coordination contracts of dual-channel

with cooperation advertising in closed-loop supply chains[J]. International Journal of Production Economics，2017，183：528-538.

[135] 申成然，熊中楷，晏伟. 网络比价行为下双渠道定价及协调策略研究[J]. 中国管理科学，2014，22(1)：84-93.

[136] 王先甲，周亚平，钱桂生. 生产商规模不经济的双渠道供应链协调策略选择[J]. 管理科学学报，2017，20(1)：17-31.

[137] 张雨濛，王震. 多级双渠道供应链的联合契约研究[J]. 中国管理科学，2015，23(S1)：537-542.

[138] 郭金森，周永务，钟远光. 基于资金约束零售商的双渠道制造商贸易信贷与提前订货折扣契约选择策略研究[J]. 系统工程理论与实践，2017，37(5)：1254-1264.

[139] 唐润，彭洋洋. 考虑时间和温度因素的生鲜食品双渠道供应链协调[J]. 中国管理科学，2017，25(10)：62-71.

[140] ZHANG X B. Retailers' multichannel and price advertising strategies[J]. Marketing Science，2009，28(6)：1080-1094.

[141] ZANTEDESCHI D，FEIT E M，BRADLOW E T. Measuring multichannel advertising response[J]. Management Science,2017，63(8)：2706-2728.

[142] WU H，CAI G G，CHEN J，et al. Online manufacturer referral to heterogeneous retailers[J]. Production and Operations Management，2015，24(11)：1768-1782.

[143] HERHAUSEN D，BINDER J，SCHOEGEL M，et al. Integrating bricks with clicks：Retailer-level and channel-level outcomes of online-offline channel integration[J]. Journal of Retailing，2015，91(2)：309-325.

[144] GAO F，SU X M. Online and offline information for omnichannel retailing[J]. Manufacturing & Service Operations Management，2017，19(1)：84-98.

[145] BELL D R，GALLINO S，MORENO A. Offline showrooms in omnichannel retail：Demand and operational benefits[J]. Management Science,2018，64(4)：1629-1651.

[146] PARK J，DAYARIAN I，MONTREUIL B. Showcasing optimization in omnichannel retailing[J]. European Journal of Operational Research，2021，294(3)：895-905.

[147] 高莹，胡祥培，方艳，等. 参考质量效应下的体验类商品全渠道定价策略研究[J]. 管理工程学报，2023，37(1)：147-157.

[148] GAO F，SU X M. Omnichannel service operations with online and offline

self-order technologies[J]. Management Science, 2018, 64(8): 3595-3608.

[149] 詹文韬, 姜明辉, 李城璋. 基于社会互动视角的全渠道餐饮企业最优产能决策研究[J/OL]. 系统管理学报, 2023: 1-35[2024-02-17]. http://kns. cnki. net/kcms/detail/31. 1977. N. 20231117. 1335. 004. html.

[150] DU S F, WANG L, HU L. Omnichannel management with consumer disappointment aversion[J]. International Journal of Production Economics, 2019, 215: 84-101.

[151] SHAO X F. Omnichannel retail move in a dual-channel supply chain[J]. European Journal of Operational Research, 2021, 294(3): 936-950.

[152] XU X, JACKSON J E. Examining customer channel selection intention in the omni-channel retail environment[J]. International Journal of Production Economics, 2019, 208: 434-445.

[153] OMAR H, KLIBI W, BABAI M Z, et al. Basket data-driven approach for omnichannel demand forecasting[J]. International Journal of Production Economics, 2023, 257: 108748.

[154] GALLINO S, MORENO A. Integration of online and offline channels in retail: The impact of sharing reliable inventory availability information[J]. Management Science, 2014, 60(6): 1434-1451.

[155] CAO J, SO K C, YIN S Y. Impact of an "online-to-store" channel on demand allocation, pricing and profitability[J]. European Journal of Operational Research, 2016, 248(1): 234-245.

[156] GAO F, SU X M. Omnichannel retail operations with buy-online-and-pickup-in-store[J]. Management Science, 2017, 63(8): 2478-2492.

[157] 范辰, 刘咏梅, 陈晓红. 考虑向上销售和渠道主导结构的 BOPS 定价与服务合作[J]. 中国管理科学, 2018, 26(3): 101-108.

[158] YANG L, LI X Y, ZHONG N. Omnichannel retail operations with mixed fulfillment strategies[J]. International Journal of Production Economics, 2022, 254: 108608.

[159] 葛晨晨, 朱建军. 考虑异质性顾客多重交互行为的全渠道竞争策略研究[J]. 系统工程理论与实践, 2023, 43(5): 1395-1413.

[160] 马守宇, 梁艳青, 娄鹏辉, 等. BOPS 模式下考虑退货异质性及需求随机性的订购决策及供应链协调研究[J/OL]. 中国管理科学, 2023: 1-18[2024-02-17]. https://doi. org/10. 16381/j. cnki. issn1003-207x. 2023. 0522.

[161] 林志炳, 吴清. 基于随机参照价格的 BODS 全渠道绿色供应链定价和渠道策

略研究[J]. 中国管理科学，2024，32(2)：65-74.

[162] GOVINDARAJAN A，SINHA A，UICHANCO J. Joint inventory and fulfillment decisions for omnichannel retail networks[J]. Naval Research Logistics (NRL)，2021，68(6)：779-794.

[163] GABOR A F，VAN OMMEREN J K，SLEPTCHENKO A. An inventory model with discounts for omnichannel retailers of slow moving items[J]. European Journal of Operational Research，2022，300(1)：58-72.

[164] JIU S. Robust omnichannel retail operations with the implementation of ship-from-store[J]. Transportation Research Part E：Logistics and Transportation Review，2022，157：102550.

[165] 谢瑞真，张尧. 全渠道零售下考虑退货的库存决策[J]. 中国管理科学，2023，31(12)：128-137.

[166] NAGESWARAN L，CHO S H，SCHELLER-WOLF A. Consumer return policies in omnichannel operations[J]. Management Science，2020，66(12)：5558-5575.

[167] JIN D L，CALISKAN-DEMIRAG O，CHEN F Y，et al. Omnichannel retailers' return policy strategies in the presence of competition[J]. International Journal of Production Economics，2020，225：107595.

[168] MANDAL P，BASU P，SAHA K. Forays into omnichannel：An online retailer's strategies for managing product returns[J]. European Journal of Operational Research，2021，292(2)：633-651.

[169] YANG G Y，JI G J. The impact of cross-selling on managing consumer returns in omnichannel operations[J]. Omega，2022，111：102665.

[170] QIU R Z，MA L，SUN M H. A robust omnichannel pricing and ordering optimization approach with return policies based on data-driven support vector clustering[J]. European Journal of Operational Research，2023，305(3)：1337-1354.

[171] LI Z H，GUAN X，MEI W X. Coupon promotion and its cross-channel effect in omnichannel retailing industry：A time-sensitive strategy[J]. International Journal of Production Economics，2023，258：108778.

[172] 林强，郭恒嘉，李文卓，等. BOPS 全渠道下电商平台的优惠券投放策略[J/OL]. 中国管理科学，2022：1-14[2024-02-17]. https：//doi. org/10. 16381/j. cnki. issn1003-207x. 2021. 2488.

[173] 司银元，孟庆良，杨文胜，等. 基于消费者渠道偏好与电子优惠券投放的全

渠道定价策略[J]. 系统管理学报，2023，32(6)：1142-1163.

[174] BHARGAVA H K, CHOUDHARY V. Information goods and vertical differentiation[J]. Journal of Management Information Systems，2001，18(2)：89-106.

[175] BHARGAVA H K, CHOUDHARY V. Research note—When is versioning optimal for information goods? [J]. Management Science，2008，54(5)：1029-1035.

[176] CHELLAPPA R K, SHIVENDU S. Managing piracy：Pricing and sampling strategies for digital experience goods in vertically segmented markets[J]. Information Systems Research，2005，16(4)：400-417.

[177] WU S Y, CHEN P Y. Versioning and piracy control for digital information goods[J]. Operations Research，2008，56(1)：157-172.

[178] CHEN Y J, SESHADRI S. Product development and pricing strategy for information goods under heterogeneous outside opportunities[J]. Information Systems Research，2007，18(2)：150-172.

[179] 郭强，杨双，聂佳佳. 盗版影响下信息产品的销售策略选择[J]. 运筹与管理，2020a，29(11)：157-165.

[180] 郭强，汪阳，聂佳佳. 考虑盗版影响的信息产品更新换代策略研究[J]. 软科学，2020b，34(10)：125-132.

[181] 朱宾欣，马志强，LEON WILLIAMS. 盗版和网络外部性下基于免费策略的信息产品定价和质量决策研究[J]. 管理评论，2021，33(9)：143-154.

[182] 杨双，郭强，聂佳佳. 盗版影响下信息产品免费策略：选择或不选择[J]. 管理工程学报，2022，36(6)：253-262.

[183] LAHIRI A, DEY D. Effects of piracy on quality of information goods[J]. Management Science，2013，59(1)：245-264.

[184] NIE J J, ZHONG L, LI G D, et al. Piracy as an entry deterrence strategy in software market[J]. European Journal of Operational Research，2022，298(2)：560-572.

[185] PENG S X, LI B, WU S. Presence of piracy and legal protection：Decisions in the digital goods market under different contracts[J]. European Journal of Operational Research，2023，309(2)：578-596.

[186] CHELLAPPA R K, MEHRA A. Cost drivers of versioning：Pricing and product line strategies for information goods[J]. Management Science，2018，64(5)：2164-2180.

[187] WEI X D, NAULT B R. Monopoly versioning of information goods when consumers have group tastes[J]. Production and Operations Management, 2014, 23(6): 1067-1081.

[188] 刘志勇, 李敏强, 寇纪淞. 网络外部性因素影响下信息产品版本化策略研究[J]. 管理科学学报, 2015, 18(7): 13-26.

[189] 潘见独, 李慧, 顾锋. 从免费到收费: 双边信息产品平台的版本划分策略研究[J]. 研究与发展管理, 2020, 32(5): 58-67.

[190] JONES R, MENDELSON H. Information goods vs. industrial goods: Cost structure and competition[J]. Management Science, 2011, 57(1): 164-176.

[191] WEI X D, NAULT B R. Experience information goods: "Version-to-upgrade"[J]. Decision Support Systems, 2013, 56: 494-501.

[192] CALZADA J, VALLETTI T M. Intertemporal movie distribution: Versioning when customers can buy both versions[J]. Marketing Science, 2012, 31(4): 649-667.

[193] ZHANG Z, NAN G F, TAN Y. Cloud services vs. on-premises software: Competition under security risk and product customization[J]. Information Systems Research, 2020, 31(3): 848-864.

[194] ZHANG Z, NAN G F, LI M Q, et al. Competitive entry of information goods under quality uncertainty[J]. Management Science, 2022, 68(4): 2869-2888.

[195] LI J Y, JI X, PERERA S C. Behaviour-based pricing for multi-version information goods[J]. International Journal of Production Research, 2023: 1-26.

[196] BAKOS Y, BRYNJOLFSSON E. Bundling information goods: Pricing, profits, and efficiency[J]. Management Science, 1999, 45(12): 1613-1630.

[197] GENG X J, STINCHCOMBE M B, WHINSTON A B. Bundling information goods of decreasing value[J]. Management Science, 2005, 51(4): 662-667.

[198] ADOMAVICIUS G, BOCKSTEDT J, CURLEY S P. Bundling effects on variety seeking for digital information goods[J]. Journal of Management Information Systems, 2015, 31(4): 182-212.

[199] CHUANG J C I, SIRBU M A. Optimal bundling strategy for digital information goods: Network delivery of articles and subscriptions[J]. Information Economics and Policy, 1999, 11(2): 147-176.

[200] GOH K H, BOCKSTEDT J C. The framing effects of multipart pricing on

consumer purchasing behavior of customized information good bundles[J]. Information Systems Research, 2013, 24(2): 334-351.

[201] BANCIU M, ØDEGAARD F, STANCIU A. Price and revenue bounds for bundles of information goods[J]. Naval Research Logistics (NRL), 2022, 69(3): 371-389.

[202] CAO Q N, GENG X J, ZHANG J. Impact of channel structure on a manufacturer's bundling decision with an application to digital goods[J]. Production and Operations Management, 2022, 31(4): 1679-1697.

[203] VARIAN H R. Buying, sharing and renting information goods[J]. The Journal of Industrial Economics, 2000, 48(4): 473-488.

[204] SUNDARARAJAN A. Nonlinear pricing of information goods[J]. Management Science, 2004, 50(12): 1660-1673.

[205] KHOUJA M, SMITH M A. Optimal pricing for information goods with piracy and saturation effect[J]. European Journal of Operational Research, 2007, 176(1): 482-497.

[206] BALASUBRAMANIAN S, BHATTACHARYA S, KRISHNAN V V. Pricing information goods: A strategic analysis of the selling and pay-per-use mechanisms[J]. Marketing Science, 2015, 34(2): 218-234.

[207] CHOUDHARY V. Use of pricing schemes for differentiating information goods[J]. Information Systems Research, 2010, 21(1): 78-92.

[208] DOU Y F, HU Y J, WU D J. Selling or leasing? pricing information goods with depreciation of consumer valuation[J]. Information Systems Research, 2017, 28(3): 585-602.

[209] YU M, DEBO L, KAPUSCINSKI R. Strategic waiting for consumer-generated quality information: Dynamic pricing of new experience goods[J]. Management Science, 2016, 62(2): 410-435.

[210] 王春苹, 南国芳, 李敏强, 等. 寡头市场信息产品与服务的最优定价策略[J]. 管理科学学报, 2016, 19(3): 92-106.

[211] 周木生, 张玉林. 基于非线性边际支付意愿的信息产品定价策略研究[J]. 系统工程理论与实践, 2014, 34(3): 710-716.

[212] LI S L, LUO Q Y, QIU L F, et al. Optimal pricing model of digital music: Subscription, ownership or mixed? [J]. Production and Operations Management, 2020, 29(3): 688-704.

[213] 贾坤澔, 廖貅武, 刘莹. 竞争市场环境软件即服务提供商最优定价策略[J].

系统管理学报，2019，28(2)：209-221.

[214] JALILI M, PANGBURN M S. Pricing joint sales and rentals: When are purchase conversion discounts optimal? [J]. Production and Operations Management, 2020, 29(12): 2679-2695.

[215] ALAEI S, MAKHDOUMI A, MALEKIAN A. Optimal subscription planning for digital goods[J]. Operations Research, 2023, 71(6): 2245-2266.

[216] GALBRETH M R, GHOSH B, SHOR M. Social sharing of information goods: Implications for pricing and profits[J]. Marketing Science, 2012, 31 (4): 603-620.

[217] CHEN Y N, PNG I. Information goods pricing and copyright enforcement: Welfare analysis[J]. Information Systems Research, 2003, 14(1): 107-123.

[218] SUN X J. Strategy analysis for a digital content platform considering perishability[J]. Annals of Operations Research, 2023, 320(1): 415-439.

[219] LIU Z Y, LI M Q, KOU J S. Selling information products: Sale channel selection and versioning strategy with network externality[J]. International Journal of Production Economics, 2015, 166: 1-10.

[220] LI S L, CHENG H K, JIN Y. Optimal distribution strategy for enterprise software: Retail, SaaS, or dual channel? [J]. Production and Operations Management, 2018, 27(11): 1928-1939.

[221] 于艳娜，滕春贤. 双渠道信息产品供应链需求扰动研究[J]. 系统工程理论与实践，2017，37(9)：2355-2365.

[222] LI Y J, LIN Z X, XU L, et al. "Do the electronic books reinforce the dynamics of book supply chain market?" - a theoretical analysis[J]. European Journal of Operational Research, 2015, 245(2): 591-601.

[223] KHOUJA M, WANG Y L. The impact of digital channel distribution on the experience goods industry[J]. European Journal of Operational Research, 2010, 207(1): 481-491.

[224] CHAI Y X, REN S J F, ZHANG J Q. Managing piracy: Dual-channel strategy for digital contents[J]. Journal of Industrial and Management Optimization, 2022, 18(4): 3001.

[225] TALEIZADEH A A, NOORI-DARYAN M, SOLTANI M R, et al. Optimal pricing and ordering digital goods under piracy using game theory[J]. Annals of Operations Research, 2022, 315(2): 931-968.

[226] HUA G W, CHENG T C E, WANG S Y. Electronic books: To "E" or not to "E"? A strategic analysis of distribution channel choices of publishers[J]. International Journal of Production Economics, 2011, 129(2): 338-346.

[227] TAN Y R, CARRILLO J E. Strategic analysis of the agency model for digital goods[J]. Production and Operations Management, 2017, 26(4): 724-741.

[228] 马敬佩, 李文立, 耿师导, 等. 基于溢出效应的信息产品在线渠道销售模式选择策略[J]. 系统管理学报, 2020, 29(2): 251-261.

[229] 马敬佩, 李文立. 盗版威胁下信息产品在线销售模式选择研究[J]. 中国管理科学, 2022, 30(5): 216-225.

[230] ATASOY O, MOREWEDGE C K. Digital goods are valued less than physical goods[J]. Journal of Consumer Research, 2018, 44(6): 1343-1357.

[231] BOYACI T, RAY S. Product differentiation and capacity cost interaction in time and price sensitive markets[J]. Manufacturing & Service Operations Management, 2003, 5(1): 18-36.

[232] LIU L M, PARLAR M, ZHU S X. Pricing and lead time decisions in decentralized supply chains[J]. Management Science, 2007, 53(5): 713-725.

[233] YANG B B, GEUNES J. Inventory and lead time planning with lead-time-sensitive demand[J]. IIE Transactions, 2007, 39(5): 439-452.

[234] HUA G W, WANG S Y, CHENG T C E. Price and lead time decisions in dual-channel supply chains[J]. European Journal of Operational Research, 2010, 205(1): 113-126.

后　记

　　行文至此,本书的撰写工作已经接近尾声。从2014年9月进入上海交通大学安泰经济与管理学院攻读博士学位开始,我从事科研工作至今已有九年半。这九年半的时间,包含我的整个博士生涯,在这期间我完成了博士期间课程的学习、资格考试、博士学位论文开题以及最终的博士学位论文撰写。这九年半的时间,也包含我在江苏科技大学经济管理学院工作的三年半,在这期间我不仅继续从事感兴趣的科学研究,申报各类科研项目,撰写科研论文;还努力完成向教师角色的转变,承担了几门本科生课程,并获取了硕士研究生导师的资格,正在指导四名硕士研究生。可以说本书是我从事产品组合决策研究九年半以来最重要的收获与总结。在这么久的时间里,从对学术研究一知半解,找不到明确的研究方向,到能够在导师的指导下撰写和发表学术论文,再到能够对未来的科研工作有了基本的把握和认识,独立从事科学研究,并指导硕士研究生发表学术论文,其中的经历过程充满着艰辛和喜悦。

　　能够完成本书的撰写工作,首先要感谢的是我博士阶段的导师邵晓峰教授。在攻读博士学位期间,邵老师就一直细致地指导我的课程学习、文献阅读和论文的撰写与修改。尤其是我读博的前几年,研究课题和学术论文的撰写不是很顺利,邵老师不厌其烦地基于研究方向的选择、具体研究问题的确定、数学建模的合理性、论文撰写的逻辑性和英文写作方法对我给予悉心指导,给了我很大的帮助。在邵老师的教导下,我不仅学会了撰写和发表学术论文,也养成了学术思维,这些是我从事科研工作的基础,令我终身受益。此外,邵老师还关心我在生活中是否有困难,尽可能为我创造良好的科研环境。我参加工作以后,邵老师也一直很关心我的科研工作和生活,指导并督促我撰写学术论文和申报科研项目。邵老师严谨的治学之道、宽厚仁慈的胸怀和积极乐观的生活态度是我学习的典范,在科研道路上我也一直时刻谨记邵老师的教诲。此外,对在上海交通大学读博期间的同门和同学也致以诚挚的感谢,在和大家的学术讨论中我开阔了思路,获益颇多。

　　本书的撰写工作是在江苏科技大学完成的,我还要感谢江苏科技大学、感谢经济管理学院、感谢物流管理系。学校和学院一直尽可能为科学研究创造便利条件,如内容丰富的学术讲座、学术研讨工作坊、图书馆学术论文资源等。学院领导和同事们非常热情,一直关心我的学术研究和生活,给予了我非常多的帮助和便利。

　　本书能够顺利出版,也需要感谢出版社和编辑同志给予的认可,以及一直以来提供的帮助和支持。还需要感谢我的家人给予的帮助与支持,尤其是我的父母和爱人。

正是在他们的养育、支持与鼓励的基础上，我才能够完成博士学业，才能够集中精力从事喜爱的科研工作。虽然他们可能并不了解我所学专业的具体研究内容，但一直是我的坚强后盾。